古典文獻研究輯刊

三二編

潘美月・杜潔祥 主編

第47冊

嶽麓書院藏秦簡《叁》奏讞書研究（下）

楊椀清 著

國家圖書館出版品預行編目資料

嶽麓書院藏秦簡《叁》奏讞書研究（下）／楊椀清 著 -- 初版
-- 新北市：花木蘭文化事業有限公司，2021〔民 110〕
目 4+226 面；19×26 公分
（古典文獻研究輯刊 三二編；第 47 冊）
ISBN 978-986-518-428-5（精裝）
1. 簡牘文字 2. 判例 3. 研究考訂
011.08　　　　　　　　　　　　　　　　110000644

ISBN-978-986-518-428-5

古典文獻研究輯刊
三二編　第四七冊　　　　　　ISBN：978-986-518-428-5

嶽麓書院藏秦簡《叁》奏讞書研究（下）

作　　者　楊椀清
主　　編　潘美月、杜潔祥
總 編 輯　杜潔祥
副總編輯　楊嘉樂
編　　輯　許郁翎、張雅淋　美術編輯　陳逸婷
出　　版　花木蘭文化事業有限公司
發 行 人　高小娟
聯絡地址　235 新北市中和區中安街七二號十三樓
　　　　　電話：02-2923-1455／傳真：02-2923-1452
網　　址　http://www.huamulan.tw 信箱 service@huamulans.com
印　　刷　普羅文化出版廣告事業
初　　版　2021 年 3 月
全書字數　317556 字
定　　價　三二編 47 冊（精裝）台幣 120,000 元　　版權所有・請勿翻印

嶽麓書院藏秦簡《叁》奏讞書研究（下）

楊椀清　著

目

次

第參章　刑事案件研究

　　本章分三節，刑事案件三案皆是殺人案，皆被判磔刑，除〈譊、妢刑殺人等案〉外，同、顯盜殺人案〉、〈鸒盜殺安、宜等案〉兩案，因凶手故佈疑雲，所以官吏因破獲微難獄還因此從獄史升官。本章節將此三案進行彙釋及相關問題研究。

第一節　譊、妢刑殺人等案

壹、前　言

　　《譊、妢刑殺人等案》簡編為 137-141，僅收五枚簡，因殘缺其多，無法復原案例全貌。其中，簡王僅據揭取位置插入此處，疑其為案中所引用的判例。簡 139 的記載內容雖與《譊、妢刑人案》相近，但關聯性並不十分清楚。暫歸併為《譊、妢刑殺人等案》[註1]。從僅有的簡文中，我們仍可大略推出本案內容大致為士伍譊用刀在市舍殺人，且把凶器丟棄，妢為共犯，九月初審時妢可以贖舂，譊的罪名因斷簡太多，所以無法得知。但在重審後，被判磔刑。

[註1] 朱漢民、陳松長主編：《嶽麓書院藏簡（叁）》，（上海：上海辭書出版社，2013年），頁 176～177。

圖版 5 〈譊妘刑殺人案〉

貳、釋　文

●十月癸酉，佐競曰：士五譊刑人（？）市舍　　□【……】（137 正）

為獄訊狀（137 背）

【……】□□定（？）曰：譊歙（飲）宗妘，亡【……】（138）

□□𡟈不可起，怒，以刀刑（？）棄刀【……】（139 正）

為气（乞）鞫奏狀。（139 背）

不（？）得。診、問。鞫：譊刑審，妘殺疑●九月丙寅丞相、史如論令妘贖舂。倉人【……】（140 正）

為覆奏狀。（140 背）

九月丙辰，隸臣哀詣隸臣喜，告盜殺人レ。問喜辤如告。●鞫，審。己卯，丞相史、如論磔【……】（141 正）

參、彙　釋

一、●十月癸酉（1），佐競曰：士五譊刑人（？）市舍（2）　　□【……】（137 正）為獄訊狀（3）（137 背）【……】□□定（？）曰：譊歙（飲）宗妘，亡【……】（138）□□𡟈不可起，怒，以刀刑（？）棄刀【……】（139 正）為气（乞）鞫奏狀（4）。（139 背）不（？）得。診、問。鞫：譊刑審，妘殺疑

（1）十月癸酉

整理小組：疑為秦始皇二十八年十月初一。按，後文簡 140 有「九月丙寅」，在秦始皇在位期間同一年之內出現十月癸酉與九月丙寅的只有二年與二十八年；第二類卷冊的案序似按時代順序從晚向早逆排，位於卷首的本案應屬二十八年。十月與九月分別為癸酉朔與戊戌朔，癸酉與丙寅分別為初一與二十九日。

劉慶：簡 0448 中的「十月」與簡 0421 中的「九月」可能為同一年（因秦以十月為歲首，同年十月在九月之前，合乎邏輯），也很可能並非同年，簡 0448 中的「十月」當在簡 0421 中的「九月」之前的某年，僅憑干支當難以斷定具體年份。〔註2〕

〔註2〕劉慶：〈也論秦漢司法中的「狀」文書〉，《國學學刊》2015 年第 4 期。

（2）譊刑人市舍

譊：整理小組：譊字僅殘存右半，此據續文簡 140 文字補釋。

市舍：

整理小組：市中客舍。《後漢書・陳球傳》：「宦者積怨竇氏，遂以衣車載后尸，置城南市舍數日。」

鍾意：《識劫𡟰案》簡 109 記「𡟰有市布肆一、舍客室一」，所謂舍客室，可能與這裏的市舍類同。〔註3〕

按：整理小組將《識劫𡟰案》中的「舍客室」釋為出租房，在本案中「市舍」則釋為「市中客舍」，即旅舍。考之文獻，《史記・商君列傳》：「商君亡至關下，欲舍客舍。」〔註4〕《詩・小雅・節南山之什》正義曰：「禮有公館、私館。公館者，公家築為別館以舍客也，上云不入我門則不得入所居之宮。故知逝陳者至公館之塗也，以館者，所以舍客故雖不見主，至其陳。」〔註5〕筆者認為「舍客室」與「市舍」皆是供客人居住的，出租房為長期租賃，旅舍為短暫租賃。本案中的「市舍」應解為「旅舍」較佳。

（3）為獄䚡狀

整理小組：為，《左傳・昭公元年》杜預註等訓為治，為獄：辦理刑案。《史記・杜周傳》：「客有讓周曰：君為天子決平，不循三尺法，專以人主意指為獄。獄者固如是乎？」狀：陳述意見或事實的文書。《玉篇・犬部》：「狀，書狀。」《潛夫論・實貢》：「誠使皆如狀文，則是為歲得大賢二百也。」為獄䚡狀，疑為第二類卷冊的總標題。

陶安：「為獄等狀」是秦代的司法文書集成，以四種不同形制收錄三類司法文書，即狹義的奏讞書文書，自稱為「奏」的進言陳事文書和覆審乞鞫案件的下行文書。第二類竹木簡在背面記有三種標題，即為「為獄䚡狀」（簡0137）「為乞鞫奏狀」（簡 0139），「為覆奏狀」（簡 0140）。「乞鞫」、「覆」和「奏」分別與第二類所收兩種文書相應，表示為獄等狀的編者對收錄文書的類別具有較為清楚的認識。這一司法文書集成是一個通過文書實例向文官傳

〔註3〕 鍾意：《嶽麓書院藏秦簡（三）第二類至第五類簡集釋》（武漢：武漢大學碩士論文，2014 年），頁 3。

〔註4〕 〔漢〕司馬遷撰；〔劉宋〕裴駰集解；〔唐〕司馬貞索隱；〔唐〕張守節正義：《史記》，（臺北：鼎文書局，1981 年），頁 2236。

〔註5〕 〔清〕阮元審定，盧宣旬校：《重刊宋本十三經注疏毛詩》（台北市：藝文印書館，1965，《清嘉慶二十年（1815）南昌府學刊本》），頁 426-2。

授辦案為獄等職務的參考材料，即辦案等範例集。〔註6〕

　　蘇俊林：「為獄訊□狀」因為釋文有缺，無法知道具體為何？從「訊□」殘留部件推測，可能跟「訊獄」、「論獄」、「讞獄」等行為有關。但到底是哪一種，目前還無法斷定。該簡正面簡文內容殘缺嚴重，無法據其推測，只知道其是跟案件審理有關的司法文書〔註7〕。

　　胡平生：為奏應當是為奏狀的縮略說法。如果此說成立，則「為獄訊□狀」、「為乞鞫奏狀」、「為覆奏狀」都應以「為」統領「獄訊□狀」、「乞鞫奏狀」、「覆奏狀」。嶽麓書院藏秦簡叄的竹簡內容，稱為為獄等狀四種是不妥的，在目前很難以竹簡現有名稱命名的情況下，我們贊成將它稱為司法文書或司獄文書。〔註8〕

　　張韶光：雖然訊□無法釋讀，但正如蘇俊林所認為的，是與案件審理有關的司法文書，亦如陶安和胡平生所言。〔註9〕

　　按：由於簡文殘缺，所以訊字的解釋引起多方推測，雖無法進行文字比對或校釋，但從簡文內容來看，學者們都大略推知應是和案件有關的司法文書。

（4）乞鞫

　　整理小組：乞求審問，窮問，即申請重審。《法律答問》簡115：「以獄已斷乃聽，且未斷猶聽毆（也）？獄斷乃聽之。」《二年律令》簡114：「罪人獄已決，自以罪不當，欲气（乞）鞫者，許之。气（乞）鞫不審，駕（加）罪一等。奏：向上進言，申報。」《說文，本部》：「奏，奏進也。」《書·舜典》「敷奏以言」，《孔傳》：「奏，進也。」《語書》簡13：「其畫最多者，當居曹奏令、丞。」又引申為進言文書。蔡邕《獨斷》卷上：「凡羣臣上書於天子者，有四名：一曰章，二曰奏，三曰表，四曰駮議。」為奏，寫立進言文書。《奏讞書》簡227-228：「令曰：獄史能得微難獄，上。今獄史舉關得微難獄，為奏廿二十一牒。」為乞鞫狀：疑為單案保管或初期編冊時的標題。

〔註6〕　陶安：〈嶽麓書院藏秦簡《為獄等狀四種》概述〉，《文物》2013年第五期，頁24。
〔註7〕　蘇俊林：〈蘇俊林.秦漢時期的「狀」類司法文書〉（武漢大學簡帛研究中心主辦，《簡帛》（第九輯），（上海：上海古籍出版社，2014年），頁307～308。
〔註8〕　胡平生：〈嶽麓秦簡（叄）《為獄等狀四種》題名獻疑〉《中國文化遺產研究院編.出土文獻研究（第十四輯）》（上海：中西書局，2015年），頁30。
〔註9〕　張韶光：《《嶽麓書院藏秦簡（叄）》集釋》（吉林大學古籍研究所碩士論文，2017年4月，頁196。

郭洪伯：首次乞鞫沒有限制刑及聽之，如果被告人在判決生效前乞鞫，就是上訴要求二審，如果被告人在判決生效後首次乞鞫，就是申訴要求再審。再次乞鞫必須刑乃聽之，也是申訴要求再審。〔註10〕

楊振紅：秦律規定獄斷之後才允許乞鞫，獄斷是乞鞫的前提條件。以二年律令簡114-117為例說明呂后二年法律規定，案件審判之後，如果罪犯自以罪不當，即認為所論罪行不符合或量刑過重，允許其乞鞫兩次。第一次乞鞫，若重新審理後判決乞鞫不當，加罪一等。其仍不服重新審理判決。允許第二次乞鞫，但條件是必須先執行判決，然後方可乞鞫。乞鞫期限為一年〔註11〕。

張韶光：乞鞫是指要求對案件進行重新審理。與楊振紅所述同。認為所判罪行不合適的，允許乞鞫二次，若乞鞫時弄虛作假，則罪加一等。第一次不服允許第二次乞鞫，但條件是要先執行判決，除了死罪需要父母等代為乞鞫外，其他情況下可以自行乞鞫〔註12〕。

歐揚：乞鞫制度和奏讞制度是不同的，前者是在案件已經斷決後，大多是在有罪者已經被執行刑罰後啟動，相當於現今法律之再審。後者是案件沒有斷決就移交上級來處理定罪量刑。，相當於現代之法律審。「乞鞫」之所以稱之「乞鞫」，而不是「乞斷」或「乞決」是因為冤案昭雪必須從案情調查開始，而不是重新考慮定罪量刑，鞫獄工作是重新進行一次案性的調查和確認，只要乞求的鞫得以進行，冤案得以昭雪，那麼冤案之前的錯誤定罪必然得到糾正，所以這一制度的核心就是再次進行「鞫」，因此「乞鞫」名實相符。〔註13〕

按：「乞鞫」一詞即對案件進行重新整理的解釋皆從《二年律令》簡114-117的內容而來，現移錄簡文如下：「罪人獄已決，自以罪不當，欲气（乞）鞫者，許之。气（乞）鞫不審，駕加罪一等；其欲復气（乞）鞫，當刑者，刑乃聽之。死罪不得自气（乞）鞫，其父、母、兄、姊、弟、夫、妻、子欲為气

〔註10〕郭洪伯：〈「郡守為廷」——秦漢時期的司法體系〉《/第八屆北京大學史學論壇論文集》，（北京：2012 年），頁 5〜6。

〔註11〕楊振紅：〈秦漢「乞鞫」制度補遺〉《出土文獻與古文字研究（第六輯）》，（上海：上海古籍出版社，2015），頁 502。

〔註12〕張韶光：《《嶽麓書院藏秦簡（叁）》集釋》（吉林大學古籍研究所碩士論文，2017 年 4 月，頁 198。

〔註13〕歐揚：《嶽麓秦簡和張家山漢簡的奏讞文書比較研究》，（湖南大學博士後出站報告，2016 年 6 月），頁 60〜61。

（乞）鞫，許之。其不審，黥為城旦舂。年未盈十歲為乞鞫，勿聽。獄已決盈一歲，不得气（乞）鞫。气（乞）鞫者各辭在所縣道，縣道官令長丞謹聽，書其气（乞）鞫，上獄屬所二千石官，二千石官令都吏覆之。」〔註14〕，「乞鞫」即是執行刑罰後，提出再審之案件，筆者贊同歐揚之說，是有冤情需要昭雪才需要乞鞫。若無冤情，案件則無再審之理，故定是對案情有所疑慮才會提出再審。

　　本案殘缺簡多，只能大概推知是殺人案，秦始皇二十八年十月初一，佐競呈報說：士伍譊，在市中的旅館中砍斫人……定說：譊給宗人妧喝，逃亡【……】□□窑站不起來，憤怒，用刀砍斫，丟下刀【……】……不得，勘驗，查詢後，審理結果：譊之砍斫確鑿無疑，妧之殺人不能確定。

　　二、●九月丙寅丞相、史如論令妧贖舂 (1)。倉人【……】為覆奏狀 (2)。九月丙辰，隸臣哀詣隸臣喜，告盜殺人レ。問喜辟如告。●鞫，審。己卯，丞相史、如論磔 (3)【……】

　　（1）丞相、史如論令妧贖舂

　　贖舂：

　　整理小組：秦及漢初律贖刑之一，參看《癸瑣相移購案》註二十五，「舂」表示輕重。《二年律令》簡119：「贖死，金二斤八兩；贖城旦舂、鬼薪白粲，金一斤八兩；贖斬、府（腐），金一斤四兩；贖劓、黥，金一斤；贖耐，金十二兩；贖羃（遷），金八兩。」以往贖城旦與贖舂僅見漢律，本簡為秦代初例。

　　陳偉：按原釋文，如是史的名字，但丞相卻沒有名字，有違常例。頗疑「丞相史」為一官職，其間不當斷讀。〔註15〕

　　鐘意：丞可能為縣丞，常見於文獻，如《睡虎地秦簡》簡6：「自從令丞以下智（知）而弗舉論」，《二年律令·具律》簡102：「縣道官守丞毋得斷獄及讞。」「史」可能是縣中的屬吏，掌管文書等事，見於《周禮·天官·序官》：「府，六人，史，十有二人」，再有《癸瑣相移謀購案》簡13：「州陵守綰、丞越、史獲論令癸、瑣等各贖黥。」「為獄等狀四種」中的其他案件無「丞相

〔註14〕張家山漢簡一四七號漢墓竹簡整理小組：《張家山漢墓竹簡二四七號墓（釋文修訂本）》，（北京：文物出版社，2006年），頁24。

〔註15〕陳偉：〈丞相「史如」與「丞繒」──關于《嶽麓書院藏秦簡（三）》的兩個官制問題〉，《簡帛網》，2013年9月7日。

史」判決之案，查看《睡虎地秦簡》、《張家山漢簡二四七號墓》等資料也多為縣郡中的官吏斷案。〔註16〕

朱紅林：這裏的「丞相」或可理解為職官＋名字，即丞為縣丞，相為縣丞之名。〔註17〕

張韶光：將上述之解釋做一整理後，認同鐘意、朱紅林及整理小組之說。丞相、史如的斷讀為當。〔註18〕

按：考之出土之秦簡，尚未見到有關「丞相史」其他例句，但從目前所見秦簡的語法，應是如同鐘意和朱紅林的考釋為主，即「丞」為「相」之官職，「史」為「如」之官職。

（2）為覆奏狀

整理小組：覆：徹底審察，多指郡吏或朝廷使者的審訊或審理程序，也包含對縣吏審理案件的重審。《離騷‧釋詁下》：「覆，審也。」《考工記‧弓人》鄭玄註：「覆，猶察也。」《漢書‧江邵易王劉非傳》：「漢廷使者即復來覆我，我決不獨死」，《二年律令》簡113：「治獄者，各以其告劾治之。敢放訊杜雅，求其它罪，及人毋（無）告劾而擅覆治之，皆以鞠獄故不直論。」《奏讞書》簡078：「（淮陽守偃劾曰：）其謙（廉）求捕其賊，復（覆）其姦詐（詐）及智（知）縱不捕賊者。」同上簡099：「覆視其故獄。」為覆奏狀，疑為單案保管或初期編冊時的標題。

李學勤：再審，《史記‧六國年表》：「秦始皇三十四年「適（治）獄不直者，覆獄故失」，是對錯判的案例再審。〔註19〕

閆曉君：覆，即對犯罪的口供或犯罪事實進行調查核實，對審訊的結果進行最後一次檢驗，一般通過公文向罪犯戶籍所在地的官府或基層政權調查取證，問其年齡，有無前科等。這一程序在《奏讞書》中稱為驗問。〔註20〕

勞武利：比較漢簡《奏讞書》，漢初案件的復查往往是管轄該縣的上級，

〔註16〕鐘意：《嶽麓書院藏秦簡（三）第二類至第五類簡集釋》，頁5。
〔註17〕朱紅林：〈史與秦漢之際的決獄制度〉，《法律史學會2016年年會論文集》（天津，2016），頁409～410。
〔註18〕張韶光：《《嶽麓書院藏秦簡（叁）》集釋》（吉林大學古籍研究所碩士論文，2017年4月，頁199。
〔註19〕李學勤：〈《奏讞書》解說（下））（《文物》1995年第3期））。
〔註20〕閆曉君：〈秦漢時期的訴訟審判制度〉，《.秦文化論叢（第十輯）》（西安：三秦出版社，2003年）。

即郡縣機關,定期視察未決案件的結果。關於重審機關,《奏讞書》的三個案例中有明確說明:如果是某縣縣令犯罪,將有該縣的上屬郡級機關重審案件。而《狀四種》案例一中,並未清楚說明最終由哪個機關重審該案,其中提到州陵縣一些負責初審的官吏被詢問,也提到是其中一位官吏上報了重審案件。〔註21〕

蘇俊林:受理了乞鞫,就有了覆獄。我們推斷為覆奏狀可能是受理乞鞫後,負責覆治案件的官吏將覆治情況向上匯報的文書。為乞鞫狀和為覆奏狀,可能是案件審理過程中使用的前後相續而又相互獨立的兩份司法文書。前者為被告向官府請求重審案件的文書,後者為受命重審案件的部門將重審記錄向上級滙報的文書。因為二者都是上行文書,故而都稱為奏狀。〔註22〕

張韶光:綜合上述,即重審。乞鞫是在案件審結之後進行,因此,此處的覆不應是案件審理的環節,而是由得之乞鞫引發的對案件的重審。〔註23〕

按:乞鞫就是案件要求重審之意。在《嶽麓書院藏秦簡(叁)》中有兩個案例是是乞鞫案,即〈得之強與棄妻奸案〉和〈田與市和奸案〉。

(3)磔

整理小組:磔,死刑的一種,用於盜殺人、劫人等重大罪名,似係普通死刑「腰斬」、「棄市」的加重方式,執行方法未詳。《法律答問》簡067:「甲謀遣乙盜殺人,受分十錢。問:乙高未盈六尺,甲可(何)論?當磔。」《二年律令》簡068:「劫人、謀劫人求錢財,雖未得若未劫,皆磔之;完其妻子,以為城旦春。」《荀子・宥坐》「吳子胥不磔姑蘇東門外乎」,楊倞註:「磔,車裂也。」《漢書・景帝紀》「改磔曰棄市,勿復磔」,顏師古註:「磔,謂張其尸也。」

沈家本:《周禮・秋官・掌戮》:「掌斬殺賊諜而搏之。」鄭注:「搏當為膊諸城上之膊字之誤也。膊,謂去衣磔之。」釋文:「膊,普博反,磔也。」殺王之親者辜之,鄭注:「辜之,言枯也,謂磔之。」〔註24〕《左傳・成公二年》:

〔註21〕勞武利著、李婧嶸譯:〈張家山漢簡《奏讞書》與嶽麓書院秦簡《為獄等狀四種》的初步比較〉,《湖南大學學報》2013年3月。

〔註22〕蘇俊林:〈蘇俊林.秦漢時期的「狀」類司法文書〉,頁207。

〔註23〕張韶光:《《嶽麓書院藏秦簡(叁)》集釋》(吉林大學古籍研究所碩士論文,2017年4月,頁201。

〔註24〕〔清〕阮元審定,盧宣旬校:《重刊宋本十三經注疏周禮》(台北市:藝文印書館,1965年,《清嘉慶二十年(1815)南昌府學刊本》),頁545。

「二年春齊侯伐我北鄙，圍龍頃公之嬖人盧蒲就魁門焉，龍人囚之，殺而膊諸城上。膊，磔也。」〔註25〕《荀子・宥坐篇》：「百仞之山，任負車登焉，何則？陵遲故。」本義為「丘陵之山勢漸緩」，引申其義至行罰上，即為「殺人者欲其死之徐而不速也」沈家本提出磔有張開二義，《周禮》、《左傳》、《景帝紀》皆是「張」義，《漢書》、《後漢書》、《荀子》皆作「開」義，「開」義與「陵遲」義相近。但認為「磔」不一定是「陵遲」，亦對楊倞的車裂說提出質疑，最後提出尚無明文以證之。〔註26〕

　　按：綜理傳世文獻的記載，我們可以探知「磔」是死刑的一種，但不是普通的死刑，而是一種近似於「陵遲」的酷刑，但實際上的行刑過程，史書並未有詳細的記載。《睡虎地秦簡》和《張家山漢簡》和《嶽麓書院藏秦簡（叁）》對「磔」的記載都是說明犯了什麼樣的法會被判「磔」刑，對磔刑如何施行亦無明確地說明，按傳世文獻記載，整理者也認為是死刑的一種。但值得一提的是《嶽麓書院藏秦簡（叁）》中只要是死刑，一定是被判磔刑，可見當時的刑律的嚴酷。

　　本段是判例，秦王政二十年九月初，隸臣哀將隸臣喜押送至官府，並控告為搶劫殺人罪。查詢結果喜的供述如同提告者。審理無疑，九月二十六日丞相和史如判處並磔殺。

第二節　同、顯盜殺人案

壹、前　言

　　《同、顯盜殺人案》簡 142-149，共有八簡，包括殘簡一，斷簡四，本案內容大致是大女子嬰等告曰：棄婦毋憂在自家的田舍中被殺害，衣襦都不見了。獄史洋暗中探問被害人的居處所和薄宿所，一起住的人。破獲兇手同和顯，他們均被判以磔刑，而獄史洋因偵破疑難案，從獄史升官為郡卒吏。

〔註25〕〔清〕阮元審定，盧宣旬校：《重刊宋本十三經注疏左傳》（台北市：藝文印書館，1965 年，《清嘉慶二十年（1815）南昌府學刊本》），頁 421。

〔註26〕沈家本：《歷代刑法志》，（北京：商務印書館，2011 年 11 月），頁 101～103。

圖版6　〈同、顯盜殺人案〉

貳、釋　文

【□□□】大女子嬰等告曰：棄婦毋憂縛死其田舍，衣襦亡。●令獄史氵□□【……】(142)

狀，及譖（潛）訊居處，薄宿所，讎。●同曰：歸義。就〔就－僦〕日未盡，為人庸（傭），除芝。●譖（潛）訊同歸義狀及邑里居處狀，攺（改）曰：隸臣，非歸義。(143)

訊同：非歸義，可（何）故？同曰：為吏僕，內為人庸（傭），恐吏毄（繫）辟同□□【……】□□□□【……】□□□□□□□及薄宿，類詑。(144)

□譖（潛）謂同=：同和不首一吏（事）者，而言（音－意）毋（無）坐殹（也）？同曰：毋（無）坐殹（也），不智（知）所問（？）。●復譖（潛）謂同=：(同）為吏（僕）人見同，巫從同，畏不敢捕同而【□□】(145)

【……】言（？）如同。●臧（贓）直（值）【……】(146)

敗傷，洋毋（無）得同=、顯=（同、顯）□大害殹（也）。巳（已）論磔同、顯。●敢言之。□令曰：獄史能得微難獄，【上。令獄史洋】得微難獄，【……】(147)

為奏九牒上。此黔首大害殹（也）。毋（無）徵物，難得。洋以智治訮（研）詗，謙（廉）求而得之。洋精（清）絜（潔），毋（無）害，敦穀（愨）；守吏（事），心平端禮。【勞、年】(148)

中令。綏任謁以補卒史，勸它吏，卑（俾）盜賊不發。敢言之。(149)

參、彙　釋

一、【□□□】大女子嬰等告曰：棄婦(1)毋憂縛死其田舍(2)，衣襦亡。●令獄史氵□(3)【……】狀，及譖（潛）訊居處，薄宿所(4)，讎(5)。

（1）棄婦

整理小組：棄婦，疑同棄妻，即指休妻，被丈夫遺棄的妻子。〔註27〕

馬芳：棄婦，即棄妻〔註28〕

〔註27〕朱漢民、陳松長主編：《嶽麓書院藏秦簡（叁）》，（上海：上海辭書出版社，2013年），頁181。

〔註28〕馬芳：《嶽麓書院藏秦簡（壹）、（貳）整理與研究》，（上海：華東師範大學，2014年），頁26。

賈麗英：從《睡虎地秦簡‧法律答問》簡 169 到張家山漢簡《二年律令‧收律》和《二年律令‧戶律》來看，秦漢時期所謂的「棄」，是帶有性別歧視性質的詞彙，但並不表示是丈夫拋棄或遺棄妻子，而是指經過男女雙方婚姻關係的結束。〔註29〕

張韶光：棄婦是指離婚婦女。《睡虎地秦簡‧法律答問》簡 169：「棄妻不書，貲二甲。其妻亦當論不當？貲二甲。」可見如果丈夫要休妻，需要去官府登記。嚴格說來，法律所承認的棄妻是經過官府認可的離婚婦女。〔註30〕

按：傳世文獻中「棄妻」可見於《禮記‧雜記》：「諸侯出夫人……行道以夫人之禮者，弃妻致命其家，乃義絕，不用此為始。」〔註31〕，《漢書‧楊胡朱梅云列傳》：「至元始中，王莽顓政，福一朝棄妻子，去九江，至今傳以為仙。」〔註32〕，《三國志‧蜀書‧先主劉備傳》：「先主棄妻子，與諸葛亮、張飛、趙雲等數十騎走，曹公大獲其人眾輜重。」〔註33〕，其中「棄妻」或「棄婦」大多把「棄」當動詞，即「拋棄」。反觀出土材料，如《睡虎地秦簡‧法律答問》簡 169，和《張家山漢簡‧收律》簡 174-175：「罪人完城旦舂、鬼薪以上，及坐姦府（腐）者，皆收其妻、子、財、田宅。其子有妻、夫，若為戶、有爵及年十七以上，若為人妻而棄，寡者，皆勿收」。《二年律令‧戶律》簡 384：「女子為父母後而出嫁者，令夫以妻田宅盈其田宅。宅不比，弗得。其棄妻，及夫死，妻得復取以為戶。」由上述出土材料，可知，秦漢時期夫妻關係的結束是需要向官府登記，並有律例規定離婚後，一方犯罪不用被連坐。婚姻關係結束後，田宅歸夫所有，但夫死後，棄妻可以拿回當初名下的田宅。因此本案之「棄妻」應如賈麗英所言是男女婚姻關係的結束。

（2）田舍

整理小組：田舍，田中房舍。《史記‧黥布列傳》：「番陽人殺布茲鄉民田

〔註29〕賈麗英：《簡牘所見「棄妻」「去夫亡」「妻棄」考》，（簡帛網，2008 年 8 月首發）。

〔註30〕張韶光：《《嶽麓書院藏秦簡（叁）》集釋》（吉林大學古籍研究所碩士論文，2017 年 4 月，頁 202。

〔註31〕〔清〕阮元審定，盧宣旬校：《重刊宋本十三經注疏附校勘記》《禮記》，（台北市：藝文印書館，1965 年，清嘉慶二十年（1815）南昌府學刊本），頁 755-1。

〔註32〕〔漢〕班固撰；〔唐〕顏師古注：《漢書》，（臺北：鼎文書局，1986 年），頁 2927。

〔註33〕〔晉〕陳壽撰；〔南朝宋〕裴松之注：《三國志》，（臺北市：鼎文書局，1980 年）頁 878。

舍，遂滅黥布。」〔註 34〕

朱紅林：農忙時節農民在田間搭建的臨時房舍〔註 35〕

陳松長、周海鋒：《睡虎地秦簡．秦律十八種》簡 12：「百姓居田舍者毋敢酤酒，此處田舍當應解為田中廬舍。田舍應建築在田地之中供農民勞作季節休息的臨時房舍，農民閒時仍回到家中居住。」〔註 36〕

張韶光：對田舍的解釋主要有以下兩種觀點，一田舍是指田中房舍，二田舍是指田中臨時休息的房舍。〔註 37〕

按：考之文獻，田舍亦可是農田和房舍，《史記．蘇秦列傳》：「地名雖小，然而田舍廬廡之數，曾無所芻牧。」〔註 38〕《漢書．季布欒布田叔傳．季布》：「朱家心知其季布也，買置田舍。」《後漢書．李陳龐陳橋列傳》：「會西羌反畔，恂到田舍，為所執獲。」〔註 39〕本案中之「田舍」，無論是指田中房舍、農忙臨時住所或農田和房舍，都是指案發地點。

（3）氵□：

整理小組：「氵□」字右旁殘缺，左從水，疑與簡 147 與簡 148「洋」為同一人。〔註 40〕

按：本字從後文簡 147 和簡 148 的「獄史洋」觀之，疑可補為「洋」字。

（4）【……】

整理小組：從簡文內容判斷，此處有缺簡，也不能排除《譊妘刑殺人等案》簡缺 11 原位於簡 142 下的可能性。〔註 41〕

居處，薄宿所：

〔註 34〕朱漢民、陳松長主編：《嶽麓書院藏秦簡（叁）》，（上海：上海辭書出版社，2013 年），頁 181。

〔註 35〕朱紅林：〈嶽麓簡《為吏治官及黔首》分類研究（一）〉，（王沛主編，《出土文獻與法律史研究》（第一輯），上海：上海人民出版社，2012 年），頁 88。

〔註 36〕陳松長、周海鋒：〈讀《睡虎地秦簡》札記〉，《湖南大學學報》，2013 年。

〔註 37〕張韶光：《《嶽麓書院藏秦簡（叁）》集釋》（吉林大學古籍研究所碩士論文，2017 年 4 月，頁 203。

〔註 38〕〔漢〕司馬遷撰；〔劉宋〕裴駰集解；〔唐〕司馬貞索隱；〔唐〕張守節正義：《史記》，（臺北：鼎文書局，1981 年），頁 2254。

〔註 39〕〔劉宋〕范曄撰；〔唐〕李賢等注；〔晉〕司馬彪補志；楊家駱主編：《後漢書》，（臺北：鼎文書局，1981），頁 1684。

〔註 40〕朱漢民、陳松長主編：《嶽麓書院藏秦簡（叁）》，（上海：上海辭書出版社，2013 年），頁 181。

〔註 41〕朱漢民、陳松長主編：《嶽麓書院藏秦簡（叁）》，頁 181。

整理小組：居處所與薄宿所。居處所：居住以及日常生活場所；薄：疑為迫近，接近。《左傳‧僖公二十三年》：「曹共公聞其駢脅，欲觀其裸。欲薄而觀之」，杜預註：「薄，迫也。」《奏讞書》簡 206-207：「徧視其為謂，即薄出入，所以為衣食者，謙（廉）問其居處之狀，弗得。」（原釋文句讀似有誤，據本簡簡文校正。）薄宿所，臨時靠近及臨時投宿場所。觸等盤問上述四種場所的人，瞭解相關情況。〔註 42〕

按：「宿」是提供休止的處所，《周禮‧地官‧遺人》：「三十里有宿，宿有路室。」《史記‧商君列傳》：「商君亡至關下，欲舍客舍。客人不知其是商君也，曰：『商君之法，舍人無驗者坐之。』」〔註 43〕秦在商鞅變法後規定，凡投宿客店之人，皆需出示身份證「驗」，才能住宿，因此旅舍也是官府破案的偵察重點之一。

（5）讎

陳偉：讎有匹，儔義。大概同與被害人有交往，故有此說。〔註 44〕

張韶光：《睡虎地秦簡‧秦律十八種》：「歲讎辟律於御史。」《周禮‧鄉大夫》：「令群吏考法於司徒」，《周禮‧大史》：「凡辨法者考焉，不信者刑之。」〔註 45〕

按：「讎」字，陳偉只有上述說法並未有進一步說明，而張韶光在其論文中只有列出《睡虎地秦簡》和《周禮》的原文，並未進一步論述。「歲讎辟律於御史」整理小組釋為「廷尉每年都要在固定的時間去御史那裏核對法律條文。」，和此處的「讎」字和本案似乎無關連，筆者考之文獻，《說文》：「讎，猶䜋也。從言，雔聲。」〔註 46〕《說文》：「䜋，以言對也。從言，雁聲。」〔註 47〕，讎字是以言對也之意，即應答。意謂「詢問附近居民後，居民們的應答。」

本段是大女子嬰等告發棄婦毌憂被綁死在自家的田舍中，衣襦都不見

〔註 42〕朱漢民、陳松長主編：《嶽麓書院藏秦簡（參）》，頁 182。

〔註 43〕〔漢〕司馬遷撰；〔劉宋〕裴駰集解；〔唐〕司馬貞索隱；〔唐〕張守節正義：《史記》，頁 2236。

〔註 44〕陳偉：〈也說《癸、瑣等相移謀購案》中的「辟」〉，《簡帛網》，2013 年，9 月 9 日首發。

〔註 45〕張韶光：《《嶽麓書院藏秦簡（參）》集釋》（吉林大學古籍研究所碩士論文，2017 年 4 月，頁 203。

〔註 46〕〔漢〕許慎撰，〔清〕段玉裁注，《說文解字注》，頁 51。

〔註 47〕〔漢〕許慎撰，〔清〕段玉裁注，《說文解字注》，頁 46。

了。命令獄史汜……情況及暗中訊問經常住地和接近旅舍等場所的人。都相符合。

二、●同曰：歸義就〔就－僦〕日（1）未盡，為人庸（傭），除芝。

就〔就－僦〕日：

整理小組：僦：承雇服役。《漢書·酷吏傳》：「大司農取民牛車三萬兩為僦。」顏師古註：「僦謂賃之與雇直也」。僦日，服役期限，似歸義者承擔某種服役義務。〔註48〕

張韶光：將「僦日」理解為服役期限是有待討論的。僦，《說文解字》解為「僦，賃也，從人就，就亦聲。」也就是說被僱傭從事運輸業的活動被稱為「僦」，或者「就」。《漢書·酷吏傳》和《史記·平準書》：「弘羊以諸官各自市，相與爭，物故騰躍，而天下賦輸或不償其僦費。」索隱引服虔云：「雇載云僦，言所輸物不足償其雇載之費也。」記載僦是指僱傭人車運輸。在居延漢簡中也有這樣的例子，《居延漢簡釋文合校》簡214·125：「受訾家延壽里上官霸就人安故里譚昌。」這則材料所講是上官霸僱傭譚昌運輸。由此可見，將僦理解為僱傭運輸勾期限還未滿更為合適。因此本案中「僦日未盡」，即為人傭當理解為被僱傭運輸的期限還未滿，又接受了別人的僱傭。〔註49〕

按：考之文獻，僦有二義：一為僱傭：《漢書·食貨志》：「弘羊以諸官各自市相爭，物以故騰躍，而天下賦輸或不償其僦費」，師古曰：「僦，顧也，言所輸賦物不足償其餘顧庸之費也。僦音子就反。」〔註50〕；一為租賃：《漢書·王莽傳》：「寶貨皆重則小用不給，皆輕則僦載煩費，輕重大小各有差品，則用便而民樂。」師古曰：「僦，送也，一曰賃也，音子就反。」〔註51〕，本案之「僦」當「僱傭」之意。由此處觀之，歸義者需服勞役，應不是任何人歸義都會被同意，〈尸等捕盜疑購案〉中闆等人本為楚人，也想歸附秦國，但後悔，

〔註48〕朱漢民、陳松長主編：《嶽麓書院藏秦簡（叁）》，（上海：上海辭書出版社，2013年），頁182。

〔註49〕張韶光：《《嶽麓書院藏秦簡（叁）》集釋》（吉林大學古籍研究所碩士論文，2017年4月），頁204。

〔註50〕〔漢〕班固撰；〔唐〕顏師古注：《漢書》，（臺北：鼎文書局，1986年），頁1174。

〔註51〕〔漢〕班固撰；〔唐〕顏師古注：《漢書》，（臺北：鼎文書局，1986年），頁4122。

沒有去官府登記，只好在邊境羣盜。類似今日的移民，接受移民的國家也會列條件接受移民，非全盤接收。

同說：歸附秦國。服役期限未完成，就充當別人的僱傭，從事除水中浮草的工作。

三、●譖（潛）訊同歸義狀及邑里居處狀(1)，改（改）(2)曰：隸臣，非歸義。訊同：非歸義，可（何）故？同曰：為吏僕(3)，內為人庸（傭），恐吏敫（繫）辟同(4)□□【……】□□□□【……】□□□□□□□及薄宿，類詑。□譖（潛）謂同＝:（同）和不首(5)一吏（事）者，而言（音一意）毋（無）坐敭（也）？同曰：毋（無）坐敭（也），不智（知）所問（？）。

（1）譖（潛）訊同歸義狀及邑里居處狀

整理小組：通過盤問（周圍人）瞭解到同歸附正義以及在邑里居住的情況，（同）改口說：「我是隸臣，不是歸附正義的。」〔註52〕

王彥輝、薛洪波：「邑」是指先民定居以後經過人為規劃而建築起來的大小不等的且有墙垣或城郭圍護的居住空間，與自然形成的「聚」相對應，故先秦文獻經常可以看到「營邑」、「作邑」、「製邑」等提法，其義無非營建新的聚居點而已。秦漢時期，「邑」又與各種行政建制名稱結合起來使用，諸如郡邑、縣邑、鄉邑、里邑（或邑里）等。〔註53〕

張韶光：整理小組對這句話的理解是可以討論的。張家山漢簡《奏讞書》簡152-153提到：「南郡復吏乃以智巧令脩（攸）誘召寙（聚）城中，譖（潛）訊傅先後以別，捕敫（繫）戰北者。」陳偉將其中的「潛」理解為「暗中」。對「譖（潛）訊」的「訊」的理解，王沛的觀點是：「訊訟案件中司法官員的詢問、調查也用『訊』。」認為陳說和王說較為合理。此外，「歸義狀及邑里居處狀」的「狀」，理解為「文書」是較為合適的。「譖（潛）訊同歸義狀及邑里居處狀」當理解為「暗中調查了記載有同歸義信息和在邑

〔註52〕朱漢民、陳松長主編：《嶽麓書院藏秦簡（叁）》，（上海：上海辭書出版社，2013年），頁301。

〔註53〕王彥輝、薛洪波：〈從戶的相關立法談秦漢政府對人口的控制〉，（東北大學學報，2013年第1期），頁53。

里居住處情況的戶籍」。〔註54〕

按:《說文‧言部》:「譖,愬也。从言,朁聲。」〔註55〕又《說文‧水部》:「潛,涉水也。一曰藏也。一曰漢水為潛。从水,朁聲。」〔註56〕,此二字為同聲假借,潛有藏之意,《詩‧小雅‧正月》:「魚在于沼,亦匪克樂;潛雖伏矣,亦孔之炤。」〔註57〕,即派人偷偷去盤問同歸附的情形和在邑里中的情形。「邑里」詳見〈識劫婉案〉「里人」條。

（2）攺（改）

整理小組:攺（改），《說文‧攴部》收為兩字,疑實為一字異體。《奏讞書》簡100:「毛攺（改）曰。」同上簡105:「詰〔講〕攺（改）辤（辭）如毛。」〔註58〕

按:「攺」為「改」之異體字,《異體字字典》載:「攺」為「改」之異體。改,《說文解字‧攴部》云:「更也,從攴己聲。」攺字見《玉篇‧攴部》,云:「公亥切,更也,換也。」已於俗字、碑帖多連筆作巳。〔註59〕「改」即更改之意,「同」發現被調查之後,改口說出真相。

（3）吏僕

整理小組:僕,侍徒、供使役的人。《說文‧人部》:「僕,給事者。」吏僕,官吏的侍從,是徒隸的服役內容之一。《里耶秦簡》J1⑧130＋J1⑧190＋J1⑧193:「諸徒隸當為吏僕、養者皆屬倉。」《秦律十八種》簡113:「隸臣有巧可以為工者,勿以為人僕、養。」《二年律令》簡267:「吏有縣官事而無僕者,郵為炊;有僕者,叚（假）器,皆給水漿。」〔註60〕

沈剛:從《里耶秦簡》和《嶽麓秦簡（叄）》探討,吏僕多為徒隸充任,

〔註54〕張韶光:《《嶽麓書院藏秦簡（叄）》集釋》（吉林大學古籍研究所碩士論文,2017年4月）,頁205～206。

〔註55〕〔漢〕許慎撰,〔清〕段玉裁注,《說文解字注》,頁56。

〔註56〕同上註,頁233。

〔註57〕〔清〕阮元審定,盧宣旬校:《重刊宋本十三經注疏附校勘記》《詩經》（台北:藝文印書館,1965年）,頁400-2。

〔註58〕朱漢民、陳松長主編:《嶽麓書院藏秦簡（叄）》,（上海:上海辭書出版社,2013年）,頁182。

〔註59〕此字為許錟輝研訂,《異體字字典》,http://dict.variants.moe.edu.tw/variants/rbt/word_attribute.rbt?quote_code=QTAxNzE3LTAwOQ。

〔註60〕朱漢民、陳松長主編:《嶽麓書院藏秦簡（叄）》,（上海:上海辭書出版社,2013年）,頁182。

按秦代制度，其人身歸屬於國家，吏僕不能從事公務以外的勞動，吏僕最接近的解釋應是趕車的人。〔註61〕

　　張韶光：對「吏僕」的解釋主要有兩種：一種是指官吏的侍從；另一種是官吏的駕車人員。認同第二種觀點。《嶽麓書院藏秦簡（肆）》簡165-166：「●倉律曰：毋以隸妾為吏僕、養、官【守】府レ，隸臣少，不足以給僕、養，以居貲責（債）給之；及且令以隸妾為吏僕、養、官守府，有隸臣，輒伐（代）之レ，倉廚守府如故。」從中可知吏僕與吏養一樣，是一類有專門工作的徒隸，而非通稱的官吏侍從。而且一般情況下吏僕需要由隸臣來承擔，在成年隸臣不足的情況下，可以由居貲贖債者或隸妾暫時擔任，一旦有隸臣，需要及時頂替。〔註62〕

　　按：傳世文獻中並無「吏僕」一詞，由出土材料觀之，《睡虎地秦簡》、《里耶秦簡》、《嶽麓秦簡》至《張家山漢簡》中，「吏僕」皆是徒隸的一部分，應從沈剛所論屬國家所有，不能從事公務以外的勞動，如此「同」在外私自接工作，即有違律法。

（4）恐吏載（繫）辟同

　　整理小組：辟，罪，治理。〔註63〕

　　張韶光：「恐吏載（繫）辟同」可以理解為「擔心官吏抓捕自己定罪」。同擔心自己被抓的原因當是「為吏僕，內為人庸（傭）」。《嶽麓書院藏秦簡（肆）》簡68-69：「隸臣妾及諸當作縣道官者、僕、庸，為它作務，其錢財當入縣道官而逋未入去亡者，有（又）坐逋錢財臧，與盜同灋。」這則材料是說在官府勞作服役、被官府僱傭的人員，如果為其它地方勞動，所得到的錢財應當交給官府，如若攜款逃亡，會被按照盜竊罪論處。從中可以看出，在官府服役或者被官府僱傭勞動時，如果再從事其它勞動，需要向官府上交自己的收入。正是由於同是在為官府服役期間從事其它有償勞動，並且想私吞這筆收入，所以他的行動只能在暗地裏秘密進行，因此會出現同「恐吏載（繫）辟同」的情況。〔註64〕

〔註61〕沈剛：〈秦簡中的吏僕與吏養〉，（人文雜誌，2016年第1期），頁73～75。

〔註62〕張韶光：《《嶽麓書院藏秦簡（叄）》集釋》（吉林大學古籍研究所碩士論文，2017年4月），頁206。

〔註63〕朱漢民、陳松長主編：《嶽麓書院藏秦簡（叄）》，（上海：上海辭書出版社，2013年），頁182。

〔註64〕張韶光：《《嶽麓書院藏秦簡（叄）》集釋》（吉林大學古籍研究所碩士論文，

（5）首

整理小組：首，承認罪過、服罪。《漢書・梁孝王劉武傳》「今王當受詔置辭，恐復不首實對」，顏師古註：「不首，謂不伏其罪也。」〔註65〕

趙岩：「首」釋為「服從」更為妥當。在漢代表示「自己服罪」義用「自告」，猶今言「自首」。（省略）「首」用為動詞義為低頭，在漢代時表示「服從」義。（省略）由此引申出「服罪」義，至晚在西晉時「服罪」義產生。（省略）故《大詞典》此義項應釋為「服從」而非「伏罪」。〔註66〕

按：考之文獻，除《漢書・梁孝王傳》外，「不首」亦出現在《漢書・馮奉世傳》：「並不首吏，都格殺。」顏師古註：「不首吏，謂不伏從收捕也。」〔註67〕，不首即不伏從，也就是整理小組所謂之不承認犯罪之意。

本段內容：暗中訊問同住家附近的人瞭解同歸附秦國的狀況和鄉里中居處的情形，同改口說不是歸附秦國，而是隸臣。

訊問同：既然不是歸義的，為何要說歸義？

同曰：是隸臣，偷偷受僱為別人勞動，害怕被官府抓去治罪，同……到薄宿所，像是在說謊。

試探地問同：你回應時沒供出一件事情，難道你沒有罪嗎？

同說：我沒有，不知道你在問什麼？

四、●復譖（潛）謂同=：（同）為吏（僕），人見同，巫從同，畏不敢捕同而【□□】【……】言（？）如同。●臧（贓）直（值）【……】敗傷，洋毋（無）得同=、顯=。（同、顯）▢▢▢大害殹（也）。巳（已）論礫同、顯。

（1）人見同，巫從同，畏不敢捕同而【□□】【……】

整理小組：譯為「一般人見到你，因為有巫隨從你，都害怕你，不敢抓你。」

黃傑：疑當斷讀為「人見同巫，從同」。（省略）「巫」讀為「誣」，說話虛

2017 年 4 月），頁 207。

〔註65〕同上註。

〔註66〕趙岩：《簡帛文獻詞語歷時演變專題研究》，（北京：中國政法大學出版社，2013年），頁 233。

〔註67〕〔漢〕班固撰；〔唐〕顏師古注：《漢書》，（臺北：鼎文書局，1986 年），頁3302。

妄不實。「人見同誣，從同，畏不敢捕同」意為別人見同說話虛妄不實，便跟著同，由於畏懼（或者與同為吏僕有關），不敢捕同。〔註68〕

　　按：黃傑將巫解為誣，即說話虛妄不實，會使人畏懼，筆者認為此說有待商榷。何種口才會讓人感到畏懼，而不敢逮捕同？《說文》：「巫，祝也。女能事無形，以舞降神者也。象人兩褒舞形，與工同意。古者巫咸初作巫。𤯌，古文巫。」〔註69〕若從整理小組之解，巫即巫祝，在古代迷信思想下，官府因為同和巫交往甚密而不敢逮捕同，較為合理。

　　（2）（同、顯）□□□大害毆（也）。已（已）論磔同、顯。

　　整理小組：「顯」字與「大」字之間有大約一個字大小的空白處，紅外線圖版可以隱隱約約看到墨跡。據簡167「民大害毆（也）」文例，疑空白處原有「民」字。簡148「此黔首大」四字的字距與前後文不同，似乎是將「黔首」兩個字擠到一字大小的簡面上。此兩處疑為秦統一全國之後所修改。《史記・秦始皇本紀》：「分天下以為三十六郡，郡置守、尉、監。更名民曰『黔首』。」據里耶秦簡J1⑧0461記載，「王室」、「客舍」兩詞改為「縣官」與「賓飲舍」，第一類《芮盜賣公列地案》簡067「王室」、第二類《盜殺安、宜等案》簡167「客舍」卻沒有被修改。〔註70〕

　　張伯元：自秦至漢，罪行的危害程度已成為量刑的依據要件之一，分別是：「害」與「不害」二等，而不是三等。以《二年・賊律》「矯制，害者，棄市；不害，罰金四兩」為據，最為可靠。〔註71〕

　　按：《嶽麓書院藏秦簡（叄）》中，「論磔」出現在〈譊、妘刑殺人等案〉、〈同、顯盜殺人案〉和《罋盜殺安、宜等案》，只要是殺人的案件，皆是「論磔」。可見秦代對殺人罪的處刑是磔刑。

　　本段內容是說：又暗中訊問同：你身為吏僕，人們見到你，因為你跟巫一起，害怕而不敢逮捕而……，……其他的話，如同所述。贓值？敗傷，洋無物證以逮捕同和顯。同、顯危害極大也，已經論磔同、顯。

〔註68〕黃傑：〈《嶽麓書院藏秦簡（叄）》釋文注釋商補〉，簡帛網，2013年9月首發，http://www.bsm.org.cn/show_article.php？id=1900。

〔註69〕說文解字：頁

〔註70〕朱漢民、陳松長主編：《嶽麓書院藏秦簡（叄）》，（上海：上海辭書出版社，2013年），頁182。

〔註71〕張伯元：《出土法律文獻叢考》，（上海：上海人民出版社，2013年），頁108。

五、●敢言之（1）。□□□令（2）曰：獄史能得微難獄，【上。今獄史洋】得微難獄（3），【……】為奏九牒（4），上。此黔首（5）大害殹（也）。毋（無）徵物（6），難得。洋以智治硏（研）訽，謙（廉）求而得之（7）。洋精（清）絜（潔），毋（無）害（8），敦殼（愨）；守吏（事）（9），心平端禮。【勞、年】中令（10）。綏任（11）謁以補卒史（12），勸它吏，卑（俾）盜賊不發。敢言之。

（1）敢言之

李均明、劉軍：「敢言之」乃下自上謙語。（省略）簡牘所見凡上行文書，無論屬何級別，皆云「敢言之」。〔註72〕

李均明：「敢言之」為上行文常用語。（省略）敢，冒犯、冒昧。〔註73〕

李明曉、胡波、張國艷：秦簡中「敢」除作助動詞表示有膽量去做某事外，還可以作語氣副詞，用於動詞謂語前或句首，表示謙敬的語氣。此時助動詞「敢」的「敢於」、「膽敢」義已經虛化為「冒昧地」、「請」義了。可譯為「冒昧地」。用於文書程式用語「敢言之」中。「敢言之」是上行公文所使用的謙辭。〔註74〕

陶安：平行文書和下行文書都標明主送機關或主送人，如「告倉主」之「倉主」等，而下行文書則不然。這是因為行政系統的統屬機關都很明確，上行文書只能交給直屬的上級機關，不標出收文人也不會產生歧義。因此均從省，僅稱「敢言之」、「敢讞之」等。〔註75〕

按：「敢言之」亦見於〈羋盜殺安、宜等案〉，為上行公文使用之詞語。

（2）□□□令：

整理小組：「之」字與「令」字之間有大約三個字大小的空白處，或許曾經有字被刮削過。〔註76〕

〔註72〕李均明、劉軍：《簡牘文書學》，（南寧：廣西教育出版社，1999年），頁230。

〔註73〕李均明：《秦漢簡牘文書分類輯解》，（北京：文物出版社，2009年），頁143。

〔註74〕李明曉、胡波、張國艷：《戰國秦漢簡牘虛詞研究》，（成都：四川大學出版社，2011年），頁227。

〔註75〕陶安：〈《為獄等狀四種》標題簡「奏」字字解訂正〉，《中國政法大學法律古籍整理研究所編，中國古代法訂正律文獻研究（第八輯）》，（北京：社會科學文獻出版社，2014年），頁38。

〔註76〕朱漢民、陳松長主編：《嶽麓書院藏秦簡（叄）》，（上海：上海辭書出版社，

（3）【上。今獄史洋】得微難獄

整理小組：簡147據文意遙綴而成，「上今獄史洋」五字據《毚盜殺安、宜等案》簡168與《奏讞書》簡227擬補。〔註77〕

勞武利著，李婧嶸譯：「得微難獄」是關於有能力調查、審理案件的官吏舉薦的方式之一，《奏讞書》案例22中引用的一條秦代以前的令，即「獄史能得微難獄，上」，可以說是這種舉薦官吏的法律依據。〔註78〕

（4）牒

整理小組：牒，簡牘，在此用為簡牘量詞。《說文・片部》：「牒，札也。」《里耶秦簡》J1⑧465正：「廿（二十）九年九月壬辰朔辛亥，貳春鄉守根敢言之：牒書水火敗亡課一牒，上。敢言之。」《奏讞書》簡068：「八年四月甲辰朔乙巳，南郡守強敢言之：上奏七牒，謁以聞。種縣論，敢言之。」〔註79〕

李零：古書所謂的「牒」，是簡冊的基本單位，未經編聯的簡冊，竹簡一枚、木牘一枚，都叫「牒」。……古代史書的基礎是檔案，檔案的基礎是日常記錄。所謂編年，所謂大事記，都是從零散的記錄匯編而成。祇有經過事後的整理，才有系統的世次，系統的編年。牒書是用零散的簡牘編成的書，主要屬於文書類。〔註80〕

按：考之文獻，牘當簡札用，見於《左傳・昭公二十五年》：「右師不廠對，受牒而退。」正義曰：「《說文》云：簡牒也，牒札也。於時號令輸王粟具戍人，宋之所出人粟之數，書之於牒。受牒而退，言服從也。」〔註81〕，「牒」亦見於〈毚盜殺安、宜等案〉簡169：「一人為奏十六牒上」。「牒」字在《里耶秦簡》常見，出現三十次，如簡J⑧0042「☑事志一牒☑」，簡J⑧0164「論者獄校廿一牒」，簡J⑧0170「得虎當得者六人＝一牒署□□于☑」

2013年），頁182。

〔註77〕朱漢民、陳松長主編：《嶽麓書院藏秦簡（參）》，（上海：上海辭書出版社，2013年），頁183。

〔註78〕勞武利著，李婧嶸譯：〈張家山漢簡《奏讞書》與嶽麓書院秦簡《為獄等狀四種》的初步比較〉，（湖南大學學報，2013年第3期），頁9。

〔註79〕朱漢民、陳松長主編：《嶽麓書院藏秦簡（參）》，（上海：上海辭書出版社，2013年），頁183。

〔註80〕李零：〈視日、日書和葉書──三種簡帛文獻的區別和定名〉（文物，2008年）。

〔註81〕〔清〕阮元審定，盧宣旬校：《重刊宋本十三經注疏附校勘記》《左傳》（台北：藝文印書館，1965年），頁892-1。

等，皆是當簡冊的基本單位，書寫用。

（5）黔首

整理小組：秦始皇二十六年統一六國後稱民為黔首。〔註82〕

王子今：秦統一前已經開始使用，在秦王朝政治文化體系中被確定為民眾法定身份符號的「黔首」。「黔首」稱謂使用不久就為「民」、「百姓」等所替代。……「黔首」在漢世依然看到作為社會稱謂使用的片段的文化遺存。〔註83〕

朱鳳瀚：儘管「黔首」之稱早已有，但嶽麓簡凡原來此類題材簡文中所稱「民」均稱「黔首」，不是隨意之稱呼，應已是常規，而這只能是在秦始皇二十六年「更名民曰『黔首』」之後才有的事情，則嶽麓簡之成文應不早於此年，而睡虎地簡與北大簡本成文與抄寫的時間均當在此年以前，這亦與上文所作這兩個簡本略早於嶽麓簡本的推測相合。〔註84〕

按：《史記·秦始皇本紀》：「二十六年……更名民曰『黔首』。」〔註85〕，「黔首」在《里耶秦簡》出現十三次，如簡 J⑧0197「卅四年正月丁卯朔辛未遷陵守丞巸敢言之遷陵黔首」，簡 J⑧0223「啟陵鄉廿七年黔首」和簡 J⑧1665「廿七年十一月乙卯司空昌[薄]☒⊿黔首□大男子四人」等，皆在秦王政二十七年之後。

（6）徵物

整理小組：徵物，徵訓「求」，追求（罪犯等）之物，即物證。《呂氏春秋·達鬱》「日暮矣，桓公樂之而徵燭」，高誘註：「徵，求也。」《戰國策·西周策》「韓徵甲與粟於周」，鮑彪註：「徵，猶索。」《奏讞書》簡205：「舉求毋（無）以徵物以得之。」值得注意的是，現代意義上的物證重點在立證，而古代徵物則重點在搜索偵查。〔註86〕

〔註82〕朱漢民、陳松長主編：《嶽麓書院藏秦簡（叁）》，（上海：上海辭書出版社，2013年），頁183。

〔註83〕王子今：《秦漢稱謂研究》，（北京：中國社會科學山版社，2014年），頁10。

〔註84〕朱鳳瀚：〈三種為吏之道題材之秦簡部分簡文對讀〉，（中國文化遺產研究院編，《出土文獻研究（第十四輯）》，上海：中西書局，2015年），頁6。

〔註85〕〔漢〕司馬遷撰；〔劉宋〕裴駰集解；〔唐〕司馬貞索隱；〔唐〕張守節正義：《史記》，頁240。

〔註86〕朱漢民、陳松長主編：《嶽麓書院藏秦簡（叁）》，（上海：上海辭書出版社，2013年），頁183。

　　彭浩、陳偉、工藤元男：徵物，應指有助於破案的跡象。〔註87〕

　　吳雪飛：此處的「徵物」含義是否為物證，尚難確定。如其為物證，則此處的「徵」當訓為「驗」而非「求」，指證明、驗證，徵物，即驗證於物，也即物證。〔註88〕

　　張韶光：「徵物」解作「物證」亦出現於張家山漢簡，換句話說，就是指有助於破案的證據，即物證。〔註89〕

　　按：「徵物」一詞不見於傳世文獻，從本案的上下文觀之，應是與破案有關的證物。

（7）洋以智治訮（研）訽，謙（廉）求而得之

　　黃傑：上引簡文當斷讀為「洋以智治，訮（研）訽廉求而得之」。「治」、「訮（研）」、「訽」三個動詞連用，不符合古漢語的表達習慣。〔註90〕

（8）毋（無）害

　　整理小組：無害，傳世文獻又稱「文無害」、「文史無害」，在秦漢時代似指精通法律和文書業務。《論衡・謝短》：「夫儒生能說一經，自謂通大道，以驕文吏；文吏曉簿書，自謂文無害，以戲儒生。」《墨子・號令》：「請擇吏之忠信者、無害可任事者。」《奏讞書》簡228：「舉無害，謙（廉）絜（潔）敦殼（愨）；守吏也，平端。」古訓中，《漢書・蕭何傳》顏師古註所引蘇林之「無比」與此義最近；楊樹達《漢書窺管》所舉《漢書・王莽傳》「刻銅印三，文意甚害」，文指印文，與「文史無害」無關。〔註91〕

　　于振波：秦漢時期常常以「文無害」一語來評價文法吏，實則「文」與「無害」是評價的兩個方面。〔註92〕「無害」是指官吏熟悉自己的本職工作，

〔註87〕彭浩、陳偉、工藤元男：《二年律令與奏讞書》，（上海：上海古籍出版社，2007年），頁380。

〔註88〕吳雪飛：〈包山楚簡司法術語考釋兩則〉，（楊振紅、鄔文玲主編：《簡帛研究二〇一五》，桂林：廣西師範大學出版社，2015年），頁57。

〔註89〕張韶光：《《嶽麓書院藏秦簡（叁）》集釋》（吉林大學古籍研究所碩士論文，2017年4月），頁212。

〔註90〕黃傑：〈嶽麓秦簡叁釋文注釋商榷〉，（簡帛網，2013年，9月13日首發。http://www.bsm.org.cn/show_article.php？id=1900）。

〔註91〕朱漢民、陳松長主編：《嶽麓書院藏秦簡（叁）》，（上海：上海辭書出版社，2013年），頁183。

〔註92〕于振波：〈秦漢時期的文法吏〉，（中國社會科學院研究生院學報，1999年）。

處理公文及辦理公務時處事幹練，認真負責，不出差錯。〔註93〕

張伯元：《史記·蕭相國世家》：「以文無害為沛主吏掾」句裴駰集解在引《漢書音義》曰：「《律》有無害都吏，猶今言公平吏。」（……略……）《墨子·號令篇》中有「無害可任事者」一語，凡兩見。孫怡讓審校了歷來各家對「無害」的解釋之後，在《墨子間詁》的注中下了斷語，說：「眾說紛邑，通校諸文，當以《漢書音義》「公平吏」之義為是。《續漢書》劉注說亦同。」……被選拔或被推舉的「毋害都吏」其個人品質務必淳樸、忠信、公正。《論衡·程材》「是以選舉取常攻，案吏取毋害」。選舉司法官員更明確著眼於「毋害」，處事公正。〔註94〕

周海鋒：《史記·蕭相國世家》：「蕭相國何者，沛豐人也。以文無害為沛主吏掾。」裴駰《集解》在解釋「文無害」時引《漢書音義》曰：「文無害，有文無所枉害也。律有無害都吏，如今言公平吏。一曰，無害者如言『無比』，陳留閒語也。」〔註95〕

鄔勖：所謂「文毋害」的「文」是指……文吏，在秦漢時官吏區分文武的制度下，官吏須自行選擇申報為文吏或武吏。……「毋害」按《漢書·趙禹傳》顏注的說法，是「言無人能勝也」的意思。……可見舉薦獄史升任卒史時有一套固定的評價標準，「無害」就是其中之一。〔註96〕

張韶光：對「無害」的理解主要有以下幾種：一、認為「無害」是指精通法律與文書工作；二、認為「無害」還指工作公正，能勝任現有工作。認同第二種觀點。〔註97〕

按：張家山漢簡《奏讞書》簡228：「舉無害，謙（廉）絜（潔）敦殼（愨）；守吏也，平端。」，〈同、顯盜殺人案〉簡148「精絜（潔）毋害敦殼守吏心平[端][禮]」，〈甖盜殺安、宜等案〉簡169「請絜（潔）毋害敦殼守吏心平端禮」皆是破獲微難獄，上奏請求升官的用語。

〔註93〕于振波：《秦漢法律與社會》，（長沙：湖南人民出版社，2000年），頁219。
〔註94〕張伯元：《出土法律文獻叢考》，（上海：上海人民出版社，2013年），頁109。
〔註95〕周海鋒：〈為獄等狀四種中的吏議與邦亡〉，（王沛編，《出土文獻與法律史研究（第三輯）》，上海：上海人民出版社2014年），頁56。
〔註96〕鄔勖：《秦地方司法諸問題研究》，（上海：華東政法大學碩士論文，2013年），頁46。
〔註97〕張韶光：《《嶽麓書院藏秦簡（叁）》集釋》（吉林大學古籍研究所碩士論文，2017年4月），頁214。

（9）守吏（事）

整理小組：守事，「事」指公事、公務，奉行公務、供職。《史記・春申君列傳》「今王使盛橋守事於韓」，司馬貞《索引》按：「秦使盛橋守事於韓，亦如楚使召滑相趙然也。」在此指工作態度、作風。《為吏治官及黔首》簡86：「積（精）正守事。」《奏讞書》簡228：「守吏（事）也，平端。」〔註98〕

彭浩、陳偉、工藤元男：守，職守。〔註99〕

按：《說文・一部》：「吏，治人者也。从一，从史，史亦聲。」〔註100〕《說文・史部》：「事，職也。从史，之省聲。叓，古文事。」〔註101〕，吏和事為一字分化。可知「守吏」即「守事」。

（10）【勞、年】中令

整理小組：「勞年」二字據簡169擬補。〔註102〕指勞績和年齡符合法定標準。

大庭脩：「勞」是以工作日數為主，通過這一考察而進行增減，其數字的多寡表明一個官吏的成績。〔註103〕

朱紅林：《周禮》中除了品行和能力之外，官吏要升遷，任職年限與資歷也是考課的一項要求。《周禮・天官・大宰》以八統詔王馭萬民，「七曰達吏」。孫詒讓曰：「此達吏與進賢使能異，賢能者皆有才德，殊異於眾，故因而進之使之；達吏則不必有才德，但以任事年久，積累勤勞，錄而通之，蓋以校計年勞，振拔困滯，卑官平進，與後世計資格相似。」《周禮》中的三年大計可能就與此有關。校計年勞，積勞而升遷，秦漢簡牘中多有記載。如在睡虎地秦簡《編年記》中，墓主人喜記載自己的履歷及軍功，就與當時的官吏考課制度有關。〔註104〕

〔註98〕 朱漢民、陳松長主編：《嶽麓書院藏秦簡（叄）》，（上海：上海辭書出版社，2013年），頁183。

〔註99〕 彭浩、陳偉、工藤元男：《二年律令與奏讞書》，（上海：上海古籍出版社，2007年），頁382。

〔註100〕 〔漢〕許慎撰，〔清〕段玉裁注，《說文解字注》，（臺北：黎明文化事業股份有限公司，1972年），頁7。

〔註101〕 〔漢〕許慎撰，〔清〕段玉裁注，《說文解字注》，頁65。

〔註102〕 朱漢民、陳松長主編：《嶽麓書院藏秦簡（叄）》，（上海：上海辭書出版社，2013年），頁183。

〔註103〕 大庭脩著，林劍鳴等譯：《秦漢法制史研究》，（上海：上海人民出版社，1991年），頁456。

〔註104〕 朱紅林：《周禮中商業管理制度研究》，（長春：吉林文史出版社，2013年）。

　　張韶光：《里耶秦簡》8-269 有「資中令史陽里釦伐閱」，整理者注：「伐閱，積累功勞經歷。《漢書·車千秋傳》：『千秋無他材能術學，又無伐閱功勞。』顏師古注：『伐，積功也。閱，經歷也。』」可見勞績是官吏升遷的一個重要指標。而且勞績會因個人的表現，被獎勵或扣除。睡虎地秦簡《秦律十八種》簡 13-14：「以四月、七月、十月、正月膚田牛。卒歲，以正月大課之，最，賜田嗇夫壺酉（酒）束脯，為旱〈皂〉者除一更，賜牛長日三旬；殿者，誶田嗇夫，罰冗皂者二月。其以牛田，牛減絜，治（笞）主者寸十。」「有（又）里課之，最者，賜田典日旬，殿，治（笞）卅。」3 也就是說，在考核中成績優異的，會獎勵勞績，成績差的則會扣除勞績，這也反映了勞績是考量官吏資歷與能力的一個重要指標。〔註 105〕

　　按：《睡虎地秦簡·中勞律》：「敢深益其勞歲數者，貲一甲，棄勞。」〔註 106〕此「勞」同於《墨子·號令》：「數使人行勞、賜守邊關塞、備蠻夷之勞苦者」所行之勞。《居延漢簡》有〈功令簡〉，功令第卌五：「侯長、士吏值試射，射去堆……賜勞十五日。」又「士吏、侯長……常以令秋試射，以六為程，過六，賜勞，矢十五日。」賜勞十五日即賜給十五日之假期。杜正勝曾對「勞」進行討論，認為「據居延漢簡，勞與爵里、年齡、體徵、能力並列，也是個人身份的一端，慎重載於簿籍。所以秦的「賜勞」、「致勞」，或睡簡的《軍爵律》「從軍當以勞、論及賜」的勞，皆指勞績，雖不及爵之尊貴，也是一種身份的表徵。」〔註 107〕，筆者認同杜正勝之論點，勞乃勞績，是對做得好的官吏的獎勵。

（11）任

　　整理小組：任，保舉，擔保。《漢書·汲黯傳》「濮陽段宏始事蓋侯信，信任宏，官亦再至九卿」，顏師古註引蘇林曰：「任，保舉。」《秦律雜抄》簡 01：「任灋（廢）官者為吏，貲二甲。」《二年律令》簡 210：「有任人以為吏，其所任不廉、不勝任以免，亦免任者。」〔註 108〕

〔註 105〕 張韶光：《《嶽麓書院藏秦簡（叁）》集釋》（吉林大學古籍研究所碩士論文，2017 年 4 月），頁 216。
〔註 106〕 睡虎地秦墓竹簡整理小組：《睡虎地秦墓竹簡》（北京：文物出版社，1990 年），頁 135。
〔註 107〕 杜正勝：《編戶齊民》（臺北：聯經事業股份有限公司，2008 年），頁 344。
〔註 108〕 朱漢民、陳松長主編：《嶽麓書院藏秦簡（叁）》，（上海：上海辭書出版社，2013 年），頁 183。

　　按：秦代舉薦官吏的文書有固定的模式。《嶽麓書院藏秦簡（叁）》簡
147-149「獄史能得微難獄，【上。令獄史洋】得微難獄，【……】為奏九牒
上。此黔首大害殹（也）。毋（無）徵物，難得。洋以智治訊（研）詗，謙
（廉）求而得之。洋精（清）絜（潔），毋（無）害，敦毅（愨）；守吏（事），
心平 端 禮 。【勞、年】中令。綏任謁以補卒史，勸它吏，卑（俾）盜賊不發。
敢言之。」，簡 168-170「今獄史觸、彭沮レ、袤得微難獄。磔辠一人。為奏
十六牒，上。觸為令史廿二歲，年卅三：彭沮、袤勞、年中令。皆請絜（潔），
毋害，敦（設）毅；守吏（事），心平端禮。任謁課以補卒史，勸它吏，敢
言之。」張家山漢簡《奏讞書》簡 227-228「令曰：獄史能得微難獄，上。
今獄史舉得微難獄，為奏廿二牒，舉毋害，謙（廉）絜（潔）敦愨，守吏也，
平端，謁以補卒史，勸它吏，敢言之。」〔註109〕上述三則材料皆是舉薦推
舉破獲微難獄有功而被擢升為卒史的例子。大致的內容：「精（清）絜（潔）、
毋（無）害、敦毅（愨）、守吏（事）、心平端禮、勞年中令。」是秦漢之際
對良吏的要求。秦漢簡牘中列舉了良吏所應具有的品質。睡虎地秦簡《語
書》簡 9-10：「凡良吏明法律令，事無不能殹（也）；有（又）廉絜（潔）敦
愨而好佐上；以一曹事不足獨治殹（也），故有公心；有（又）能自端殹（也），
而惡與人辨治，是以不爭書。」〔註110〕嶽麓秦簡《為吏治官及黔首》：「吏
有五善：一曰忠信敬上，二曰精廉無旁（謗），三曰舉事審當，四曰喜為善
行，五曰龔（恭）敬多讓。」〔註111〕可知為吏治官要忠信、廉潔、公正、
善良和恭敬禮讓。

（12）卒史

　　整理小組：卒史，郡等屬吏。《史記・汲鄭列傳》裴駰《集解》引如淳
曰：「律，太守、都尉、諸侯內史史各一人，卒史書佐各十人。」《太史公自
序》張守節《正義》引《漢舊儀》：「太史公秩二千石，卒史皆秩二百石。」
尹灣漢簡：「太守吏員廿（二十）七人：太守一人，秩□二千石；太守丞一
人，秩六百石；卒史九人，屬五人，書佐九人，門兵佐一人，小府嗇夫一人。

〔註109〕張家山二四七號漢墓竹簡整理小組：《張家山漢墓竹簡二四七號墓釋文修訂
　　　　本》，（北京：文物出版社，2006 年），頁 111。
〔註110〕睡虎地秦墓竹簡整理小組：《睡虎地秦墓竹簡》（北京：文物出版社，1990），
　　　　頁 15。
〔註111〕朱漢民、陳松長主編：《嶽麓書院藏簡（壹）》，（上海：上海辭書出版社，2010
　　　　年 12 月），頁 188。

凡廿（二十）七人。都尉吏員十二人：都尉一人，秩真二千石；都尉丞一人，秩六百石；卒史二人，屬三人，書佐四人，門兵佐一人。凡十二人。」〔註112〕

李學勤：《史記‧蕭相國世家》云蕭何在秦曾「給泗水卒史事」，《集解》引「文穎曰：何為泗水郡卒史。」《索隱》引如淳云：「律，郡卒史、書佐各十人也。」是卒史為郡的屬吏。〔註113〕

胡仁智：「卒史」之職源於秦朝官制。《史記‧蕭相國世家》記載蕭何曾為「秦泗水卒史」。「卒史」比較廣泛地設置於漢代郡級官署中。郡太守府有「卒史」，都尉府有「卒史」。〔註114〕

趙孝龍：卒史應該為縣級官吏，負責官吏債務賬目。〔註115〕

朱紅林：卒史是郡級「史」的一類，職掌有多種。由獄史提升上來的卒史，其職責也應該與治獄有關，參與案件的判決。〔註116〕

張韶光：張家山漢簡《奏讞書》簡124：「南郡卒史蓋廬、摯田、叚（假）卒史鳴復攸庫等獄簿。」整理小組注：「卒史，郡吏的一種，《史記‧蕭相國世家》索引引如淳云：『律：郡卒史、書佐各十人也。』」該材料中明確指出「南郡卒史」，遂可以確定卒史是郡屬吏。此外，本案中獄史洋因為「能得微難獄」被擢升為卒史，而且張家山漢簡《奏讞書》簡124明確指出卒史還負責審查獄簿。可見，卒史也是司法官吏。〔註117〕

按：「卒史」亦見於《里耶秦簡》簡0078「廿九年十一月辛酉洞庭叚卒史悍☒」，簡0135「寫校券一牒上謁言之卒史衰……」《里耶秦簡》整理小組註解為「卒史，郡吏。」〔註118〕《史記‧儒林列傳》：「比百石已下，補郡太守

〔註112〕 朱漢民、陳松長主編：《嶽麓書院藏秦簡（叁）》，（上海：上海辭書出版社，2013年），頁184。

〔註113〕 李學勤：〈奏讞書解說下〉，（文物，1995年第3期）。

〔註114〕 胡仁智：〈由簡牘文書看漢代職務罪規定〉，（法商研究，2001年，第3期），頁57。

〔註115〕 趙孝龍：《秦職官研究——以出土文獻為中心》，（合肥：安徽大學，2010年），頁76。

〔註116〕 朱紅林：〈史與秦漢之際的決獄制度〉，（法律史學會2016年會論文集，天津，2016年），頁412。

〔註117〕 張韶光：《《嶽麓書院藏秦簡（叁）》集釋》，頁217。

〔註118〕 陳偉：《里耶秦簡牘校釋（第一卷）》（武漢大學出版社，2012年1月），頁58。

卒史」〔註119〕筆者認為卒史即是郡吏，且官職比獄史高。

　　本段內容：敢言之，依法令曰：獄史能得微難獄，上。今獄史洋，得微難獄……

　　寫立奏狀九枚簡，奉上。這個人對百姓危害極大，本案沒有物證可徵，難以偵破。洋千方百計進行研究和秘密調查，多方偵查找出犯罪嫌疑犯，洋清正廉潔，精通法律業務，厚道誠實，他奉行公務，是用心公平，態度端正有禮的，勞績和年齡符合法定標準，緩保舉並請求把他任命為郡卒史，以勉勵其他官吏，使得盜賊不敢妄動。

第三節　爰盜殺安、宜等案

壹、前　言

　　〈爰盜殺安、宜等案〉從簡150-170，共有二十一簡，其中編號第一五三簡有編聯問題，曾引起多位學者討論。內容大致闡述爰殺了安、宜等三名女子，並搶走其財物，在案發現場留下城旦的赤衣，欲轉移辦案焦點，但仍被獄史觸、彭沮在探查鄰里後，偵破此案，爰論礫，而觸和彭沮因得微難獄而升官。

〔註119〕〔漢〕司馬遷撰；〔劉宋〕裴駰集解；〔唐〕司馬貞索隱；〔唐〕張守節正義：《史記》，頁 3119。

圖版 7 　〈魏盜殺安、宜等案〉

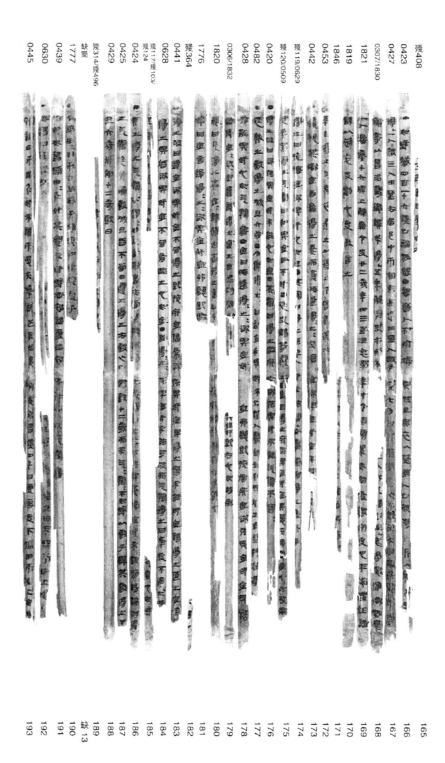

貳、釋　文

廿（二十）年十一月己未，私屬喜曰：□【……】衙（？）□姜宜、士五（伍）安□▭□【……】（150）

●即令獄史彭沮レ、衷往診：安、宜及不智（知）可（何）一女子死（屍）皆在內中，頭頸有伐刑痏。不智（知）殺者，【……】（151）

赤帬（裙）襦，類城旦衣。●喜曰：嘗見死女子與安等作，不智（知）可（何）人●衙曰：宜、安有布衣，帬（裙）襦、絝、履，皆亡不得（152）

殹（也）。即各日夜別薄譖（潛）訊都官旁縣=中=、（縣中）城旦及牒書其亡□□【……】（153）

不智（知）盜及死女子可（何）人毋（無）音（意）殹（也）●即令獄史觸與彭沮、衷求其盜。●觸等盡別譖（潛）訊安旁田人，皆曰不[智]（知）【……】（154）

【□。】即將司寇晦，別居千（阡）佰（陌）鬻（徹）道，徼（邀）迣苛視不狀（狀）者。弗得。●觸等音（意）以為安□【死（屍）所】有赤衣，殺安等者□【□□】（155）

【……】人日夜謙（廉）求櫟陽及它縣，五日聞【……】（156）

佩新大觲（觲）刀。其瞻視不壹，如有惡狀。即訊，言曰：□【……】（157）

●訊同=：（同），大宮隸臣，可（何）故為寺從公僕？同言類不讎，且覆詣=，（詣）（？）官，同改（改）曰：定名䯄。故燕城人，降為隸臣，輸寺從。去亡。（158）

訊䯄=：（䯄）亡，安取錢以補袍及買觲刀？䯄曰：庸（傭）取錢。（159）

【訊＼詰䯄：……䯄曰：……】（缺簡）甚矣！以人莫智（知）。今吏智（知）之，未可奈可（何），請言請（情）：䯄欲盜，恐得而□□□不□【……。】（160）

得者，求城旦赤衣，操，巳（已）殺人，置死（屍）所，令人以為殺人者城旦殹（？也），弗（？）能（？）得（？）䯄=。䯄誠以旬餘時，以二錢買不智（知）（161）

可（何）官城旦敝赤帬（裙）襦，以賸盛。佗行出高門，視可盜者。莫（暮）食時到安等舍，□寄□其內中。有頃，安等（162）

皆臥，出。䯄伐刑殺安等，置赤衣死（屍）所，盜取衣器，去買（賣）行

道者所。以錢買布補【袍□□□□□】(163)

　　有母、妻、子在鼆(魏)。即買大刀，欲復以盜殺人，得錢材(財)以為用，亡之鼆(魏)。未餲(蝕)而得。睪。(164)

　　【詰鼆：……】□可(何)解？鼆曰：睪毌解。【……】(165)

　　●問如辤。臧(贓)四百一十六錢。巳(已)論磔鼆。●鼆，晉人，材犹(犰)。端買城旦赤衣，以盜殺人。巳(已)殺，置死(屍)所，以□令吏【弗】(166)

　　得レ。一人殺三人田壄，去居邑中市客舍，甚悍，非恆人殹(也)。有(又)買大刀，欲復(？)盜殺人，以亡之鼆(魏)。民大害殹(也)。甚微難得。(167)

　　觸等以智治鐡(纖)微，謙(廉)求得レ。五年，觸與史去疢謁(？)為(？)【□□□□】□之(？)。今獄史觸、彭沮レ、衷得微難獄。磔睪(168)

　　一人。為奏十六牒，上。觸為令史廿二歲，年卅三：彭沮、衷勞、年中令。皆請絜(潔)，毌害，敦(設)殼；守吏(事)，心平端禮。任謁(169)

　　課以補卒史，勸它吏，敢言之(170)

參、彙　釋

　　一、廿(二十)年十一月己未，私屬(1)喜曰：□【……】衙(？)□妾宜、士五(伍)安□□□□(2)【……】●即令獄史彭沮レ、衷往診：安、宜及不智(知)可(何)一女子(3)死(屍)皆在內中(4)，頭頸有伐刑痏(5)。不智(知)殺者，【……】赤帬(裙)襦，類城旦衣(6)。

　　(1)私屬

　　整理小組：可以參考《二年律令》簡 162：「奴婢為善而主欲免者，許之。奴命曰私屬，婢為庶人，皆復使及筭(算)事之如奴婢。」〔註 120〕

　　王彥輝：奴婢獲得放免有兩個前提，一是「為善」，如果獲免後「不善」主人有權重新「奴婢之」；二是得到官府許可後，稱被免的男奴為「私屬」，女奴為「庶人」，主人可以繼續「事之入奴婢」，即被免的「私屬」和「庶人」

〔註 120〕朱漢民、陳松長主編：《嶽麓書院藏秦簡(叁)》，(上海：上海辭書出版社，2013 年)，頁 192

對主人還要承擔一定的義務。〔註 121〕

朱紅林：奴婢被主人放免之後，與原來的主人還是存在著一定的依附關係。男奴被放免之後與主人的依附關係要比女奴強，前者被稱為「私屬」。……從《二年律令》說男奴被主人放免之後，稱為「私屬」，又說主人去世或有罪，「以私屬為庶人，刑者以為隱官」，似乎是說「私屬」本身雖不是奴婢身份了，但與庶人還是有一定距離的。〔註 122〕

張韶光：「私屬」是男奴被放免後的身份，地位高於奴隸但低於庶人，與主人具有一定的依附關係。是一種過渡性稱呼，強調奴隸因為贖免而獲得自由的身份，從這一稱謂上可以看出其原為奴隸身份的印記。〔註 123〕

按：「私屬」見於傳世文獻，有二義：一為家眾，《左傳·宣公十七年》：「郤子至，請伐齊，晉侯弗許，請以其私屬，又弗許。」〔註 124〕，《史記·周本紀》：「乃與私屬遂去豳，度漆、沮，踰梁山，止於岐下。」〔註 125〕。另一解為奴隸，《漢書·卷二四·食貨志上》：「今更名天下田曰王田，奴婢曰私屬，皆不得買賣。」又「後三年，莽知民愁，下詔諸食王田及私屬皆得賣買，勿拘以法。」〔註 126〕傳世文獻中，私屬的二種意義，其共同點都是主人私有的，且二者存在著一定的關係，家眾在家庭中的位階，比奴隸高，但廣義地說奴隸也可以算是家眾的一部分。而出土材料除本簡外，尚見於張家山漢簡《二年律令》簡 162 的內容則更清楚地說明「私屬」是奴婢為善後，主人將其免去奴婢的身分，成為庶人。《嶽麓書院藏秦簡（肆）》簡 157「及敢擅使敖童、私屬、奴及不從車牛，凡免老及敖童未傅者，縣勿敢使」〔註 127〕整理小組解

〔註 121〕 王彥輝：〈從張家山漢簡看西漢私奴婢的社會地位〉，（中國秦漢史研究會編，《秦漢史論叢（第九輯）》，西安：三泰出版社，2001 年），頁 242。

〔註 122〕 朱紅林：〈讀《嶽麓書院（叁）》札記〉（中國文化遺產研究院編，出土文獻研究，第十四輯，上海：中西書局，2005 年），頁 45～46。

〔註 123〕 張韶光：《《嶽麓書院藏秦簡（叁）》集釋》（吉林大學古籍研究所碩士論文，2017 年 4 月，頁 220。

〔註 124〕 〔清〕阮元審定，盧宣旬校：《重刊宋本十三經注疏附校勘記》《左傳》（台北市：藝文印書館，1965 年，清嘉慶二十年（1815）南昌府學刊本），頁 411。

〔註 125〕 〔漢〕司馬遷撰；〔劉宋〕裴駰集解；〔唐〕司馬貞索隱；〔唐〕張守節正義：《史記》（臺北：鼎文書局，1981 年），頁 114。

〔註 126〕 〔漢〕班固撰；〔唐〕顏師古注：《漢書》（臺北：鼎文書局，1986 年），頁 1144。

〔註 127〕 陳松長主編：《嶽麓書院藏秦簡（肆）》（上海：上海辭書出版社，2015 年），頁 120。

釋為：「被主人免去奴隸身份的男奴」〔註128〕。從《嶽麓書院藏秦簡（肆）》此簡觀之，「私屬」和「奴」是兩種不同身份的人，私屬應是比奴身份地位高等同於庶人之地位的身份。

（2）士五（伍）安□□□：

整理小組：人名「安」冠以身份稱謂「士五（伍）」，按照通例，應係本案中初次出現，因疑此簡為本案的通報記錄，殘缺部分應有「告某曰」等字樣。兩個未釋字中間的空白簡面或係編繩處。〔註129〕

（3）不知何人

整理小組：不知何（人），不知姓名及所從來者。《封診式》簡55-56：「爰書：某亭求盜甲告曰：署中某所有賊死、結髮、不智（知）可（何）男子一人，來告。即令令史某往診。」《奏讞書》簡197-198：「六月癸卯，典贏告曰：不智（知）何人刺女子婢㝡（最）里中，奪錢。不智（知）之所。即令獄史順、去疢、忠、文華、固追求賊。」傳世文獻又簡稱何人。《漢書·雋不疑傳》「廷尉驗治何人，竟得奸詐」，顏師古註：「凡不知姓名及所從來者，皆曰何人。」〔註130〕

張韶光：所謂「不知何人」即指不知「名事里」。睡虎地秦簡《封診式》簡6-7：「敢告某縣主：男子某有鞫，辭曰：『士五（伍），居某里。』可定名事里，所坐論云可（何），可（何）罪赦，或覆問毋（無）有，遣識者以律封守，當騰，騰皆為報，敢告主。」整理小組注：「事，《說文》：『職也。』名事里，姓名、身份、籍貫。居延漢簡二三九·四六有『鞫繫、書到，定名縣爵里。』」可知「名事里」即指姓名、身份、籍貫，是確定一個人身份的基本信息。〔註131〕

按：從簡文內容來看，案發現場有三具女屍，其中有二具知道其身份姓名，分別是「宜」和「安」，但有一具不知為何人，故「不知何人」應依整理小組解為「不知姓名及所從來者。」即可。

〔註128〕陳松長主編：《嶽麓書院藏秦簡（肆）》，頁167。

〔註129〕朱漢民、陳松長主編：《嶽麓書院藏秦簡（叁）》，（上海：上海辭書出版社，2013年），頁192。

〔註130〕朱漢民、陳松長主編：《嶽麓書院藏秦簡（叁）》，（上海：上海辭書出版社，2013年），頁192。

〔註131〕張韶光：《《嶽麓書院藏秦簡（叁）》集釋》，頁221。

（4）內中

整理小組：內，內室、臥室。《漢書・鼂錯傳》「先為筑室，家有一堂二內」，顏師古註引張晏曰：「二內，二房也。」《封診式》簡 08-09：「一宇二內，各有戶，內室皆瓦蓋，木大具，門桑十木。」《奏讞書》簡 183-184：「甲與男子丙偕之棺後內中和奸。」一說：內多有大內、房（旁）內之別，僅稱內中不夠準確；內中二字又可以表示裏頭、其中之義，本簡疑有脫文。《封診式》簡 73：「自宵臧（藏）乙復（複）紬衣一乙房內中。」同上簡 064：「丙死（屍）縣（懸）其室東內中北廁權。」〔註132〕

按：考之文獻，「內中」一詞可見於《史記・外戚列傳》：「家人驚恐，女亡匿內中牀下。扶持出門，令拜謁。」〔註133〕《漢書・武帝紀》：「（二年）六月，詔曰：「甘泉宮內中產芝，九莖連葉。」師古註曰：「內中，謂後庭之室也，故云不異下房。」〔註134〕，《漢書・郊祀志》：「及上卽位，則厚禮置祠之內中。聞其言，不見其人云。」〔註135〕。由此可知，傳世文獻中的「內中」應是指「後庭之室」，亦即整理小組解釋的「內室、臥室」。

（5）痏

整理小組：痏，泛指創傷。《封診式》簡 35-36：「其右角痏一所，袤五寸，深到骨，類劍跡。」同上簡 56：「某頭左角刃痏一所。」慧琳《一切經音義》卷 99 註引《倉頡篇》：「痏，傷也。」秦漢律毆傷稱「痕痏」，或即由此導致東漢以後訓詁中逐漸將「痏」字理解為毆傷。《法律答問》簡 087「或與人鬥，夬（決）人脣。論可（何）殹（也）？比疻痏。」《二年律令》簡 028：「毆（毆）同列以下，罰金二兩；其有疻痏及□，罰金四兩。」《說文・疒部》：「痏，疻痏也。」《文選・西京賦》「所惡成創痏」，李善註引《蒼頡篇》：「痏，毆傷也。」《急救篇》「疻痏保辜謼呼號」，顏師古註：「毆人膚膚腫起曰疻，毆傷曰痏。」〔註136〕

〔註132〕 朱漢民、陳松長主編：《嶽麓書院藏秦簡（叁）》，（上海：上海辭書出版社，2013 年），頁 192。

〔註133〕〔漢〕司馬遷撰；〔劉宋〕裴駰集解；〔唐〕司馬貞索隱；〔唐〕張守節正義：《史記》，（臺北：鼎文書局，1981 年），頁 1981～1982。

〔註134〕〔漢〕班固撰；〔唐〕顏師古注：《漢書》，（臺北：鼎文書局，1986 年），頁 193。

〔註135〕〔漢〕班固撰；〔唐〕顏師古注：《漢書》，：頁 1216。

〔註136〕 朱漢民、陳松長主編：《嶽麓書院藏秦簡（叁）》，（上海：上海辭書出版社，2013 年），頁 192。

按：人體遭毆傷，皮膚表面所呈青黑色腫脹的創痕。《漢書・薛宣傳》「惡不直也」句下漢・應劭・注：「以杖手毆擊人，剝其皮膚，腫起青黑而無創瘢者，律謂痏痏。」〔註137〕，可知痏是指遭毆成瘀傷。

（6）赤帬（裙）襦，類城旦衣

張韶光：在秦代，城旦穿赤衣戴赤帽。睡虎地秦簡《秦律十八種》簡147：「城旦舂衣赤衣，冒赤（氈），枸櫝欙杕之。」《嶽麓書院藏秦簡（肆）》簡167-168：「●司空律曰：城旦舂衣赤衣，冒赤氈，枸櫝杕之。諸當衣赤衣者，其衣物毋（無）小大及表裏盡赤之，其衣裘者，赤其裏，□仗，衣之。」整理小組注：「冒赤氈，戴紅色氈子。」可見，城旦的赤衣，無論大小內外的衣服均是赤色，並且還頭戴赤色的氈子，如果穿裘，裏面的衣服當是赤色。〔註138〕

按：筆者贊同張韶光之探討，且以本案下文觀之，犯人確實買了城旦衣，來故怖疑雲，想誤導辦案方向。

本段是案情描述：秦王政二十年十一月初一私屬喜說了一段話，此話缺簡，應該就是發現有死者，才會有後來的派獄史彭沮和衷前往勘驗說：安、宜以及一名無名女屍都倒臥在內室，被害人脖子上有刀砍傷痕。不知道凶手是誰？……留下了紅色的衣物很像城旦的衣服。

二、●喜曰：嘗見死女子與安等作，不智（知）可（何）人●衷曰：宜、安有布衣，帬（裙）襦、綺、履，皆亡不得）殹（也）。即各日夜別薄(1)譖（潛）訊(2)都官(3)旁縣=中=、（縣中）城旦及牒書(4)其亡□□【……】(5)不智（知）盜及死女子可（何）人(6)。毋（無）音（意）(7)殹（也）。

（1）薄

整理小組：薄，迫近、接近。

按：「薄」當「迫近」，傳世文獻可見於《文選・李密・陳情表》：「日薄西山，氣息奄奄。」

（2）譖（潛）訊

〔註137〕〔漢〕班固撰；〔唐〕顏師古注：《漢書》，頁3395。
〔註138〕張韶光：《嶽麓書院藏秦簡（叁）》集釋，頁222-23。

整理小組：潛，探測，探索。《爾雅・釋言》：「潛，測也。」王引之《經
義述聞・爾雅中》：「《莊子・田子方》曰：『上闚青天，下潛黃泉』，是潛為
測也。」訊，《說文・言部》訓「問」，訊問、盤問。潛訊，為探索信息而盤
問，探聽某方面的信息。《奏讞書》簡 153「乃以智巧令脩（攸）誘召寇（聚）
城中，誻（潛）訊傅先後以別，捕彀（繫）戰北者」，紅外線研究註「誻（潛）」
為「暗中義」，似失妥。前文簡 145 稱「誻（潛）謂同」，後文簡 154「觸等
盡別誻（潛）訊安旁田人」，皆「潛」非暗中義之明證。〔註 139〕

鍾意：《奏讞書》簡 153 中「誻」，張家山二四七號漢墓竹簡整理小組將
其釋作「謁」，後彭浩、陳偉、工藤元男將其釋為「誻」，讀為「潛」，解釋
為「暗中義」。〔註 140〕

按：辦案過程中，對嫌疑人週遭相關人物進行探訪探索，是常見的情形。
鄰里的證詞常常成為破案的關鍵，訪談過程中並不一定需要暗中進行，因此
筆者認為應從整理小組之釋為探測、探索之意。

（3）都官

整理小組：都官，設於地方的中央直屬機構。《秦律十八種》簡之。其金
及鐵器入以為銅。都官輸大內，內受買（賣）之，盡七月而觽（畢）。都官遠
大內者輸縣，縣受買（賣）之。」同上簡 186：「縣各告都官在其縣者，寫其
官之用律。」〔註 141〕

曹旅寧：都官除了具有「中央一級機關」的含義外，還應指秩級在六百
石以上的中央派出機關的官吏。……由於中央機關有派出機關散佈全國各地
處理各種事務。〔註 142〕

按：「都官」亦見於《里耶秦簡》J⑧0649「邦尉都官軍在縣界中者各」。
《漢書・宣帝紀》：「丞相以下至都官令丞」，師古曰：「都官令丞，京師諸署之
令丞。」〔註 143〕都官為中央官職。

（4）牒書

整理小組：牒書，用簡牘寫。《秦律十八種》簡 035-036：「到十月牒書

〔註 139〕朱漢民、陳松長主編：《嶽麓書院藏秦簡（叁）》，頁 192。

〔註 140〕鍾意：《嶽麓書院藏秦簡（三）第二類至第五類簡集釋》，（武漢：武漢大學
碩士論文），頁 20。

〔註 141〕朱漢民、陳松長主編：《嶽麓書院藏秦簡（叁）》，頁 192～193。

〔註 142〕曹旅寧：〈張家山漢律職的幾個問題〉，（南都學壇，2006 年）。

〔註 143〕〔漢〕班固撰；〔唐〕顏師古注：《漢書》，頁 245。

數，上內〖史〗。」在此指詳細記錄城旦丟失衣服等情況。〔註144〕

（5）即各日夜別薄（1）譖（潛）訊都官旁縣=中=、（縣中）城旦及牒書其亡□□【……】

黃傑：看彩色圖版及紅外線圖版，「中」字下並無重文號，故該處簡文當作「都官旁縣、縣中城旦」。「亡」下之字，彩色圖版尚保留部分殘劃，我們認為可能是「者」字，可與簡155「者」字對比：▨▨（簡153「亡」下之字）

（簡155「者」字）若此字為「者」，則「牒書其亡者」可能是一個動名詞組，指那些記錄在冊（「牒」）的逃亡或失蹤者。〔註145〕

陶安：「即各日夜別薄譖（潛）訊都官旁縣中、縣中城旦及牒書其亡者□【……】。」〔註146〕

陳偉：153號簡接在155號簡之後、156號簡之前，除了偵查範圍逐漸擴展的邏輯順序之外，還有一個理由，即155號簡記觸等根據現場有赤衣懷疑嫌疑犯是城旦，從而將偵查重點聚焦於153號簡所記的「都官、旁縣縣中城旦」。〔註147〕

（6）不智（知）盜及死女子可（何）人

陳偉：152與154相接，銜在談到宜、安的衣物失竊之後，接著說「不知盜及死女子何人」，與喜說不知死女子何人類似。這是與宜、安關係密切者才會說到的話。接著銜還說「無意也」，表示他沒有對嫌疑人的指向。這也是關係密切者才會說的話。因而二簡相接是合適的。〔註148〕

（7）毋音

整理小組：意，猜測、料想，即有關罪犯或者犯罪情況等的猜測。《史記・張儀列傳》：「已而楚相亡璧，門下意張儀，曰：『儀貧無行，必此盜相君之璧。』」後文簡155：「觸等音（意）以為安□【死（屍）所】有赤衣。」無意，茫無頭緒。《封診式》簡82：「不智（知）盜者可（何）人及蚤（早）

〔註144〕朱漢民、陳松長主編：《嶽麓書院藏秦簡（叄）》，頁193。
〔註145〕黃傑：〈嶽麓書院藏秦簡叄釋文注釋商補〉（《簡帛（第十輯）》，2015年），頁120。
〔註146〕陶安：《嶽麓秦簡復原研究》（上海：上海古籍出版社，2016年），頁371。
〔註147〕陳偉：〈嶽麓秦簡《奏讞書》校讀〉（古文字與古代史（第四輯），台北：中央研究院歷史語言研究所，2015年），頁502。
〔註148〕同上註。

莫（暮），毋（無）意殹（也）。」古文字「音」、「言」二字關係密切，疑「言」字亦可讀為「意」。《奏讞書》簡 222「令吏求賈市者，毋言孔」之「言」似應改讀為「意」。〔註 149〕

本段是調查結果：喜說曾經見過該女子生前與安等一起工作，不知是什麼人。銜說：說宜、安有布衣，裙襦綺履都丟失不見了。

於是，各自日夜分別接觸都官鄰縣和本縣的城旦，通過盤問尋找線索，並且書寫其逃亡□□不知凶手與被害女子是什麼人，茫無頭緒。

三、●即令獄史觸與彭沮（1）、[更]求其盜。●觸等盡別譖（潛）訊安旁田人，皆曰不[智]（知）【……】【□。】即將司寇（2）晦，別居（3）千（阡）佰（陌）勶（徹）道（4），微（邀）迣（5）苛（6）視不犳（狀）者。弗得。

（1）彭沮

劉樂賢：彭祖為上古長壽者，故以此為名者甚多。《漢印文字徵》5‧6 有「胡彭祖印」、「樊彭祖印」、「申彭祖印」。王人聰以為「沮」假為「祖」，古人多取「彭祖」為名，其說是。〔註 150〕

按：筆者認為彭沮即為人名，不需要再附會彭祖為秦漢時期的常用名。

（2）司寇

整理小組：司寇，秦及漢初的身份之一，用於中等犯罪。《二年律令》簡 090：「有罪當耐，其瀘（法）不名耐者，庶人以上耐為司寇。」司寇從事城旦舂的監視工作以及其他司法、治安工作。《秦律十八種》簡 146：「城旦舂當將司者，廿（二十）人，城旦司寇一人將。」司寇在獄史的指揮下還參與偵查，可以參看《奏讞書》案件二十二（簡 197-228）。〔註 151〕

徐世虹：司寇為漢代勞役刑中較輕等級，刑期二年。……司寇刑以男為司寇，以女為作如司寇。其勞役內容為將罪犯派往邊境，邊服勞役邊御外寇。女性罪犯不能任此勞役，按照司寇的期刑服其他勞役。〔註 152〕

〔註 149〕朱漢民、陳松長主編：《嶽麓書院藏秦簡（叄）》，頁 193。

〔註 150〕劉樂賢：〈咸陽出土「徒唯」印考略〉，復旦大學出土文獻與古文字研究中心編，《出土文獻與古文字研究（第六輯）》，（上海：上海古籍出版社，2015 年），頁 511～512。

〔註 151〕朱漢民、陳松長主編：《嶽麓書院藏秦簡（叄）》，頁 193。

〔註 152〕徐世虹：〈漢簡所見勞役刑名考釋〉（《中國法制史考證乙編（第二卷）》，北

溫慧輝：《漢官舊儀》也記載：「罪為司寇，司寇男備守，女為作，如司寇。」孫星衍等輯：《漢官六種・漢官舊儀卷下》，中華書局 1990 年版。按語則曰：「『為司寇』數句疑有脫誤。考《前漢書・刑法志》：『隸臣妾滿二歲為司寇，司寇一歲，及作如司寇二歲，皆免為庶人。』與此無異。」但無論作何種解釋，都說明戰國末期司寇已是作為罪名出現的。〔註 153〕

　　按：考之文獻，司寇有二解，一是職官名。《周禮》秋官有大司寇，為六卿之一，掌理刑獄。後世稱刑部尚書為「大司寇」，侍郎稱為「少司寇」。另一是一種刑罰。將罪犯發往邊疆，以防禦外寇。《後漢書・張晧傳》：「帝乃悟，減騰死罪一等，餘皆司寇。」。本案當作後解，《漢書・淮南衡山列傳》：「有耐罪以上」《集解》應劭曰：「輕罪不至於髠，完其耏鬢，故曰耏。古『耏』字從『彡』，髮膚之意。杜林以為法度之字皆從『寸』，後改如是。耏音若能。」如淳曰：「律『耐為司寇，耐為鬼薪、白粲』。耐猶任也。」蘇林曰：「一歲為罰作，二歲刑已上為耐。耐，能任其罪。」〔註 154〕「司寇」一詞多見於出土秦簡《里耶秦簡》出現十二次之多，《嶽麓書院藏秦簡》只在本案，皆當刑罰。

（3）別居

　　韓樹峰：獨居不與家人屬同一戶籍。〔註 155〕

　　張韶光：「別居」有「單獨立戶」與「分別在」兩個意思，在此處，筆者認同整理者解釋為「分別在」。本文明確指出：「即將司寇晦，別居千（阡）佰（陌）、勶（徹）道，徼（邀）迣苛視不狀〔狀〕者。弗得。」也就是說，率領司寇晦，分別在田間小路和通暢大路上，稽查過往人員，巡查形跡可疑者，結果沒有線索。因此，「別居」當如整理小組解釋較為合理。〔註 156〕

（4）千（阡）佰（陌）勶（徹）道

　　整理小組：阡陌，田間小路；徹，常訓「通」、「達」，徹道，與「阡陌」相對，猶大路。〔註 157〕

　　　　京：中國社會科學出版社，2003 年），頁 264。
〔註 153〕溫慧輝：《《周禮・秋官》與周代法制研究》（北京：法律出版社，2008 年），頁 156。
〔註 154〕〔漢〕班固撰；〔唐〕顏師古注：《漢書》，頁 3090。
〔註 155〕韓樹峰：〈秦漢徒刑散論〉（歷史研究，2005 年第 3 期）。
〔註 156〕張韶光：《《嶽麓書院藏秦簡（叄）》集釋》，頁 226。
〔註 157〕朱漢民、陳松長主編：《嶽麓書院藏秦簡（叄）》，頁 193。

　　張金光：此時的阡陌尚多作為田作之道，設置密度亦較大，待入漢不久，便多僅存為交通大道，其佈置已轉疏矣。阡陌之義之變化，由田界而田作小道，再到交通大道，這便是阡陌制度發展的歷史線索。〔註158〕

　　許道勝：原簡作「夐」，讀為「徹」。徹，達，到。《國語‧魯語上》：「既其葬也，焚，烟徹于上。」韋昭注：「徹，達也。」〔註159〕

　　魯家亮：(《數》書64號簡)「道舌中丈徹_中，以為從（縱）」一句。關於「徹」，整理者注釋云：「徹，通，穿。《說文‧支部》：『徹，通也。』」（省略）睡虎地秦簡《為吏之道》42-45號簡第二欄云：「無官不治，無志不徹，為人上則明，為人下則聖。」整理者注釋云：「徹，達到。」「徹」字也取此意，可作參考。1〔註160〕

　　趙岩：「徹」在先秦及漢初有「通，貫通」、「達到」義，且見於簡帛文獻。(255頁)當有避諱因素推動的情況下，文獻中的「徹」被替換為具有相同意義的「達」。〔註161〕

　　按：夐字請參閱〈猩敵知盜分贓案〉。

　　（5）徼（邀）迾

　　整理小組：邀、迾，同訓「遮」。《玉篇‧辵部》：「邀，遮也。」《說文‧辵部》：「迾，迣也。晉趙曰迾。」又：「迣，遮也。」邀迣，遮攔，即設檢查站攔住過路人，似為古代重要戒備、巡邏方式之一。古書作「遮迣」、「遮列」、「遮迾」等。《漢書‧鮑宣傳》「凡民有七亡…（中略）…部落鼓鳴，男女遮迾，六亡也」，顏師古註：「晉灼曰：『迾，古列字也。』言聞桴鼓之聲以為有盜賊，皆當遮列而追捕。」馬融《圍棋賦》：「先據四道兮保角依旁，緣邊遮列兮往往相望。」「徼」字訓巡也與遮義相關。《漢書‧百官公卿表上》「中尉，秦官，掌徼循京師」，顏師古註：「徼，謂遮繞也。」《為吏治官及黔首》簡1558：「徼迾不數。」〔註162〕

　　史傑鵬：「邀迾」應該是個同義並列式複合詞。訓為巡邏的「徼」，大概

〔註158〕張金光：《秦制研究》，(上海：上海古籍出版社，2004年)，頁43。
〔註159〕許道勝：〈嶽麓書院藏秦簡《數》書疑難語詞集釋〉，簡帛網。
〔註160〕魯家亮：〈嶽麓秦簡校讀七則〉，(出土文獻研究（第十二輯），上海：中西書局，2013年)，頁145。
〔註161〕趙岩：《簡帛文獻詞語歷時演變專題研究》，(北京：中國社科學出版社，2013年)，頁256。
〔註162〕朱漢民、陳松長主編：《嶽麓書院藏秦簡（叁）》，頁193。

和「邀」也是同源詞，因為巡邏其實就是一種遮攔排查的方式。〔註163〕

張韶光：「邀迣」是一種遮攔排查的方式。嶽麓秦簡《為吏治官及黔首》「徼迣不數」，整理小組註：「迣：遮攔。《漢書・鮑宣傳》：『部落鼓鳴，男女遮迣。』顏師古注：『言聞鼓柝之聲以為有盜賊，皆當遮列而面追。』…（中略）…徼迣不數，大意似乎是說巡查攔截不合法度，沒有按照規定嚴格實施。」可見設關卡排查是較為常見的一種巡捕犯人的方式。〔註164〕

按：徼，《說文・彳部》：「徼，循也。从彳，敫聲。」〔註165〕邀字《說文》不錄。攔截、阻擋。《廣韻・平聲・蕭韻》：「邀，遮也。」「邀」可表示阻攔。《孫子・軍爭》：「無邀正正之旗，勿擊堂堂之陳，此治變者也。」「邀迣」應是類似今之「臨檢」。

本段說明獄史解帶著彭沮和衷一起尋找凶手，觸等分別盤問了所有在周圍種田的人，這些人都說不知道。於是又帶著司寇晦，分別在田間小路和大馬路上，稽查所有過往人員，找尋可疑人員，結果一無所獲。

四、●觸等音（意）以為安□【死（屍）所】有赤衣（1），殺安等者□【□□】【……】人日夜謙（廉）求櫟陽及它縣，五日聞【……】佩新大韓（韓）刀（2）。其瞻視（3）不壹，如有惡狀。即訊，言曰：□【……】

（1）●觸等音（意）以為安□【死（屍）所】有赤衣

整理小組：簡155據文意和前後簡揭取位置、背面反印文的分佈情況遙綴而成，參看附錄三《第二類卷冊結構表》。「屍所」二字據文意擬補。〔註166〕

（2）大韓（韓）刀

張韶光：「韓刀」即是有鞘之刀，在張家山漢簡中也曾出現過。張家山漢簡《奏讞書》簡214：「孔曰：為走士，未嘗佩（佩）韓刀、盜傷人，毋坐也。」整理小組注：「韓，鞘。韓刀，有鞘之刀。」〔註167〕

〔註163〕史傑鵬：〈嶽麓書院藏秦簡《為吏治官及黔首》的幾個訓釋問題〉，（武漢大學簡帛研究中心主辦，《簡帛》（第十輯），上海：上海古籍出版社，2015年），頁99。

〔註164〕張韶光：《《嶽麓書院藏秦簡（參）》集釋》，頁228。

〔註165〕〔漢〕許慎撰，〔清〕段玉裁注：《說文解字注》（臺北：黎明文化事業股份有限公司，1972年），頁43。

〔註166〕朱漢民、陳松長主編：《嶽麓書院藏秦簡（參）》，頁193。

〔註167〕張韶光：《《嶽麓書院藏秦簡（參）》集釋》，頁229。

（3）瞻視

整理小組：瞻視，觀看、顧盼，引申為觀看的神態，即眼神。《論語‧堯曰》：「君子正其衣冠，尊其瞻視，儼然人望而畏之，斯不亦威而不猛乎？」《漢書‧刑法志》「五曰目聽」，顏師古註：「觀其瞻視、不直則亂。」《奏讞書》簡 213：「瞻視應（對）宲（最）奇，不與它人等。」〔註 168〕

彭浩、陳偉、工藤元男：「瞻視」一詞，觀看、顧盼義。《東觀漢記‧東平憲王蒼傳》：「今以光烈皇后假髻帛巾各一、衣一篋遺王，可時瞻視，以慰《凱風》寒泉之思。」〔註 169〕

趙岩：觀看、顧盼。《奏讞書》簡 213：「瞻視應對最奇，不與它人等。」《大詞典》首引《東觀漢記‧東平憲王蒼傳》：「今以光烈皇后假髻帛各一、衣一篋遺王，可時瞻視，以慰《凱風》寒泉之思。」〔註 170〕

按：瞻視一詞，學界並無歧義，皆是指觀看顧盼。

本段內容是觸等根據現場分析，認為安的屍體旁有一件紅衣服，應是殺害安等人的凶手所留下的，日夜搜查櫟陽縣及外縣，找了五天，得到……佩戴新的帶鞘大刀，心神不定，疑似心中有鬼。就盤問同，同的解釋因斷簡而不知。

五、●訊同＝：（同），大宮（1）隸臣，可（何）故為寺從（2）公僕（3）？同言類不讎，且覆詣＝，（詣）（？）官，同改（改）曰：定名銽。故燕城（4）人，降為隸臣，輸寺從。去亡。【訊 ＼ 詰銽：訊銽＝：（銽）亡，安取錢以補袍及買韓刀？銽曰：庸（傭）取錢……銽曰：……】甚矣！以人莫智（知）。

（1）大宮

吳鎮烽：《漢書‧百官公卿表》載：少府署官有大官令，七丞。秦代始設，掌管宮廷膳食、酒果等。（省略）封泥的大官丞即少府屬官太官丞，輔佐太官令掌管宮廷膳食、酒果等。〔註 171〕

〔註 168〕朱漢民、陳松長主編：《嶽麓書院藏秦簡（叁）》，頁 193。

〔註 169〕彭浩、陳偉、工藤元男：《二年律令與奏讞書》，（上海：上海古籍出版社，2007 年），頁 381。

〔註 170〕趙岩：《簡帛文獻詞語歷時演變專題研究》，頁 227。

〔註 171〕吳鎮烽：〈陝西歷史博物館館藏封泥考下〉，（考古與文物，1996 年）。

劉慶柱、李毓芳：從已發現的考古材料可以看出，相家巷遺址出土秦封泥（包括此地出土及流散封泥），以「泰官」封泥為絕大多數，「大官」封泥甚少。而在一些集錄的封泥著作中，漢代封泥多為「大官」、「泰官」甚少，如《齊魯封泥集存》有「齊大官丞」，《封泥考略》有「大官長丞」、「大官丞印」等封泥。個別偏遠地區，時代較早的墓葬中出土有為數不少的「泰官」封泥（如西漢南越王墓），這恰恰反映了秦代制度對其影響仍發揮著重要作用。〔註172〕

傅嘉儀：泰官，即太官，亦作大官，官署名。戰國秦置，秦漢沿之。掌宮廷膳食，由令丞主之，屬少府。《睡虎地秦墓竹簡・秦律雜抄》有「大官」記載。〔註173〕

周曉陸：《漢表》：「少府，秦官，……屬官有……太官。」師古曰：「太官主膳食。」《睡虎・秦律雜抄》：「大（太）官、右府、左府、右采鐵、左采鐵課殿，貲嗇夫一盾。」《漢書・張湯傳》：「大官私官并供其第。」《張家・二年・秩律》：「大官……秩各六百石，有丞、尉者半之。」〔註174〕

張岩岩、鐘意：或當釋作「官」。大官，或即「太官」。（省略）《二年律令・秩律》簡467：「宦者，中謁者，大（太）官，寺工，右工室，都水」，大官，整理小組亦讀為「太官」，注：「太官，少府令屬官，主膳食。」「大官隸臣」，當即太官中之隸臣。〔註175〕

王偉：大官／泰官職掌君王膳食，戰國至兩漢均有設置。（158頁）「大宮」似嫌不詞。（省略）秦時「大官」總理王之飲食事務，但也是一個領有多種屬官曹署的機構，下設斡官、飲室、府庫等。（省略）簡文中的嫌疑犯「同」的身份是「大宮隸臣」可知，秦的大官機構還有自己管轄的「隸臣」，「同」應是在大官機構服勞役者。〔註176〕

鐘意：此字簡文原作。仔細辨識可見「宀」下左邊有一豎筆，與「官」字類似。里耶秦簡⑧50「官」字作，《占夢書》簡27正「官」字作，可資參考。

〔註172〕劉慶柱，李毓芳：〈西安相家巷遺址秦封泥考略〉，（考古學報，2001年）。
〔註173〕傅嘉儀：〈新出土秦代封泥印集〉，（杭州：西泠印社，2002年），頁34。
〔註174〕周曉陸：〈在京新見秦封泥中的中央職官內容──紀念相家巷封泥發現十週年〉，（考古與文物，2005年第5期）。
〔註175〕張岩岩、鐘意：〈試釋《嶽麓書院藏秦簡（參）》簡136「後妻」、簡158「大官」〉，簡帛網。
〔註176〕王偉：〈讀嶽麓書院藏秦簡箚記一則〉，簡帛網。

故改釋。簡文「大官」或即「太官」,《漢書・百官公卿表》:「少府,秦官,掌山海池澤之稅,以給共養,有六丞。屬官有尚書、符節、太醫、太官……」師古注:「太官主膳食。」〔註177〕

　　張韶光:此字為「」,仔細辨識與「官」字類似,里耶秦簡 8-50 中的「官」字也作「」。張家山漢簡《二年律令》簡 461 中也有「宦者,中謁者,大(太)官,寺工,右工室,都水」,且整理小組注:「太官,少府令屬官,主膳食。」本案中的「大官隸臣」,當是太官中勞作的隸臣。〔註178〕

　　按:《說文・𠂤部》:「官,吏事君也。从宀,从𠂤。𠂤猶眾也,此與師同意。」〔註179〕楊樹達《積微居小學金石論叢》:「官字从宀,凡从宀之字皆以屋室為義。官字下从𠂤,蓋象周盧列舍之形,謂臣吏所居,後乃引申為官職之稱。《周禮》官府都鄙並稱,是其本義也。」官應當職官。《說文宮部》:「宮,室也。从宀,躬省聲。」〔註180〕甲骨文有、呂、等形,于省吾釋雍,認為「宮」字從宀,雍聲。按:「呂」是「脊」和「紐」的象形初文,有連接、聚集的含意。「宮」字從宀,從呂,會意。

　　「宮」字於《嶽麓書院藏秦簡(叁)》只出現在此處,並無它字可參考,但考之圖版「大宮隸臣」之「宮」字為,《嶽麓書院藏秦簡(壹)》「宮」字出現四次,「官」字則出現十九次,字形如下表:

表 13:官、宮

篇目／簡號	宮		篇目／簡號	官	
為吏治道及黔首簡 1538		與嬎同宮	為:簡 0200＋0139		敬給縣官事

〔註177〕鍾意:《嶽麓書院藏秦簡(三)第二類至第五類簡集釋》,(武漢:武漢大學歷史研究所論文,2014 年),頁 22

〔註178〕張韶光:《《嶽麓書院藏秦簡(叁)》集釋》,頁 231。

〔註179〕〔漢〕許慎撰,〔清〕段玉裁注,《說文解字注》,頁 304。

〔註180〕〔漢〕許慎撰,〔清〕段玉裁注,《說文解字注》,頁 152。

占夢書簡 1474		夢歌於宮中	為：簡 1545		居官善取
夢：簡 1493		夢歌於宮中	為：簡 0002		擅段縣官器
夢：1526		宮事	夢：0034		更為官（棺）郭（槨）
			夢：1500		見官長
篇目／簡號	**官**		為：1504		□□官中
為：1539		發弩材官	為：1505		實官出入
為：1545		三曰居官善取	為：1529		治奴苑如縣官苑
為：1547		五曰忘其家安官府	為：1547		安其家忘官府
為：1577		毋傷官事	為：1531（1）		此治官，黔首
為：1583		官贏不備	為：1531（2）		它官課有式

為：1590		官中多草	為：1531-b		為吏治官及黔首
為：0200＋0139		敬給縣官事			

由上表圖版觀之，宮字與官字的字形雖相似，但仍有所差別，宮字下的口，與官字下的口位置點還是有所不同，再觀之本簡之圖版，宮字為 ，應從整理小組釋為「宮」字無誤。且下文「寺從」如整理小組言為「居室寺從」，「宮」釋為「室」即可解。

（2）寺從

整理小組：寺從，亦見後文「輸寺從」，疑為機構名。秦印有「寺從市府」等，秦封泥有「寺從丞印」、「居室寺從」等。〔註181〕

王偉：寺從，傳世文獻未見，出土文獻僅見於秦璽印封泥和最近公佈的嶽麓秦簡，含義不詳。「寺從」有丞、有市府，居室也設有「寺從」。從「寺從丞印」封泥多達七十餘次的出現頻率來看，該機構奏事頻繁，應是秦中央一個事務繁忙並親近皇帝的機構。〔註182〕

按：寺從雖不見傳世文獻，但從封泥來看，應是皇帝的身旁的機構，這樣也能解釋前面的大宮應是指皇宮內院，應釋為「宮」而非「官」。

（3）公僕

整理小組：公，尊稱，用於縣令等長官。《史記·曹相國世家》「攻秦監公軍，大破之」，司馬貞《索引》：「公為相尊之稱也。」《三十四年質日》簡25：「庚申，江陵公歸。」同上簡46：「辛巳堅公亡。」僕，侍從、供使役的人。寺從公僕，即疑為寺從長官的侍從。稱長官用尊稱應來自同（甕）的供詞，即簡157的殘缺部分。〔註183〕

〔註181〕 朱漢民、陳松長主編：《嶽麓書院藏秦簡（叁）》，頁193。
〔註182〕 王偉：《秦印璽封泥職官地理研究》，（北京：中國社會科學出版社，2014年），頁248。
〔註183〕 朱漢民、陳松長主編：《嶽麓書院藏秦簡（叁）》，頁193～194。

（4）燕城

整理小組：釋為「熊城」，簡 164 稱「有母、妻、子，在鄄（魏）」，疑為魏國縣邑名，地望未詳。〔註184〕

陳偉：這個字實為「焦」字之殘。（省略）焦是西周時期的一個小國。春秋時入晉，戰國時屬魏。故城在今河南三門峽市西。（省略）焦城至遲在此之前已正式入秦。后曉榮先生根據秦陶文「焦亭」，認為秦三川郡有焦縣。現在看秦簡《奏讞書》的這條資料，秦三川郡確設有該縣，祇是縣名「焦城」而不是「焦」。〔註185〕

陳劍：按此形應釋為「燕」。……按簡文「燕城」應即古書多見的所謂「南燕」之「燕」，其地在今河南延津縣東北，亦正屬魏國。秦置燕縣、漢代襲之（已見於張家山漢簡《二年律令‧秩律》460），皆屬東郡。《戰國策‧魏策一》「蘇子為趙合從說魏王」章，蘇秦謂魏王之地「北有河外、卷、衍、燕、酸棗」；《史記‧秦始皇本紀》：「五年，將軍（蒙）驁攻魏，定酸棗、燕、虛、長平、雍丘、山陽城，皆拔之，取二十城。初置東郡。」張守節《正義》：「燕，鳥田反。」《括地誌》云：「南燕城，古燕國也，滑州胙縣是也。」〔註186〕

陶安：燕城，疑為古書所謂「南燕」之「燕」，地在今河南延津縣東北。本西周姞姓燕國，戰國時為魏邑，秦置縣，屬東郡，漢代襲之。見《史記‧秦始皇本紀》五年條、《二年律令》簡 460 等，《漢書‧地理志》作「南燕」。「法定名字是鄄。原來是燕城人，投降為隸臣，被安排到寺從。（後）逃了出來。」〔註187〕

張韶光：對「▓▓▓」字的釋讀，主要有以下三觀點：一、「熊」；二、「焦」；三、「燕」。筆者認同第三種觀點。與馬王堆漢墓的燕相似，張家山漢簡《二年律令》簡 460 也出現「燕」。其地在今河南延津縣東北。〔註188〕

按：熊城一詞，經學者專家考證，皆認為是燕字無誤，故熊城應改為燕城。

〔註184〕朱漢民、陳松長主編：《嶽麓書院藏秦簡（叁）》，頁 194。

〔註185〕陳偉：〈魏盜殺安宜等案「焦城」試說〉，《簡帛網》。

〔註186〕陳劍：〈關於嶽麓三的燕城〉，《復旦大學出土文獻與古文字研究中心網站》，2013-07-25。

〔註187〕陶安：《嶽麓書院藏秦簡復原研究》，（上海：上海古籍出版社，2016 年），頁 344～345。

〔註188〕張韶光：《《嶽麓書院藏秦簡（叁）》集釋》，頁 233。

　　本段內容是盤問同：你是大宮隸臣，為何要充當寺從長官侍從？同的話前後不符，於是將同押送至官府，以便深入訊問，到了官府，同改口說他戶籍上的名字是羛，原來是燕城人，投降後為隸臣，被安排到寺從後逃走。盤問羛：你是逃走的，怎麼拿到錢去補袍子和買配鞘大刀？羛說：工作賺來的錢。後有殘簡，內容應是審訊內容，但不知為何內容。

　　六、今吏智（知）之，未可奈可（何），請言請（情）(1)：羛欲盜，恐得而□□□不□【……。】得者，求城旦赤衣，操，巳（已）殺人，置死（屍）所，令人以為殺人者⬚城旦殹⬚（？也），弗（？）能（？）得（？）羛＝。羛誠以旬餘時，以二錢買不智（知）可（何）官城旦敝赤帬（裙）襦，以勝(2)盛。佗行出高門(3)，視可盜者。莫（？暮）(4)食時到安等舍，□寄□其內中。有頃，安等皆臥，出。羛伐刑殺安等(5)，置赤衣死（屍）所，盜取衣器，去買（賣）行道者所。以錢買布補【袍□□□□□□】有母、妻、子在羛（魏）。即買大刀，欲復以盜殺人，得錢材（財）以為用，亡之羛（魏）。未餤（蝕）(6)而得。皋。【詰羛：……】□可（何）解？羛曰：皋毋解。【……】

　　（1）請言請（情）
　　整理小組：情，實情、真情。《史記‧高祖本紀》：「列侯諸將無敢隱朕，皆言其情。吾所以有天下者何？」《法律答問》簡167：「女子甲去夫亡，男子乙亦闌亡，相夫妻，甲弗告請（情），居二歲，生子，乃告請（情）。」《二年律令》簡110：「證不言請（情）。」〔註189〕

　　朱紅林：「證言不請」一詞，一般認為這是審判過程中對於犯罪嫌疑人和證人的要求。「請」通「情」，即實情的意思。……「證不言請」律在漢代《具律》中是一條非常重要的法律。這條法律要求無論原告、被告及雙方證人都要實事求是，講明案件情況，如有「證不言請」者，要從重處罰，實行「反坐」。在漢代司法機關的審判制度中，這條法律曾廣泛應用，並對後世有很大影響，因此在唐律中它被比較完整地繼承下來。〔註190〕

〔註189〕朱漢民、陳松長主編：《嶽麓書院藏秦簡（叁）》，頁194。
〔註190〕朱紅林：《張家山漢簡二年律令研究》，（哈爾濱：黑龍江人民出版社，2008年），頁130。

按：請言請，即是犯人願意交待犯罪經過。

（2）幐

整理小組：幐，囊。《說文・巾部》：「幐，囊也。」〔註191〕

按：《說文・巾部》：「幐，囊也。」《宋書・南郡王義宣傳》：「乃於內戎服，幐囊盛糧。」《新唐書・儒學傳・序》：「官幐私楮，喪脫幾盡。」

（3）佗出高門

整理小組：佗，整理小組釋為施，讀余支切，逶迤斜行。《孟子・離樓下》「蚤起，施從良人之所之」，趙岐註：「施者，邪施而行，不欲使良人覺也。」〔註192〕

按：佗，《說文・人部》：「負何也。从人它聲。徒何切。」段玉裁注：「負何也，負字蓋淺人增之耳。《小雅》：『舍彼有罪，予之佗矣。』傳曰：『佗，加也。』此佗本義之見於經者也。佗之俗字為駝，為馱。緃變佗為他，用為彼之偁。古相問無它乎，祇作它。又君子偕老，委委佗佗。即羔羊之委蛇委蛇也。傳云。委委者，行可委曲從迹也。佗佗者，德乎易也。羔羊傳云：委蛇者，行可從迹也。語詳略不同。从人，它聲，徒何切，十七部。」此字應釋為馱，即背著裝有城旦衣的布囊走出高門。

（4）莫食

整理小組：暮食，時稱，在放馬灘秦簡《日書乙種》簡 189-191 位於「日入」與「昏時」之間。〔註193〕

趙岩：甲骨文中有「大食」、「小食」，「大食」相當於「食時」即早飯的時間，在甲骨文中或稱為「食日」、「食人」。而隨著時稱的細密又將其分化為「夙食」與「暮食」兩段，「夙食」即早一點的吃早飯時間，「暮夙食食」即晚一點的吃早飯時間。〔註194〕

鐘意：整理者之說存疑，「莫時」又見於放馬灘秦簡《日書乙種》簡 182，位於「蚤時」與「東中」之間，本案中所指時稱或應是早上。〔註195〕

李洪財：目前簡牘中所見「莫食」的「莫」皆應作「否定」之意，莫食是

〔註191〕朱漢民、陳松長主編：《嶽麓書院藏秦簡（叁）》，頁 194。
〔註192〕朱漢民、陳松長主編：《嶽麓書院藏秦簡（叁）》，頁 194。
〔註193〕朱漢民、陳松長主編：《嶽麓書院藏秦簡（叁）》，頁 194。
〔註194〕趙岩：《簡帛文獻詞語歷時演變專題研究》，頁 163。
〔註195〕鐘意：《嶽麓書院藏秦簡（三）第二類至第五類簡集釋》，頁 24。

上午的時稱不能讀作暮食。〔註196〕

　　按：莫，《說文‧茻部》：「日且冥也，从日在茻中。莫故切。又，慕各切」段玉裁注：「日且冥也。且冥者，將冥也。木部曰。杳者，冥也。夕部曰。夕，莫也。」莫為「暮」之本字，指日落、黃昏時候。《詩經‧齊風‧東方未明》：「不能辰夜，不夙則莫。」亦見於出土簡牘中，《睡虎地秦簡‧秦律十八種》簡 184：「行傳書、受書，必書其起及到日月夙莫，以輒相報（也）。」意指傳送或收到文書，必須登記發文或收文的日月朝夕，以便及時回覆。《馬王堆漢墓帛書‧五十二病方》第 237-238 行：「到莫有（又）先食飲，如前數。」意謂到黃昏時才再飲食，數量如前所述。楚簡又用作官職名，《包山楚簡‧文書》簡 158：「于莫囂（敖）之軍。」本案之「莫食」當是黃昏吃飯。從本案之上下文觀之，嫛在吃晚餐時，躲在安等人的臥室中，等他們熟睡了再殺害他們。

（5）嫛伐刑殺安等

　　黃傑：「刑」下當以逗號斷開，「伐刑」是一個詞，簡 151「頭頸有伐刑痏」。斷開的理由，也是為了避免三個動詞連用。「伐」意為砍斫，睡虎地秦簡《法律答問》：「士五（伍）甲鬥，拔劍伐，斬人髮結。」「刑」意為割。《法律答問》：「父母擅殺、刑、髡子及奴妾，不為『公室告』。」〔註197〕

（6）未蝕（蝕）

　　整理小組：未蝕，未遂。《法律答問》簡 065：「『內（納）奸，贖耐。』今內（納）人，人未蝕奸而得，可（何）論？除。」本簡能證明「未蝕」不限於奸罪使用，但「蝕」讀為何字仍待考。〔註198〕

　　勞武利：案例 13 的罪行「盜殺人」和案例 14 的罪行「奸」。當這兩種罪行被量刑為「未蝕」時，即罪犯未完成其意圖的罪行，它們會視為犯罪事實較輕的罪行，其刑罰處罰也會相應減輕。〔註199〕

〔註196〕李洪財：〈釋簡牘中的「莫食」〉，（第六屆出土文獻與法律史研究，暨慶祝華東政法大學古籍整理研究所成立三十週年學術研討會論文集，上海：2016年），頁 210。

〔註197〕黃傑：〈嶽麓書院藏秦簡叄釋文注釋商補〉，（簡帛，第十輯，2015 年），頁120～121。

〔註198〕朱漢民、陳松長主編：《嶽麓書院藏秦簡（叄）》，頁 194。

〔註199〕勞武利：〈張家山漢簡《奏讞書》與嶽麓書院秦簡《為獄等狀四種》的初步比較〉，（湖南大學學報，2013 年）。

　　曹旅寧：荷蘭漢學家何四維認為「蝕」當讀為「食」，是性交的意思，懷疑是性關係方面的犯罪，意思是通奸未遂。（省略）《嶽麓秦簡（叁）》奏讞書案例一〇「魋盜殺安宜等案」中亦有「未蝕」。……如果能將按語寫成：「蝕奸應為奸罪未遂，參見案例十一注，本簡能證明『蝕』不限於奸罪使用，但『蝕』讀為何字仍待考。」注釋則會更臻完美。〔註200〕

　　陳偉：「未蝕」不限於奸罪使用，但「蝕」讀為何字尚待考。〔註201〕

　　按：餂字，不見於文獻，但從上下文意及案十一的餂觀之，與蝕，可視為形近字，未蝕釋為未遂。

　　本段是魋的供詞：他說真厲害，以為不會被人發現，現在既然官方知道了，無可奈何，就實話實說了，他想行搶，怕被逮捕，而……尋找城旦的紅衣，準備拿著殺了人後，放置在旁讓人以為是城旦所為，就不會發現是魋做的。所以在十多天前，用二錢買了不知道屬於哪個機構的城旦的破舊紅衣，用布袋裝起來，背著就出門了，隨機尋找可以行搶的地方。晚餐時，到安的家中，臨時藏在他們的臥室中，等到他們都躺下睡了，就出來砍殺他們。殺人後把紅色的城旦衣放在屍體旁，偷走東西，賣給過路的行人。用這筆錢買了布料補袍子。我有母親和妻兒都在魏國，就買了把大刀，想用來搶劫殺人，拿到金錢財物再逃亡回魏國，沒想到未能得逞就被捕了。魋認罪。

　　七、●問如辤。臧（贓）四百一十六錢。巳（已）論磔魋。●魋，晉(1)人，材犰（仇）(2)。端(3)買城旦赤衣，以盜殺人。巳（已）殺，置死（屍）所，以□令吏【弗】得(4)レ。一人殺三人田壄，去居邑中(5)市(6)客舍(7)，甚悍，非恆人殹（也）。有（又）買大刀，欲復（？）盜殺人，以亡之魋（魏）。民大害殹（也）。甚微難得。

　　（1）晉

　　整理小組：晉，戰國時期指魏國。〔註202〕

　　按：戰國時期已無晉，司馬光《資治通鑑》的記載即從周威烈王二十三年，韓、趙、魏三家分晉開始，從簡文內容來看，魋逃亡至魏，故此處的晉釋

〔註200〕曹旅寧：〈何四維《秦律遺文》與《嶽麓秦簡（三）》〉，簡帛網，2013年。
〔註201〕陳偉：《秦簡牘合集釋文注釋修訂本（第一輯）》，（武漢：武漢大學出版社，2016年），頁208。
〔註202〕朱漢民、陳松長主編：《嶽麓書院藏秦簡（叁）》，頁194。

為魏國，應是可信的。

（2）犹（伉）

整理小組：材，材性、資質；伉，强悍。《說文·人部》：「健，伉也。」《漢書·朱博傳》「伉俠好交，隨從士大夫，不避風雨」，顏師古註：「伉，健也。」《語書》簡12：「阬閬强阬（伉）以視（示）强。」〔註203〕

（3）端

整理小組：端，特地、故意。〔註204〕

陳迪：秦從戰國末期至秦國時期，對於形容犯罪主觀因素故意的法律詞彙經過了從「端」到「故」的一個變化過程。〔註205〕

按：端當故意解，詳見〈暨過誤失坐官案〉。

（4）得

整理小組：從殘存筆畫看，「以」字下未釋字疑為「（願）」字，此句的意思似為「希望不讓官員抓到」〔註206〕。

（5）去邑居中

整理小組：去，離開田野。邑中，與田野相對，擁有城墙的城鎮、村落。《荀子·富國》：「入其境，其田疇穢，都邑露，是貪主已。」《二年律令》簡182：「越邑、里、官、市院垣，若故壞決道出入，及盜啓門戶，皆贖黥。」〔註207〕

（6）市

整理小組：市，疑為市官，即縣下屬機構，主管商業區。〔註208〕

廖伯源：「市」吏，《秦漢地方行政制度》考縣屬吏有金曹掾、史，職「共錢布」，「主市租」。又引《太平御覽》所載《汝南先賢傳》：黃浮為濮陽令，「同歲子為都市掾，犯罪當死」，浮執法不私。是濮陽縣屬吏有都市掾，《秦漢地方行政制度》以都市掾即市掾，又考市掾「職主市籍」，「主物價」。〔註209〕

〔註203〕朱漢民、陳松長主編：《嶽麓書院藏秦簡（叁）》，頁194。
〔註204〕朱漢民、陳松長主編：《嶽麓書院藏秦簡（叁）》，頁194。
〔註205〕陳迪：〈覆獄故失新考〉，（第六屆出土文獻與法律史研究，暨慶祝華東政法大學古籍整理研究所成立三十週年學術研討會論文集，上海：2016年），頁241。
〔註206〕朱漢民、陳松長主編：《嶽麓書院藏秦簡（叁）》，頁194。
〔註207〕朱漢民、陳松長主編：《嶽麓書院藏秦簡（叁）》，頁194。
〔註208〕朱漢民、陳松長主編：《嶽麓書院藏秦簡（叁）》，頁194。
〔註209〕廖伯源：〈漢初縣吏之秩階及其任命——張家山漢簡研究之一〉（中國秦漢史

張韶光：認為將「市」解釋為「市場」更為合適，也就是說，逃出田野後去城鎮市場中的旅店。〔註210〕

按：《說文‧冂部》：「買賣所之也。市有垣，从冂从乀，乀，古文及，象物相及也。」從〈芮盜賣公列地案〉中，已可得知秦代的店鋪是在固定地方集中管理和販售的，故客舍即是位在市場中的客舍。本案之「市」當為「市場」之義，魏住在市場上的客舍之意。

（7）客舍

整理小組：客舍，供旅客投宿的處所，似為一種官營的旅館。《管子‧輕重乙》：「請以令，為諸侯之商賈立客舍，一乘者有食，三乘者有芻菽，伍乘者有伍養。」《史記‧商君列傳》：「商君亡至關下，欲舍客舍。客人不知其是商君也。」里耶秦簡J1⑧461：「毋曰客舍，曰賓飲舍。」〔註211〕

張韶光：《嶽麓書院藏秦簡（肆）》簡60-61：「盜賊遬（遂）者及諸亡坐所去亡與盜同遬者當黥城旦舂以上及命者、亡城旦舂、鬼薪、白粲舍人室、人舍、官舍，主舍者不智（知）其亡，贖耐。」整理小組認為「人舍：私人開的旅社，與『官舍』相對應」，「官舍：官府辦的旅社」。由此可見，客舍可以分為官營和私營兩種，故整理小組的觀點有待討論。〔註212〕

按：客舍有官營和私營之分，本案之客舍不知是官營或私營，因為在秦代只要住旅舍都要出示身份證件。

本段內容為：詰問魏……怎麼解釋？魏認罪，沒有解釋。……查詢結果如同被告人所供述。贓款為四百一十六錢。已經得到判決並磔殺了魏。魏是魏國人，天性強悍，他故意買城旦紅衣，用來搶劫殺人。殺完後將紅衣放在屍體旁，想轉移焦點，讓官方查不到他身上。他一人在鄉下殺了三個人，逃走後又住進旅舍中，極其凶殘，非同常人。後來又買大刀想再次殺人搶劫，取得逃往魏國的費用。對百姓的危害很大，本來是曲折難以偵破的。

八、觸等以智治鐵（織）微，謙（廉）求得⑴レ。五年，觸與史去疾謁（？）為（？）【□□□□】□之（？）⑵。今獄史觸、彭沮レ、

研究會編，秦漢史論叢第九輯，西安：三秦出版社，2014年），頁177。
〔註210〕張韶光：張韶光：《嶽麓書院藏秦簡（叁）》集釋》，頁237。
〔註211〕朱漢民、陳松長主編：《嶽麓書院藏秦簡（叁）》，頁194。
〔註212〕張韶光：《嶽麓書院藏秦簡（叁）》集釋》，頁238。

衷得微難獄。磔辠一人。為奏十六牒，上。觸為令史（3）廿二歲，年卅三：彭沮、衷勞、年中令（4）。皆請絜（潔），毋害，敦（設）殼；守吏（事），心平端禮。任謁課（5）以補卒史，勸它吏，敢言之。

（1）觸等以智治鐵（纖）微，謙（廉）求得

整理小組：鐵，通「纖」，細小。《玉篇・戈部》：「鐵，細也。」《說文・糸部》：「纖，細也。」《為吏之道》05-1：「微密鐵（纖）察。」〔註213〕

黃傑：當斷讀為「觸等以智治，纖微廉求，得。」（省略）「纖微廉求」，意為仔仔細細地搜尋、查找。〔註214〕

（2）【□□□□】□

整理小組：從前後文推測，殘缺字和未釋字疑為「卒史南郡卻」，釋文可以補為：「五年，觸與史去疢謁為卒史，南郡卻之。」〔註215〕

黃傑：本案例簡156說「日夜廉求櫟陽及它縣」，說明本案發生在關中。罪犯_為魏國人。這些信息都與南郡沒有關聯，注釋所補「南郡」似無根據。〔註216〕

陶安：敝注兩處「南郡」均應改為「□□」。〔註217〕

（3）令史

陳夢家：令史是主文書的職名，兩府官僚組織中和千人、司馬及倉、庫、廄等官署中皆有此職。部和隧則無令史。〔註218〕

于豪亮：令史是一般的辦事人員。〔註219〕

劉海年：秦縣級司法機構中的令史，是在縣令、丞以及治獄吏之下的辦事人員，他們具有一定的司法檢驗專門知識，參與案件的偵訊和審判活動，但不能獨立承辦訴訟案件。〔註220〕

閆曉君：令史一職具執掌有關司法檢驗的事務，而且負責起草、收藏和

〔註213〕朱漢民、陳松長主編：《嶽麓書院藏秦簡（叄）》，頁194。
〔註214〕黃傑：〈嶽麓書院藏秦簡叄釋文注釋商補〉，頁121。
〔註215〕朱漢民、陳松長主編：《嶽麓書院藏秦簡（叄）》，頁195。
〔註216〕黃傑：〈嶽麓書院藏秦簡叄釋文注釋商補〉，頁121。
〔註217〕陶安：《嶽麓秦簡復原研究》，（上海：上海古籍出版社，2016年），頁552。
〔註218〕陳夢家：《漢簡綴述》（北京：中華書局，1980年），頁49。
〔註219〕于豪亮：〈雲夢秦簡所見職官述略〉，《于豪亮學術文存》，北京：中華書局，1985年，頁109。
〔註220〕劉海年：《秦的訴訟制度》，《中國法學》，1985年。

管理有關司法文書。〔註221〕

　　呂伯濤、孟向榮：從秦代開始，司法勘驗便有專人負責。秦代的縣令和縣丞之下，設有令史，地位和職權類似封建社會中後期的書史和仵作。《封診式》中對案件現場的勘察和法醫檢驗都是由令史帶領牢隸臣進行的，牢隸臣是在司法機構中服役的官奴隸，承辦令史分派的具體事務。每個現場勘察完畢後，令史都要把檢驗的經過和情況向縣令或縣丞寫出書面報告。對於令史和牢隸臣解決不了的難題，他們的上級還可以指定有專門知識和經驗的人參加檢驗。〔註222〕

　　王偉：秦簡牘資料中「令史」亦很常見。……一般認為，這些令史的職掌主要是文書事務。……作為縣令屬吏與縣令和守丞同時出現。……縣「令史」主要職責是「官計」，即承擔官府會計事務。……「令史」可臨時充任縣「守丞」，其他職務的吏員亦可充任「叚令史」。「求盜」的日常職責就是維護亭轄區的治安，有時要配合縣上派來的「令史」處理比較重要的案件。〔註223〕

　　鄔勖：秦漢基層法吏隊伍的主要成分是縣廷中的「史」類職務，有「史」、「獄史」、「令史」等名目，他們在案件辦理中廣泛執行偵查、逮捕、搜查、查封、沒收、勘驗、鑒定、監獄管理等工作，並可參與審訊和判決工作。如果辦案表現突出，獄史還有機會受推舉并升任郡的「卒史」，也是一個以法律工作為主的職務。〔註224〕

　　孫聞博：令史可以被考慮從事列曹工作，顯示列曹相對諸官地位稍高。〔註225〕

　　張韶光：對「令史」的研究主要集中在以下兩個方面：一是于豪亮等從整體層面上研究「令史」，即官署中的普通辦事人員，主要掌管文書工作；二是閻步克等研究縣級司法機構中的令史，認為令史參與案件的偵訊和審

〔註221〕閆曉君：《出土文獻與古代司法檢驗史研究》（北京：文物出版社，2005年），頁4。
〔註222〕呂伯濤、孟向榮：《中國古代的告狀與判案》（北京：商務印書館，2013年），頁94。
〔註223〕王偉：《秦印璽封泥職官地理研究》，頁278～310。
〔註224〕鄔勖：《秦地方司法諸問題研究》（上海：華東法政大學碩士論文，2014年），頁38。
〔註225〕孫聞博：〈秦縣的列曹與諸官〉《簡帛第十一輯》（上海：上海古籍出版社，2015年），頁86。

判。〔註226〕

　　按：「令史」一詞，在《里耶秦簡》中大量出現，整理小組釋為「官名，職掌文書等事。」《睡虎地秦簡・編年記》「今六年四月，為安陸令史。」整理小組注云：「令史，縣令的屬吏，職掌文書等事。」〔註227〕，「令史」在秦代即為職掌文書之官吏。

　　（4）年中令

　　整理小組：勞、年中令，與前文「為令史廿（二十）二歲，年卅（四十）三」相應，勞、年，功勞閥閱與年齡。《秦律雜抄》簡15-16：「敢深益其勞歲數者，貲一甲，棄勞。」中令，符合法律要求。〔註228〕

　　余振波：（「中勞」是指）獲得勞績。〔註229〕

　　蔣非非：「中功」或「中勞」的「中」字為相符、相當、到達之意，這種用法在戰國秦漢間使用得相當普遍。〔註230〕

　　黃留珠：「中」尚表示滿、超過之意。（省略）單言的「勞」，不過表示達到或接近的意思。〔註231〕

　　（5）課

　　整理小組：課，《說文・言部》：「課，試也。」《二年律令》簡475-476：「試史學童以十五篇，能風（諷）書五千字以上，乃得為史。有（又）以八_（體）試之，郡移其八_（體）課大（太）史，大（太）史誦課。取寇（最）一人以為其縣令史，殿者勿以為史。三歲壹并課，取寇（最）一人以為尚書卒史。」〔註232〕

　　朱紅林：《周禮》一書所提到的「六計」，是戰國時期考課制度的高度總結，對中國古代官吏考課制度產生了深遠影響。「六計」所包含的六項考核指標，展現了戰國時期考課制度品行和能力並舉而首重品行的特點。從考課的時限而言，《周禮》中的考課不僅有日考、旬考、月考、季考，還有年度考課和三年大考；從考課的對象而言，涉及到國家各級各類行政部門。可以說，

〔註226〕張韶光：《《嶽麓書院藏秦簡（叄）》集釋》，頁240。
〔註227〕陳偉：《里耶秦簡牘校釋（第一卷）》（武漢大學出版社，2012年1月），頁19。
〔註228〕朱漢民、陳松長主編：《嶽麓書院藏秦簡（叄）》，頁195。
〔註229〕余振波：〈漢簡中勞中功考〉（北京：北京大學學報，1995年第六期）。
〔註230〕蔣非非：〈漢代功次制度初探〉（中國史研究，1997年第一期）。
〔註231〕黃留珠：〈秦簡中勞律釋義〉，（文博，1997年第六期）。
〔註232〕朱漢民、陳松長主編：《嶽麓書院藏秦簡（叄）》，頁195。

《周禮》所展現給我們的是一整套繁復細密的考課體系。〔註233〕

陳偉：是考核的意思，通過考核產生名次。〔註234〕

張韶光：「課」即「考核」。本案提到：「任謁課以補卒史，勸它吏。」整理小組將其解釋為：「我們保舉并請求通過考核任命他們為郡卒史，以勉勵其他官吏。」可見秦代的考課制度，除了朱紅林所指出的「日考、旬考、月考、季考，還有年度考課和三年大考」等定期的考核制度之外，還有在官吏任用前進行的考核。〔註235〕

本段內容為觸等千方百計蒐證，多方偵查才找到嫌犯，秦王政五年觸和史請求為……現在獄史觸彭沮衷偵破了微難獄，捕獲了判磔的罪犯，寫立奏狀共十六枚簡，並奉上：觸當令史二十二年，年齡四十三歲彭沮和衷勞績和年齡都符合法定標準。他們都清正廉潔，精通法律業務，厚道誠實；他們奉行公務，是用心公平，態度端正有禮的。我們保舉並請求通過考核任命他們為郡卒史，以勉勵其他官吏。

肆、相關問題研究

〈譊、妘刑殺人等案〉、〈同、顯盜殺人案〉和〈羼盜殺安、宜等案〉此三案皆為殘忍殺人的刑事案件，但因殘簡頗多，案件的發生、加害者和目擊者的證詞大都有殘缺。但從此三案中仍可以看出關於秦代對刑殺案件的一些問題。

一、刑事案件研究

此三案皆為刑事案件，但因為殘簡頗多，故只能從殘存的簡文中得知被害人皆被殘忍殺害，〈譊、妘刑殺人等案〉被害人是在旅舍中被用刀殺害，但如何殺？作案動機、如何破獲皆因殘簡也不得而知，只知譊、妘最後都被論磔。〈同、顯盜殺人案〉中被害人冊憂在田舍中被殺害，連衣服都被偷走了，同和顯一開始也都隱藏得很好，沒有被發現，但經過獄史洋多方探查後終於找到兇手，同、顯二人皆論磔。而〈羼盜殺安、宜等案〉中被害人安、宜等人在家中被殘忍殺害並被搶走錢財，雖然「臧（贓）四百一十六錢」但因殺人罪而被論磔。由此可知在秦代，殺人者死是不變的定律。

〔註233〕　朱紅林：《周禮中商業管理制度研究》（長春：吉林文史出版社，2013年）。

〔註234〕　陳偉：《里耶秦簡牘校釋（第一卷）》（武漢大學出版社，2012年1月）。

〔註235〕　張韶光：《《嶽麓書院藏秦簡（叄）》集釋》，頁240。

二、微難獄研究

「微難獄」，亦見於張家山漢簡《奏讞書》案二十二，張家山漢簡的記載較為詳細，是受害人女子婢遭人從背後砍傷並搶奪錢財、加害人公士孔隱匿得很好，經過很多個獄史辦案都無法偵破，最後被獄史舉闕出動三批人手才找到真凶。因破獲微難獄，所以得以升官為卒史。〈同、顯盜殺人案〉中獄史洋也是因為「洋以智治訮（研）詗，謙（廉）求而得之。洋精（清）絜（潔），毋（無）害，敦殻（愨）；守吏（事），心平端禮。【勞、年】中令。綏任謁以補卒史。」升為卒史。和〈䯱盜殺安、宜等案〉中「今獄史觸、彭沮レ、衷得微難獄。磔皋一人。為奏十六牒，上。觸為令史廿二歲，年卅三：彭沮、衷勞、年中令。皆請絜（潔），毋害，敦（設）殻；守吏（事），心平端禮。任謁課以補卒史。」獄史觸和彭沮也是升為卒史，可見獄史升官就是升到卒史。而秦漢時期得微難獄，上表奏請要升官的用詞很相近，應屬於公文用法。

三、訊獄過程研究

從張家山漢簡《奏讞書》案二十二和本章〈同、顯盜殺人案〉和〈䯱盜殺安、宜等案〉二個案例觀之，秦漢時期的訊獄是重視口供的，都先從案發地點的附近進行訪談，再擴及到週邊，然後探查可疑人士。從中找尋蛛絲馬跡，最後捉捕到罪犯。〈同、顯盜殺人案〉因殘簡故無法完整還原案發經過但，從「及譖（潛）訊居處，薄宿所，譙。」可以得知獄史洋派人到案發現場的附近偷偷探查案情，而找到同和顯二位凶手，值得一提的是同身邊有巫，這是一個相當奇怪的現象，因為同身邊有巫，所以人們害怕不敢拘捕，可見在當時巫文化的盛行。〈䯱盜殺安、宜等案〉中䯱是個智慧型犯罪的，他先買城旦衣預謀犯案，準備將搶來的錢邦亡用。但獄史觸和彭沮也是從附近鄰居開始訪問，最後落到䯱身上，整個案情水落石出。由此可以觀之，秦漢的訊獄過程其實和現代法律差不多，和現在警察辦案一樣，會先到案發現場附近尋找是否有目擊者，再從各方說詞中找到可疑之處，找到真正的凶手。張家山漢簡《奏讞書》案二十二和本章〈同、顯盜殺人案〉和〈䯱盜殺安、宜等案〉皆是如此過程。

第肆章　乞鞫案件研究

　　本章分二節，分別對〈得之強與棄妻奸案〉和〈田與市和奸案〉進行彙釋，此二案皆是乞鞫再審之案，故分在同一章。此二案一為強奸未遂，一為和奸，正好做一明顯對比。

第一節　得之強與棄妻奸案

壹、前　言

　　本案從簡編 171-188，共有十七隻簡，本案是完整的三審定讞案件，從縣─廷─郡的三層上報審判，主要內容是得之欲強奸棄妻夋未遂，縣丞判得之耐為隸臣，得之不服上訴到改口說是兩人合意相奸，但夋的說詞是被得之按倒，並想通奸，夋不從，得之還毆打夋。得之才改口說想強奸夋，但沒有得手。且他們一同到夋的里門宿的路上，夋曾向兩人求救，有人證可證明他非自願，於是廷判得之城旦並拘禁六年，此案上報到郡，郡判得之繫城旦六年，再加上前面得之犯罪已被判的刑十二年的拘日。

圖版 8　〈得之強與棄妻奸案〉

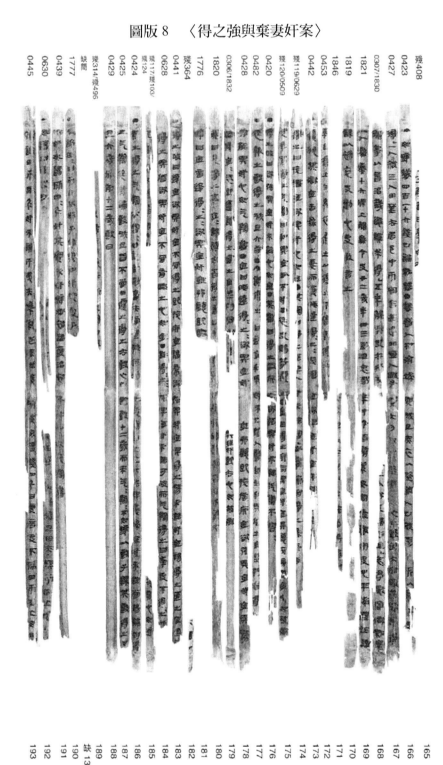

貳、釋　文

【……當陽隸臣得之气（乞）鞫曰：……，】不（？）強（？）與（？）棄（？）妻（？）奊奸，未餉（蝕）。當陽論耐【得之為】（171）

隸臣。得之气（乞）鞠（鞫，廷覆之，以得之不審，毄（繫）得之城旦【……】（172）

●覆視其獄：奊告：為得之妻而棄。晦逢得=之=，（得之）捽偃奊，欲與奊奸。奊弗聽，有（又）毆奊。●奊【言如告。】（173）

得之曰：捽摡（偃）奊，欲與奸。它如奊。●其鞠（鞫）曰：得之強與人奸，未餉（蝕）。審レ。丞嚾論耐得之為隸臣。（174）

●元年四月，得之气（乞）鞫曰：和與奊臥，不奸。●廷史賜等覆之：●奊曰：得之庰（）欲與奊奸，奊弗聽，捽搒毆奊。它如故獄。（175）

●得之攺（改）曰：欲強與奊奸，未餉（蝕），它如奊。●其鞫曰：得之毆庰奊，欲強與奸，未餉（蝕）。气（乞）鞫不審=。審。（176）

●廷報之：毄（繫）得之城旦六歲。●今訊得=之=，（得之）曰逢奊，和與奸。未巳（已），聞人聲。即起，和與偕之奊里門宿。得之【□】（177）

弗能與奸。它如气（乞）鞫書。●奊曰：晦逢得=之=，（得之）欲與奊奸。奊弗聽，即捽倍庰奊，欲強與奊奸。奊與務，（178）

毆搒奊=，（奊）恐，即逯謂得之：酒（遒）之奊里門宿。到里門宿【逢顛，弗能】與奊奸，即去。它如故獄。（179）

顛曰：見得之牽奊=，（奊）謂顛：救吾！得之言曰：我□□□□□□殹（也）。顛弗救，去。不智（知）它。（180）

睢曰：奊言：逢得=之=，（得之）欲與奊奸，奊弗聽，即毆【……】（181）

【……】不智（知）它。（182）

●得之攺（改）曰：逢奊，欲與奸。奊不肎（肯），得之即捽庰奊，揭帬（裙）欲強與奸。奊與得之務，未餉（蝕）奸，奊謂得之：酒（遒）之奊里門【宿】（183）

得之與偕，欲與奸。奊不肎（肯），有（又）毆之。它如奊。●詰得=之=：（得之）強與奊奸，未餉（蝕），可（何）故而气（乞）鞫？得之曰：幸吏不得=（得）之請（情）。（184）

气（乞）=鞫=，气（乞）鞫為不審。辠殹。●問（？）：【……】气（乞）鞫。它如辤。（185）

●鞫之：得之气（乞）鞫不審＝。審。●謂當陽嗇夫：當陽隸臣得之气（乞）鞫曰：□□不強與棄婦㚟奸，未餽，當陽論耐：得（186）

之气鞫，廷有論毄（繫）城旦，皆不當。●覆之：得之去毄（繫）亡，巳（已）論毄（繫）十二歲，而來气＝鞫＝，（乞鞫）不如辤。以毄（繫）子縣。其毄（繫）得之城（187）

旦六歲，備前十二歲毄（繫）日。（188）

參、彙　釋

一、【……當陽隸臣得之气（乞）鞫曰：……，】(1)不（？）強（？）與（？）棄（？）妻（？）(2)㚟(3)奸(4)，未餽（蝕）。當陽(5)論耐【得之為】隸臣(6)。得之气（乞）鞫（鞫，廷覆之(7)，以得之不審，毄（繫）得之城旦【……】(8)

（1）【……當陽隸臣得之气（乞）鞫曰：……，】

整理小組：【當陽隸臣得之气（乞）鞫曰】九字據簡186郡下達當陽縣的下行文書擬補。〔註1〕

（2）棄妻

整理小組：棄妻，休妻。《法律答問》簡169：「『棄妻不書，貲二甲。』其棄妻亦當論不當？貲二甲。」《二年律令》簡380：「棄妻子不得與後妻子子爭後。」〔註2〕

薛洪波：夫棄妻是夫單方面的行為，並沒有經過妻的同意而強制實行。可見，婚姻關係中，只要夫提出「棄妻」，離婚的事實基本成立。而且棄妻也影響了其後代的權利，即在繼承權上「棄妻子不得與后妻子爭後」。〔註3〕

按：詳見〈同顯盜殺人案〉「棄婦」條。

（3）㚟

整理小組：秦印常見字，用為人名，也見於《奏讞書》簡210，後絕傳。

〔註1〕朱漢民、陳松長主編：《嶽麓書院藏秦簡（叁）》（上海：上海辭書出版社，2013年），頁202。
〔註2〕朱漢民、陳松長主編：《嶽麓書院藏秦簡（叁）》，頁202。
〔註3〕薛洪波：《秦漢家族法研究》（長春：東北師範大學中國古代史博士論文，2012年），頁80。

字形結構似從交、從于，或為「尪」字異體，仍待後考。〔註4〕

　　按：𡟬，傳世文獻並未見，但若是「尪」字的異體，則可見於《說文解字・尢部》：「尪，股尪也。」〔註5〕《集韻・平聲・虞韻》：「李陽冰曰：『體屈曲。』」為大腿屈曲之意。從字形上看不出𡟬與尪，在字形上的共通點除了「于」形，似乎無共通點，筆者認為𡟬當人名，在本案中，此字並無特殊字義，只是當人名使用。文字在演變的過程不常用的字容易產生死亡現象，此字則因出土材料而重現光明。

　　（4）奸

　　整理小組：奸，夫婦關係以外的性行為。強奸，以暴力迫奸婦女。《二年律令》簡193：「強與人奸者，府（腐）以為宮隸臣。」〔註6〕

　　張伯元：以強奸論之，也就將處以腐刑，成為宮隸臣，受過宮刑的官奴。〔註7〕

　　趙久湘：強奸，違背對方意願，強行與之發生性行為。和奸：通奸，即雙方自願發生性行為。〔註8〕

　　張韶光：「奸」可根據是否符合雙方的意願分為「和奸」與「強奸」。……和奸者會被判為完城旦舂，強奸者，會被處以腐刑，成為宮隸臣。〔註9〕

　　按：《說文・女部》：「奸，犯婬也。從女從干，干亦聲。」段注本釋形謂「從女，干聲。」段注：「此字謂犯姦婬之罪，非即姦字也。今人用奸為姦，失之。引申為凡有所犯之偁。」《說文・女部》：「姦，私也。從三女。」段注：「凡姦宄之偁。俗作奸。其後竟用奸字」秦漢用為侵犯人身安全類犯罪，如「強與主奸」、「強奸」、「強與奸」、「彊（強）奸」、「和奸」。《二年律令》指出，強奸罪要腐為宮隸臣，本案中得之雖暴力相向，但因強奸未遂，故只判耐為隸臣和繫城旦六年。

〔註4〕朱漢民、陳松長主編：《嶽麓書院藏秦簡（參）》，頁202。

〔註5〕〔漢〕許慎撰，〔清〕段玉裁注，《說文解字注》，頁972。

〔註6〕朱漢民、陳松長主編：《嶽麓書院藏秦簡（參）》，頁202。

〔註7〕張伯元：〈秦漢律刑處述略〉，《出土法律文獻研究》（北京：商務印書館，2005年），頁147。

〔註8〕趙久湘：《秦漢簡牘法律用語研究》（重慶：西南大學漢語言文字學博士論文，2011年），頁120。

〔註9〕張韶光：《《嶽麓書院藏秦簡（參）》集釋》（吉林大學古籍研究所碩士論文，2017年4月，頁243。

（5）當陽

整理小組：當陽，秦縣名，見《漢書・地理志》，屬南郡，治今湖北荊門市西南。〔註10〕

辛德勇：《簡冊》中的當陽鄉，應即《漢書・地理志》所記南郡當陽縣，據此可知在《簡冊》寫錄之時，當地尚未置縣。但秦始皇陵封土北側的劉家寨出土有「當陽克」和「當陽顛」陶文，說明當陽鄉至秦末就已經升格為縣。〔註11〕

王佳：《得之強與棄妻奸案》中出現的當陽正是縣級行政單位。《嶽麓秦簡・三十五年質日》中所載的秦始皇三十五年（西元前212年）的曆譜中也出現了當陽縣。從以上材料，我們可以看到從戰國秦王政元年（西元前246年）到秦代秦始皇三十五年（西元前212年），秦都有當陽縣。最近面世的北大水陸里程簡也記有關於當陽的資訊，但是其中對當陽的記錄卻是「當陽鄉」。⋯⋯因此我們可以明確當陽在秦始皇三十五年（西元前212年）以後成為鄉級行政單位。〔註12〕

按：本案中並無載記案發時間和審判時間為何？但筆者贊同王佳的論點，從《嶽麓秦簡（壹）・質日》〔註13〕和《北大水陸里程簡》內容來看，當陽縣在秦末降為當陽鄉，到西漢時又升格為縣。

（6）耐得之為隸臣

整理小組：耐為隸臣，又稱「耐以為隸臣」、「耐隸臣」，秦及漢初律特有的復合刑之一，即科以耐並將身份貶為隸臣。〔註14〕

按：秦漢簡牘法律恥辱刑加徒刑如「耐為侯」、「耐為隸臣」（耐隸臣）、「耐為隸妾」、「耐為隸臣妾」、「耐為鬼薪」、「耐以為鬼薪白粲」、「耐為司寇（耐司寇）」，先處耐刑再去服隸臣之徒刑。

（7）廷覆之

整理小組：廷，有兩種可能性：（1）廷尉。《二年律令》簡116-117：「气

〔註10〕朱漢民、陳松長主編：《嶽麓書院藏秦簡（叄）》，頁202。

〔註11〕辛德勇：〈北京大學藏秦水陸里程簡冊初步研究〉，清華大學出土文獻研究與保護中心編：《出土文獻（第四輯）》（北京：中華書局，2013年），頁226。

〔註12〕王佳：〈出土文獻所見秦南郡屬縣三題〉（江漢考古，2015年第二期），頁72。

〔註13〕朱漢民、陳松長主編：《嶽麓書院藏簡（壹）》（上海：上海辭書出版社，2010年），頁91。

〔註14〕朱漢民、陳松長主編：《嶽麓書院藏秦簡（叄）》，頁202。

（乞）鞫者各辭在所縣道，縣道官令、長、丞謹聽，書其气（乞）鞫，上獄屬所二千石官，二千石官令都吏覆之。都吏所覆治，廷及郡各移旁近郡，御史、丞相所覆治移廷。」據此條律文可知，廷尉、御史、丞相都有派「都吏覆治」乞鞫案件的情況，但南郡當陽縣判處得之，不知得之初次乞鞫何故直接為廷尉史所覆治。簡187稱「得之去轂（繫）亡」，或許與此有關。（2）縣廷。《秦律十八種》簡029-030：「禾、芻稾積索（索）出日，上贏不備縣廷。出之未索（索）而已備者，言縣廷，廷令長吏雜封其廥，與出之，輒上數廷。」《二年律令》簡101：「諸欲告罪人及有罪先自告而遠其縣廷者，皆得告所在鄉。鄉官謹聽，書其告，上縣道官。廷士吏亦得聽告。」縣廷簡稱廷為秦漢簡牘所常見，但縣廷審理乞鞫案件，與上引《二年律令》簡116-117的明文規定不合，或許制度上前後發生過變化。〔註15〕

程政舉：廷尉為中央專職司法審判機構，其司法職能有兩種：1、中央司法審判機構職能。（省略）2、上訴機關職能。（省略）廷尉還管理監獄，該監獄直接稱為廷尉詔獄。〔註16〕

胡仁智：縣「廷」是漢代法律所規定的受理刑事案件的法定處所。……漢初法律規定刑事案件的「聽告」是在縣「廷」，也即法定「聽告」場所是縣衙署中令、長的正式辦公地點。〔註17〕

王偉：秦封泥有「廷尉之印」，但無廷尉署官，其秩級和職能殆如《百官公卿表》所言。又曹錦言《古璽通論》說「安民正印」為廷尉署官，掌獄訟，殆是。〔註18〕

張韶光：對「廷」的理解有兩種：一種廷尉；另一種是縣廷。廷尉是秦代職掌刑獄的最高官吏，受理地方上訴及其疑難案件。縣廷有權審理地方案件。但是在本案中，得之乞鞫的機關「廷」，無論解釋為廷尉還是縣廷，均不太合適。因此，本案中的「廷」究竟作何解釋，尚需更多材料。〔註19〕

按：廷尉見於《史記‧秦始皇本紀》：「二十六年，丞相綰、御史大夫劫、

〔註15〕朱漢民、陳松長主編：《嶽麓書院藏秦簡（叁）》，頁202。
〔註16〕程政舉：《漢代訴訟制度研究》（北京：法律出版社，2010年），頁22～23。
〔註17〕胡仁智：《兩漢郡縣官吏司法權研究》（重慶：西南政法大學法律史博士論文，2007年），頁36。
〔註18〕王偉：《秦璽印封泥職官地理研究》（北京：中國社會科學出版社，2014年），頁132。
〔註19〕張韶光：《《嶽麓書院藏秦簡（叁）》集釋》，頁246。

廷尉斯等」《集解》漢書百官表曰：「廷尉，秦官。」應劭曰：「聽獄必質諸朝廷，與眾共之，兵獄同制，故稱廷尉。」〔註20〕又《史記・孝文本紀》：「諸從朕六人，官皆至九卿。」《正義》「漢置九卿，一曰太常，二曰光祿，三曰衛尉，四曰太僕，五曰廷尉，六曰大鴻臚，七曰宗正，八曰大司農，九曰少府，是為九卿也。」〔註21〕廷尉為九卿之一，屬中央官，本案中的「廷」還要向「郡」申報，顯然隸屬地方，且層級低於郡，但當「縣廷」解又不符上報程序，故本案的「廷」當何解？仍有待更多材料問世才能釐清真相。

（8）轂（繫）得之城旦【……】

整理小組：繫城旦，秦及漢初有期徒刑，與城旦一起拘禁並從事勞役，當做閏刑使用。《法律答問》簡109：「葆子獄未斷而誣告人，其皋（罪）當刑為隸臣，勿刑，行其耐，有（又）（轂）繫城旦六歲。」《二年律令》簡090-091：「有罪當耐，其瀔（法）不名耐者，庶人以上耐為司寇，司寇耐為隸臣妾。隸臣妾及收人有耐罪，（轂）繫城旦舂六歲。（轂）繫日未備而復有耐罪，完為城旦舂。」〔註22〕

本段內容為當陽縣隸臣得之請求重新審理：……沒有想要強姦棄妻夌而未能得逞，當陽縣判處得之耐為隸臣，得之請求重新審理，廷尉查核了本案，認為得之請求審理不實，將得之與城旦一起拘禁……。

一、●覆視其獄：夌告：為得之妻而棄。晦逢得=之=，（得之）捽（1）偃夌，欲與夌姦。夌弗聽，有（又）毆夌。●夌【言如告。】得之曰：捽摳（偃）夌，欲與姦。它如夌。●其鞫（鞫）曰：得之強與人姦，未餘（蝕）。審レ。丞曛論耐得之為隸臣。

（1）捽

鐘意：《說文・手部》：「持頭髮也。」《漢書・西域傳下・烏孫國》：「車騎將軍長史張翁留驗公主與使者謀殺狂王狀，主不服，叩頭謝，張翁捽主頭罵詈。」〔註23〕

〔註20〕〔漢〕司馬遷撰；〔劉宋〕裴駰集解；〔唐〕司馬貞索隱；〔唐〕張守節正義：《史記》（臺北：鼎文書局，1981年），頁236。

〔註21〕〔漢〕司馬遷撰；〔劉宋〕裴駰集解；〔唐〕司馬貞索隱；〔唐〕張守節正義：《史記》，頁420。

〔註22〕朱漢民、陳松長主編：《嶽麓書院藏秦簡（叄）》，頁202。

〔註23〕鐘意：《嶽麓書院藏秦簡（三）第二類至第五類簡集釋》（武漢：武漢大學碩

　　黃傑：《封診式》簡84之「捽」，上下文為「甲懷子六月矣，自晝與同里大女子丙鬪，甲與丙相捽，丙債庰甲」，整理小組注引《說文》「持頭髮也」，很確切。本篇的「捽」字也應當是同樣的意思，指得之抓住的頭髮。……「捽」與「搒毆」、「踦庰」之間應以頓號斷開，「搒毆」、「踦庰」都是同義或義近詞連用，而「捽」則是另一義。同理，上述其他辭例應進一步標點為「捽、摳（偃）」（抓住的頭髮，將其捽倒在地）、「毆、庰」、「捽、庰」。〔註24〕

　　按：《說文・手部》：「捽，持頭髮也。」《戰國策・楚策一》：「吾將軍深入吳軍，若扑一人，若捽一人。」捽即揪著頭髮之意。

　　本段內容為：夋控告如下：原為得之妻，後被遺棄，日暮碰上得之，得之揪住夋的頭髮並按倒他，想要和他通姦，夋不從，得之就毆打他。夋所說如同控告。審理結果如下：得之強姦人，未能得逞。確鑿無疑。縣丞嚯判處得之耐刑，並將他貶為隸臣。

　　二、●元年四月(1)，得之气（乞）鞫曰：和與夋臥，不姦。●廷史(2)賜等覆之：●夋曰：得之庰欲與夋姦，夋弗聽，捽搒毆夋。它如故獄。●得之攺（改）曰：欲強與夋姦，未餤（蝕），它如夋。●其鞫曰：得之毆庰夋，欲強與姦，未餤（蝕）。气（乞）鞫不審＝。審。●廷報之(3)：觳（繫）得之城旦六歲。

　　（1）元年四月
　　整理小組：元年四月，疑為秦王政元年四月。〔註25〕

　　（2）廷史
　　整理小組：廷史，有兩種可能性，與前文簡172「廷」字的解釋相應：（1）廷尉史。《漢書・刑法志》「今遣廷史與郡鞫獄，任輕祿薄，其為置廷平，秩六百石，員四人」，顏師古註引如淳曰：「廷史，廷尉史也。」（2）縣屬吏，掌管縣廷總務，不見古書。〔註26〕

　　　　士論文，2014年），頁28。
〔註24〕黃傑：〈嶽麓書院藏秦簡叁釋文注釋商補〉（簡帛，第十輯，2015年），頁121～122。
〔註25〕朱漢民、陳松長主編：《嶽麓書院藏秦簡（叁）》，頁202。
〔註26〕朱漢民、陳松長主編：《嶽麓書院藏秦簡（叁）》，頁202。

安作璋、熊鐵基：廷尉史，上引《刑法志》（《漢書・刑法志》）所說鞫獄的廷史，如淳曰：廷尉史也。廷尉史「任輕錄薄」，但是他可以決獄、治獄。《漢書・于定國傳》記載于定國為廷尉史，「與獄史中丞從事治反者獄，以材高舉侍御史」。上面說到廷尉正與御史丞雜治詔獄，廷尉監與侍御史同時被差遣，此處廷尉史與御史中丞從事一起治反者獄，反映了他們大體相應的地位。〔註27〕

按：考之文獻，《史記・酷吏列傳》：「乃請博士弟子治尚書、春秋補廷尉史，亭疑法。」《集解》李奇曰：「亭，平也，均也。」《索隱》廷史，廷尉之吏也。亭，平也。使之平疑事也。〔註28〕另《漢書・杜周傳》：「始周為廷史，有一馬」師古曰：「廷史，卽廷尉史也。」〔註29〕「廷史」一詞除本案外，還見於〈學為偽書案〉簡218「寄封廷史利」。廷史應即廷尉史之意。

（3）廷報

陶安：上級機關收到下級機關的請示，將明確的判決意見下達給下級機關，指示其按照判決意見論處該案。這種判決意見因為是針對請示的答復，即是「報」的一種，所以可以將其稱為「廷報」等，也可以連稱「當報」，但是這些都僅僅是描寫術語，不會出現在文書中。文書本身只要以「謂／告某……它如律令」的形式表示下達的意思，并表明「某當如何如何」的主要內容就可以了。〔註30〕

萬榮：郡對縣疑獄的判決以「報」形式進行答復，廷尉對疑獄的判決則以「謂」形式進行批覆，在奏讞案例編纂過程中，則以「讞報」、「廷報」概括了郡、廷尉的判決內容，正因為「讞報」、「廷報」內容簡略到只有判決結果，使得司法審判文書中的「報」在批覆之外引申出了判決的意義。〔註31〕（151頁）

張韶光：對「廷報」的解釋主要有以下兩種：一、上級官府長吏根據案

〔註27〕安作璋、熊鐵基：《秦漢官制史稿》（濟南：齊魯書社，2007年），頁156。

〔註28〕〔漢〕司馬遷撰；〔劉宋〕裴駰集解；〔唐〕司馬貞索隱；〔唐〕張守節正義：《史記》，頁3139。

〔註29〕〔漢〕班固撰；〔唐〕顏師古注：《漢書》，頁2661。

〔註30〕陶安：〈張家山漢簡《奏讞書》吏議札記〉《出土文獻與法律史研究第十二輯》（上海：中西書局，2013年），頁95。

〔註31〕萬榮：〈秦與漢初刑事訴訟程序中的判決「論」「當」「報」〉，武漢大學簡帛研究中心主辦：《簡帛（第十一輯）》（上海：上海古籍出版社，2015年），頁151。

情對下級議罪意見作出的指示統稱為「廷報」；二、張家山二四七號漢墓竹簡
整理小組等認為廷尉對疑獄給出的判決意見才可被稱為「廷報」。〔註32〕

秦王政元年四月，得之申請覆審此案說：我和夋雙方自願躺著休息，沒
有相奸。廷尉史查核該案：夋說：得之按倒她，想要跟她相奸，她不聽從，
得之就揪住他撞擊並毆打夋。其他如同原案。得之改口說：他想強奸夋，沒
有得逞。其他如夋所述。審理結果如下：得之毆打按倒夋，想要強奸夋，
未能得逞，請求重新審理不實。以上確鑿無疑。廷尉審理如下：將得之和城
旦拘禁六年。

三、●今訊得=之=，（得之）曰逢夋，和與奸（1）。未巳（已），聞
人聲。即起，和與偕之夋里門宿。得之【□】弗能與奸。它如气（乞）
鞫書。●夋曰：晦逢得=之=，（得之）欲與夋奸。□□夋弗聽，即捽倍
（踣）（2）㞕夋，欲強與夋奸。夋與務（3），毆㨶夋=，（夋）恐，即逐（4）
謂得之：迺（遒）（5）之夋里門宿。到里門宿【逢顛，弗能】與夋奸，
即去。它如故獄。顛曰：見得之牽夋=，（夋）謂顛：救吾！得之言曰：
我□□□□□（6）殹（也）。顛弗救，去。不智（知）它。睢曰：夋
言：逢得=之=，（得之）欲與夋奸，夋弗聽，即毆【……】【……】不智
（知）它。

（1）和與奸

整理小組：和奸，與強奸相對，通奸。《唐律·雜律》和奸無婦女罪名
條「諸和奸，本條無婦女罪名者，與男子同」，長孫無忌等《疏議》：「和奸，
謂彼此和同者。」通奸又可以配偶之有無分為兩類，現存秦及漢初律僅專指
女方有配偶的加重通奸罪。《二年律令》簡192：「諸與人妻奸，及其所與，
皆完為城旦舂。其吏也，以強奸論之。」《奏讞書》簡182「奸者，耐為隸臣
妾」，似係有關普通通奸罪律條的摘錄，量刑「耐為隸臣妾」也正好與後續
《田與市和奸案》的記載吻合。〔註33〕

邢義田：《敦煌懸泉漢簡釋粹》Ⅱ0112·2：8：「諸與人妻和奸，及所
與□為通者，皆完為城旦舂；其吏也，以彊（強）奸論之。其夫居官……。」

〔註32〕張韶光：《《嶽麓書院藏秦簡（叁）》集釋》，頁249。
〔註33〕朱漢民、陳松長主編：《嶽麓書院藏秦簡（叁）》，頁203。

與此條極近，或即源自漢初雜律此條。懸泉漢簡末尾有「其夫居官……」云云，可證張家山簡此條為摘抄（原簡完整未殘斷），原應接著有更多規定。〔註34〕

趙久湘：強奸：違背對方意願，強行與之發生性行為。和奸：通奸，即雙方自願發生性行為。可見，在是否違背對方意願方面，「強奸」與「和奸」之間形成了一對反義詞。〔註35〕

（2）倍（踣）

整理小組：踣，向前仆倒。《說文·足部》「踣，僵也」，段玉裁註：「踣與仆音義皆同。」本案前後稱「捽偃」（簡173、174）、「捽_（屏）」（簡183等）、「捽倍（踣）_（屏）」（簡178）等，詞義大致相同。〔註36〕

張韶光：「踣」用作「仆倒」之義亦見於《左傳》襄公十四年：「譬如捕鹿，晉人角之，諸戎掎之，與晉踣之，戎何以不免？」楊伯峻云：「踣，音義同仆。踣之，使之臥倒。」〔註37〕

（3）務

整理小組：務，從文意判斷，搏鬥、使勁反抗。《說文·女部》「婺，不繇也」，段玉裁註：「繇者，隨從也；不繇者，不隨從也」，似與本文「務」字有關。〔註38〕

按：「務」金文作「敄」，金文「敄」通讀作「侮」，表示欺侮。毛公鼎：「迺敄（侮）鰥寡」（集成2841）。《說文》：「務，趣也。從力敄聲。」本案釋為侮，即窒被得之欺侮。

（4）逕

整理小組：逕，疑讀為「謬」。謬，虛偽，假裝。《史記·范睢蔡澤列傳》：「應侯知蔡澤之欲困己以說，復謬曰：『何為不可』？」《燕丹子》卷上：「欲求歸，秦王不聽，謬言：『今烏白頭，馬生角，乃可許耳。』」〔註39〕

按：《說文解字·辵部》：「逕，行謹逕逕也。」為走路謹慎的樣子。當

〔註34〕刑義田：〈張家山漢簡二年律令讀記〉，（侯仁之主編：燕京研究院編，《燕京學報》新15期，北京：北京大學出版社，2003年）。

〔註35〕趙久湘：《秦漢簡牘法律用語研究》，頁120。

〔註36〕朱漢民、陳松長主編：《嶽麓書院藏秦簡（叁）》，頁203。

〔註37〕張韶光：《〈嶽麓書院藏秦簡（叁）〉集釋》，頁251。

〔註38〕朱漢民、陳松長主編：《嶽麓書院藏秦簡（叁）》，頁203。

〔註39〕朱漢民、陳松長主編：《嶽麓書院藏秦簡（叁）》，頁203。

副詞可解為「隨意的、無目的的。」《淮南子・精神》:「渾然而往,逯然而來。」漢・高誘・注:「逯,謂無所為忽然往來也。」本案之逯應釋為「隨意的、無目的的。」,即被害人夋隨意地說要到他的住所以降低加害者得之的戒心。

（5）遒

整理小組:遒（遒）,疑為「偕」義。按,本簡「遒（遒）之里門宿」一句與前文簡177:「和與偕之里門宿」相應,「遒（遒）」與「偕」修飾動詞「之」,詞義應相近;《甘露二年御史書》（肩水金關漢簡73EJT1:1）「元二年中,主女孫為河間王后,與捐之（偕）之國始」,「（偕）」字與本簡「遒（遒）」聲符相同,文意又相似,應為同詞,二者訓為「偕」最為通順。〔註40〕

按:《說文・辵部》:「鹵,驚聲也。从乃省,西聲。籀文鹵,不省。或曰:鹵,往也。讀若仍。卥,古文鹵。」徐鉉等注:「西非聲,未詳。」段注本「西」作「卤」。鈕樹玉校錄:「遒即鹵（鹵）之隸體。」「遒」當從《說文》釋為「往」。意即前往夋在里門的住所。

（6）我□□□□□

整理小組:第三個未釋字疑為「顛」,第五個字疑為「為」。〔註41〕

本段內容為:現在審訊得之,得之說:碰上夋,跟他自願通奸,還沒完成,聽到有人的聲音,立刻就起來了,雙方自願一起走到夋在里門裏的住宿處。得之沒能和她相奸。其他如同乞鞫文書所寫的。夋說:是日暮時遇上得之,得之想和她相奸,夋不聽從,得之就揪住並按倒她,想要強奸她,夋被欺負後,使勁反抗,得之就毆打並撞擊她,她害怕了,就隨意對他說:到夋在里門裡的住宿處。到了夋在里門的住宿處,遇到顛,得之沒能和夋相奸,就走了。顛說:看見得之拉著夋,夋對我說:救我。得之解釋說……我沒有救夋,就走了。不知道其他狀況。唯說:夋告訴我,她遇到得之,得之想跟他相奸,她不從,得之就毆打……不知道其他情況。

五、●得之改（改）曰:逢夋,欲與奸。夋不肎（肯）(1),得之即捽𠂤夋,揭帬（裙）欲強與奸。夋與得之務,未餂（蝕）奸,夋謂得之:遒（遒）之夋里門【宿】得之與偕,欲與奸。夋不肎（肯）,

〔註40〕朱漢民、陳松長主編:《嶽麓書院藏秦簡（叁）》,頁203。
〔註41〕朱漢民、陳松長主編:《嶽麓書院藏秦簡（叁）》,頁203。

有（又）毆之。它如芰。●詰得=之=：（得之）強與芰奸，未饐（蝕），可（何）故而气（乞）鞫？得之曰：幸吏不得=（得）之請（情）(2)。气（乞）=鞫=，气（乞）鞫為不審。皋殹。●問（？）：【……】气（乞）鞫。它如辤。●鞫之：[得]之气（乞）鞫不審=。審。●[謂](3)當陽嗇夫(4)：當陽隸臣得之气（乞）鞫曰：□□不強與棄婦芰奸，未饐，當陽論耐：得之气，鞫廷有論毄城旦，皆不當。●覆之：得之去毄（繫）亡，巳（已）論毄（繫）十二歲(5)，而來气=鞫=，（乞鞫）不如辤(6)。以毄（繫）子縣。其毄（繫）得之城旦六歲(7)，備前十二歲毄日(8)。

（1）肎

整理小組：肎，讀為肯，應允、同意。《玉篇·肉部》：「肎，可也。今作肯。」《莊子·養生主》「技經肯綮之未嘗，而況大軱乎」，陸德明《釋文》：「肯，《說文》作肎，《字林》同。」《封診式》簡93：「莫肎（肯）與丙共栚（杯）器。」〔註42〕

按：「肎」為「肯」之異體字，「肯」為許可、答應之意。《國語·晉語四》：「楚眾欲止，子玉不肯。」

（2）請（情）

整理小組：情，實情、真情。得情，察得真情。《封診式》簡01：「能以書從（蹤）跡其言，毋治（笞）諒（掠）而得人請（情）為上。」「情」字下一字殘缺，不能排除屬下讀的可能性。《奏讞書》簡145：「實須眡來別籍，以偕捕之，請（情）也。毋它解。」〔註43〕

（3）謂

整理小組：謂，文書術語，上級對下級機關的指令。里耶秦簡 J1⑧61＋⑧293＋⑧2012：「六月丙午，洞庭守禮謂遷陵嗇夫：□署遷陵，亟論言夬（決）。署中曹發。它如令律。」《奏讞書》簡121-122：「二年十月癸酉朔戊寅，廷尉兼謂汧嗇夫：雍城旦講气（乞）鞫曰：故樂人，居汧中。不盜牛。雍以講為盜，論黥為城旦，不當。覆之，講不盜牛。講毄（繫）子縣，其除

〔註42〕朱漢民、陳松長主編：《嶽麓書院藏秦簡（叁）》，頁203。
〔註43〕朱漢民、陳松長主編：《嶽麓書院藏秦簡（叁）》，頁203。

講以為隱官，令自常（尚）。」〔註44〕

（4）嗇夫

整理小組：嗇夫，縣嗇夫，即縣令或縣長。〔註45〕

高恆：據秦簡，縣令、長又可稱作「縣嗇夫」，即是說秦簡中的「縣嗇夫」即縣令、長，並非另屬一個「單獨的行政系統」。（50～51頁）可稱作「嗇夫」的官吏有：①縣、鄉行政主管官吏；②都官和縣下屬的某些官署的主管官吏。嗇夫只是中下級某些主管官吏的稱謂，並不是一個單獨的嗇夫行政系統。〔註46〕

王彥輝：「嗇夫」並非某一職官的專稱，而是縣以下行政長官和具體職能部門長官的泛稱。〔註47〕

（5）論毄（繫）十二歲

整理小組：隸臣妾逃亡，逃亡期間滿一年以上，處以繫城旦舂六歲；得之第一次乞鞫不審，「強奸未蝕」罪應該加一等，隸臣妾使用閏刑，處以城旦舂六歲，加起來繫城旦舂十二歲。《二年律令》簡165：「隸臣妾、收人亡，盈卒歲，毄（繫）城旦舂六歲；不盈卒歲，毄（繫）三歲。」乞鞫不審加罪一等見同上簡114，隸臣妾使用閏刑「繫城旦舂」見同上簡090-091。〔註48〕

（6）不如辤

整理小組：不如辤，陳述內容與實際不合。《秦律雜抄》簡35：「冗募歸，辤曰日已備，致未來，不如辤，貲日四月居邊。」乞鞫不如辤，與《二年律令》簡114所謂「乞鞫不審」無異。〔註49〕

張韶光：此處的「不如辤（辭）」是指得之乞鞫時弄虛作假，正如整理小組所言，如張家山漢簡《二年律令》簡114中的「乞鞫不審」。張家山漢簡《二年律令》中指出對：「气（乞）鞫不審，駕（加）罪一等。」由此來看，對於得之的判罰也應當加罪一等。〔註50〕

〔註44〕朱漢民、陳松長主編：《嶽麓書院藏秦簡（叁）》，頁204。
〔註45〕朱漢民、陳松長主編：《嶽麓書院藏秦簡（叁）》，頁204。
〔註46〕高恆：〈秦漢簡牘中法制文書輯考〉北京：社會科學文獻出版社，2008年，頁60。
〔註47〕王彥輝：〈田嗇夫、田典考釋——對秦及初設置兩套基層管理基構的一點思考〉，東北師大學報，2010年第二期。
〔註48〕朱漢民、陳松長主編：《嶽麓書院藏秦簡（叁）》，頁204。
〔註49〕朱漢民、陳松長主編：《嶽麓書院藏秦簡（叁）》，頁204。
〔註50〕張韶光：《《嶽麓書院藏秦簡（叁）》集釋》，頁254。

（7）繫（繫）得之城旦六歲

整理小組：繫得之城旦六歲，針對得之第二次乞鞫不審的量刑。〔註51〕

（8）前十二歲繫（繫）日

整理小組：前十二歲繫日，針對逃亡罪與第一次乞鞫不審的量刑。

楊振紅：《二年律令》簡 114-117，呂后二年法律規定，案件審判之後，如果罪犯「自以罪不當」，即認為所論罪行不符合或量刑過重，允許其乞鞫兩次。第一次乞鞫，若重新審理後判決乞鞫不當，加罪一等。其仍不服重新審理判決，允許第二次乞鞫，但條件是必須先執行判決，然後方可乞鞫。乞鞫期限為一年。由於律文對第一次乞鞫沒有強調必須「刑乃聽之」，因此或可推論第一次乞鞫可以在判決生效前，也可以在判決生效後。〔註52〕

本段內容說明：得之改口說：遇到夋，想跟她相奸，夋不願意，就揪住按倒她，掀起下裳想強奸她，她抵死不從，我還沒得逞，她就跟我說：一起到她在里門裏的住宿處。我跟她一起去了，想和她相奸。她不願意，就毆打她。其他如同夋所說的。詰問得之：你強奸夋，未能得逞，為什麼還要乞鞫？得之說：因為心懷僥倖，希望官府不要識破真相，請求乞鞫，請求不實，我認罪。查詢結果如下：……請求乞鞫，其他如同被告人所供述，審理結果：得之乞鞫不實，以上確鑿無疑。指示當陽縣令：當陽縣的隸臣得之乞鞫審：沒有想要強奸棄妻夋，未能得逞，當陽縣判處得之耐刑，得之乞鞫，廷尉又判處得之繫城旦，都不當。查核本案：得之逃脫拘禁亡命，已判處了十二年，他還來請求乞鞫且乞鞫的內容與事實不符，因此將得之拘押在當陽縣，讓他繫城旦六年外再加上先前案件所判的刑罰十二年也都要完成。

第二節　田與市和奸案

壹、前　言

本案從簡編 189-207，共有十八簡，內容是隸臣田與市和奸，被當場捕獲，一開始承認通奸，後來田後悔了，讓市派自己的弟弟和親屬去賄賂當場

〔註51〕朱漢民、陳松長主編：《嶽麓書院藏秦簡（叁）》，頁 204。
〔註52〕楊振紅：〈秦漢「乞鞫」制度補遺〉，復旦大學出土文獻與古文字研究中心，《出土文獻與古文字研究（第六輯）》（上海：上海古籍出版社，2015 年），頁 502～503。

抓到他們通奸的毋智，要求毋智改口供，但毋智不敢，田就自已請求乞鞫，
但仍被發現有通奸，最後判決繫城旦十二年，遇到已巳赦，又做回隸臣。

圖版 9　〈田與市和奸案〉

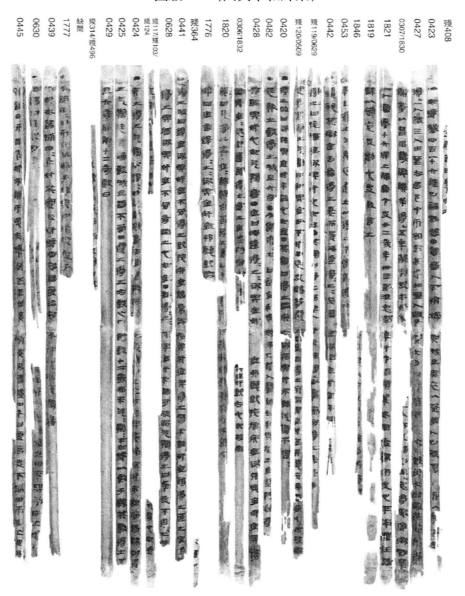

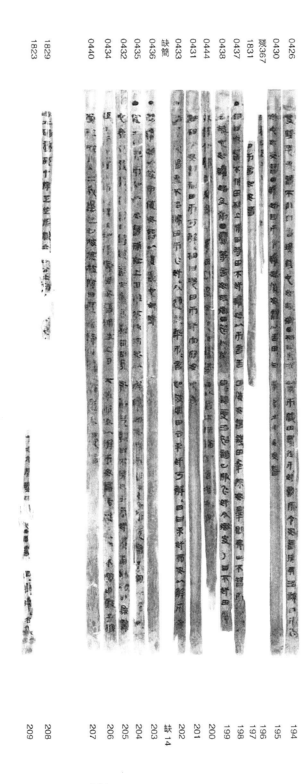

貳、釋　文

【……】泉隸臣⬚田⬚負斧質气（乞）鞫曰：故【……】（189）

【……。覆視故獄：……】（缺 13）

●今訊田＝，田曰：市，田姑姊子，雖與和奸，與叚（假）子□【……】（190）

不奸。毋智捕田＝，田仁（認）奸，其實未奸。辤丞詔謁更治，詔不許。它如气（乞）鞫書。（191）

●毋智曰：獄史相□……捕（？）□□□□□告（？）□□見（？）任（？）智（？）自（？）內（？）□候（？），旦田來，與市臥，上□上，即（？）（192）

⬚捕⬚詣田、市，服仁（認）奸。未論，市弟夫＝（大夫）驪、親走馬路後請貨毋智錢四千，曰：更言吏不捕田、市⬚校⬚上。毋智【□】（193）

受錢，恐吏智（知），不敢自言。環（還）錢。它如故獄。●相曰：主治辧（辨）市。聞田數從市奸毄（繫）所，令毋智捕。弗治（笞）諒（掠），田、市仁（認）（194）

奸。它如毋智。●驪、路曰：市令驪、路貨毋智。以告田＝，（田）曰：剸（專）為之。它如毋智。（195）

【市曰：……。它如……。】（缺 14）

【●】田妻曰：□市□……【……。它如……。】（196）

●田曰：毋智不捕田校上。捕田時，田不奸。驪、路以市言，告田貨毋智錢。田幸除毋辠，即弗止。不智（知）市、毋智（197）

云故。它如驪、路及前。●爨等言如故獄。●詔曰：論坐田＝，（田）謁更治。詔謂：巳（已）服仁（認）奸，今獄夬（決）乃曰不奸。田嘗□（198）

毋智，令轉□，且有（又）為（？）辠。田即受令（命）。它如爨等。●以言不同，詣訊。言各如前。（199）

詰相：令毋智捕田、市可（何）解レ？相曰：怒田、市奸官府。毋它解。（200）

●詰田レ：夏陽吏不治（笞）諒（掠），田、市仁（認）奸レ。今覆吏訊市＝，（市）言如故獄。田云未奸，可（何）解レ？田曰：未奸，而毋以解市言。（201）

【●詰毋智：……。毋智曰：……。毋它解。】田、市言如毋智。（202）

●問：驪、路以赦（赦）前貨毋智，以後逕。它如辤。（203）

●鞫之：田與市和奸，毋智捕校上。田雖不服，而毋以解驪、路、毋智、市言。田負斧質气（乞）鞫不審。逕己巳赦（赦）（204）

它為後發覺。皆審。●謂魋（魏）嗇夫：重泉隸臣田負斧質气（乞）鞫曰：不與女子市奸，夏陽論耐田為隸（205）

臣，不當。●覆之：市仁與田和奸，隸臣毋智捕校上，田不服，而毋以解市、毋智言。其气（乞）鞫不審。田繫（繫）子縣。（206）

當繫（繫）城旦十二歲，逕己巳赦（赦）。其赦（赦）除田，復為隸臣。騰（？）詣（？）重泉、夏陽。（207）

參、彙　釋

一、【……】□隸臣田（1）負斧質（2）气（乞）鞫曰：故【……】【……。覆視故獄：……】●今訊田＝，田曰：市，田姑姊子（3），雖（4）與和奸，與叚（假）子□（5）【……】不奸。毋智捕田＝，田仁（認）奸，其實未奸。辤（6）丞詔謁更治（7），詔不許。它如气（乞）鞫書。

（1）隸臣田

陶安：簡189第一字原缺釋，其實應根據殘筆和文例釋為「泉」字。……簡186也稱「當陽隸臣得之气（乞）鞫曰」，身份稱謂「隸臣」冠以地名，與本案無異。……【……重】泉隸臣田負斧質气（乞）鞫曰。〔註53〕

（2）斧質

整理小組：斧質，又作斧鑕，斧子與鐵鍖，古代刑具。《漢書・項籍傳》「孰與身伏斧質」，顏師古註：「質，謂鍖也。古者斬人，加與鍖上而斫之也。」〔註54〕

溫慧輝：《國語・魯語上》：「刑五而已，無有隱者，隱乃諱也。大刑用甲兵，其次用斧鉞，中刑用刀鋸，其次用鑽笮，薄刑用鞭撲，以威民也。故大者陳之原野，小者致之市朝，五刑三次，是無隱也。」〔註55〕

〔註53〕陶安：《嶽麓秦簡復原研究》（上海：上海古籍出版社，2016年），頁345。

〔註54〕朱漢民、陳松長主編：《嶽麓書院藏秦簡（叁）》（上海：上海辭書出版社，2013年），頁211。

〔註55〕溫慧輝：《《周禮・秋官》與周代法制研究》（北京：法律出版社，2008年），頁80。

按：斧質，古刑法。置人於鐵砧上，以斧砍之。斧質指誅戮之事。《史記・梁孝王世家》：「於是梁王伏斧質於闕下，謝罪。」〔註56〕又《史記・廉頗藺相如列傳》：「君不如肉袒伏斧質請罪，則幸得脫矣。」〔註57〕由此二文獻觀之，斧質原應是執行死刑的刑具，在此為請罪用的刑具。

（3）姑姊子

整理小組：姑姊，父親之姐姐，即大姑。《左傳・襄公十二年》孔疏：「《釋親》云：『父之姊妹曰姑。』樊光曰：『　‘《春秋傳》云：「姑姊妹」，然則古人謂故為姑姊妹。蓋父之姊為姑姊，父之妹為姑妹。』《列女傳》：『梁有節姑妹，入火而救兄子。』是謂父妹為姑妹也。後人從省，故單稱為姑也。古人稱祖父，近世單稱祖，亦此類也。」姑姊子，大姑的孩子，即姑表姐妹。〔註58〕

王鳳：「患高姑姊□」（孔 356-357）整理小組：姑姊，《左傳・襄公十二年》疏：「蓋父之姊為故姊。」高姑姊，可能指祖父之姊。例中「姑姊」的注釋引用了《左傳》，這說明「姑姊」一詞至遲在戰國早期已出現，在漢代仍用其來表示「父之姊」義。〔註59〕

按：姑姊子即大姑的女兒，因此田和市為表兄妹或表姐弟，在古代表兄弟姐妹是可以通婚的，故不算亂倫，但他們在都有婚姻的狀況下有不正當的性關係，即為奸，是為和奸。

（4）雖

整理小組：雖，連詞，縱使、即使。《詩・召南・行露》：「雖速我訟，亦不女從。」《列子・湯問》：「雖我之死，有子存焉。」按，本案覆審中，田始終否認與市和奸的事實，可知此處「雖」字表示假設關係。〔註60〕

（5）假子

整理小組：假子，義子、養子。《三國志・魏書・何晏傳》裴松之註引晉

〔註56〕〔漢〕司馬遷撰；〔劉宋〕裴駰集解；〔唐〕司馬貞索隱；〔唐〕張守節正義：《史記》，頁 2085。

〔註57〕〔漢〕司馬遷撰；〔劉宋〕裴駰集解；〔唐〕司馬貞索隱；〔唐〕張守節正義：《史記》，頁 2440。

〔註58〕朱漢民、陳松長主編：《嶽麓書院藏秦簡（叁）》，頁 211。

〔註59〕王鳳：《秦漢簡帛文獻文化詞語匯釋與研究》（長春：東北師範大學漢語言文字學博士論文，2014 年），頁 72～73。

〔註60〕朱漢民、陳松長主編：《嶽麓書院藏秦簡（叁）》，頁 211。

魚豢《魏略》：「太祖為司空時，納晏母，并收養晏，…（中略）…文帝特憎之，每不呼其姓字，當謂之為假子。」《法律答問》簡019：「『父盜子，不為盜。』今叚（假）父盜叚（假）子，可（何）論？當為盜。」「子」下一字疑為「奸」。前文既稱市為田之姑表姐妹，此處又云即使與其通奸，疑田在此所要表達的意思是，田家收養市，準備辦表親婚，或已成表親婚，即使與其和奸，也不構成通奸罪。〔註61〕

王子今：（《漢書》卷七六《王尊傳》）此說假子是丈夫前妻之子。（《三國志》卷九《魏書·何晏傳》）此說假子是妻子前夫之子，即所謂「隨母男」。（《三國志》卷一九《魏書·任城威王曹彰傳》）此說假子是養子。〔註62〕

黃傑：簡196曰「田妻曰：……」，可知田已有妻，而且從簡文中可以看出其妻絕非市。整理者所謂「田家收養市，準備辦表親婚，或已成表親婚」的推測似難以成立。〔註63〕

張韶光：假子有兩種理解，即：養子或者前妻、前夫之子。在本案中田供述到：「田曰：市，田姑姊子，雖與和奸，與叚（假）子□【……】不奸。」田的意思是市是自己大姑的孩子，而且已經是自家養子，與市發生關係算不上奸。言外之意，田辯解自己與市已經具有或將要具有婚姻關係。此處若將假子理解為前妻或前夫之子就不合適了，因為已知市是田大姑的孩子。若將市理解為養子、義子，則可認為將田家收養市，準備辦表親婚，或已成表親婚。〔註64〕

按：假子見於〈學為偽書案〉假子條。此簡並未說田是假子，因下有斷簡，故無法判定田是否為假子，接上簡192，也無法證實田是假子並認為自己和市沒有相奸。

（6）辤

整理小組：辤，申訴、控訴。〔註65〕

（7）更治

整理小組：治，治獄、審案。《法律答問》簡106：「可（何）謂『家罪』？

〔註61〕朱漢民、陳松長主編：《嶽麓書院藏秦簡（叁）》，頁211。

〔註62〕王子今：《秦漢稱謂研究》（北京：中國社會科學出版社，2014年），頁269。

〔註63〕黃傑：〈嶽麓書院藏秦簡叁釋文注釋商補〉（簡帛，第十輯，2015年），頁122。

〔註64〕張韶光：《《嶽麓書院藏秦簡（叁）》集釋》（吉林大學古籍研究所碩士論文，2017年4月），頁257。

〔註65〕朱漢民、陳松長主編：《嶽麓書院藏秦簡（叁）》，頁211。

「『家罪』者，父殺傷人及奴妾，父死而告之，勿治。」《二年律令》簡 113：
「治獄者，各以其告劾治之。」更治，重新審理。里耶秦簡 J1⑧1832、J1⑧
1418、J1⑧1133：「令曰：諸有吏治已決而更治者，其罪節（即）重若益輕，
吏前治者皆當以縱、不直論。」〔註 66〕

　　張韶光：「更治」即重新審理，意同「癸、瑣相移謀購案」簡中 15 中的
「更論」。〔註 67〕

　　按：《里耶秦簡》簡 J⑧1832：「卂敬令曰諸有吏治已決而更治☑」。更治
應即重新審理之意。

　　本段內容是隸臣田戴著刑具，請求乞鞫的案件。因為殘簡，故只能看出
個大概，查核原案，現在訊問田，田說：市是我大姑的孩子，雖然和她自願通
奸，跟養子……不通奸。毋智捕獲田時，田認奸，但其實沒有通奸。我向丞詔
申訴，請求重新審理，詔沒准許。其他如同請求乞鞫的文書。

　　二、●毋智曰：獄史相□……捕（？）□□□□□告（？）□□
見（？）任（？）智（？）自（？）內（？）□候（？），旦田來，與
市臥，上□上，即（？）捕詣田、市，服仁（認）⑴奸。未論，市弟
夫＝（大夫）驪、親⑵走馬路後請貨⑶毋智錢四千，曰：更言吏不捕
田、市校上⑷。毋智【□】受錢，恐吏智（知），不敢自言。環（還）
錢。它如故獄。

　　（1）仁（認）

　　按：《說文·人部》：「仁，親也。从人，从二。忎，古文仁从千、心。尼，
古文仁或从尸。如鄰切。」〔註 68〕認字《說文》不錄。《集韻》：「認，識也，
去聲，如證切。」〔註 69〕，此二字為聲音假借。「認」表示同意、接受。認奸
即是承認通奸。

　　（2）親

　　整理小組：親，親屬。《法律答問》簡 125：「將司人而亡，能自捕及親、
所智（知）為捕，除毋（無）罪。」《二年律令》簡 160：「奴婢亡，自歸主、

〔註 66〕朱漢民、陳松長主編：《嶽麓書院藏秦簡（叁）》，頁 211。
〔註 67〕張韶光：《〈嶽麓書院藏秦簡（叁）〉集釋，頁 258。
〔註 68〕〔漢〕許慎撰，〔清〕段玉裁注，《說文解字注》，頁 161。
〔註 69〕〔宋〕丁度等編：《集韻》（上海：上海古籍出版社，1985 年），頁 609。

主親、所智（知），及主、主父母、子若同居求自得之，其當論畀主，而欲勿詣吏論者，皆許之。」〔註70〕

（3）貨

整理小組：貨，賄賂、買通。《左傳・僖公三十年》：「甯俞貨醫，使薄其酖，不死。」〔註71〕

按：貨，賄賂，用財物買通他人。《孟子・公孫丑下》：「無處而餽之，是貨之也。」《南史・卷六一・蘭欽傳》：「厚貨廚人，塗刀以毒，削瓜進之，欽及愛妾俱死。」

（4）捕田市校上

整理小組：捕校上，在現場捕獲。《奏讞書》簡 182-183：「（律曰：）捕奸者必案之校上。」同上簡 193-194：「有（又）曰：夫為吏居官，妻居家，日與它男子奸，吏捕之弗得校上，何論？轂等曰：不當論。」〔註72〕

張建國：校，核對、核實，並非指械具。「校」與「上」在這裏已經組合成一個不可分的法律名詞「校上」，並非「校上」只用於男女發生的不正當關係的案件中。「校上」可能是說兩方互為校核、互證之意，其法律含義可能指必須將男女雙方都捕送到官府，還包括雙方的認供，以便首先確認犯罪事實。關鍵是必須捕到男女雙方才能立案，即民間俗語中所說的「捉賊捉贓，捉奸捉雙」。〔註73〕

張韶光：對「校上」的理解主要有以下三種：一、認為「捕校上」就是現場抓獲；二、認為是將兩人雙雙抓獲；三、睡虎地秦簡整理小組認為是抓捕之後戴上械具。筆者認同第一種觀點。本案中指出：「●田曰：毋智不捕田校上。捕田時，田不奸。」也就是說，田認為毋智在抓捕田時，田并沒有發生奸情，這也證明了毋智並沒有當場抓到田。因此，將「捕校上」理解為「在現場捕獲」較為合適。〔註74〕

按：「捕校上」釋為當場捕獲，其實就是抓奸在床之意，才能罪證確鑿，無法抵賴。

〔註70〕 朱漢民、陳松長主編：《嶽麓書院藏秦簡（叁）》，頁 212。
〔註71〕 朱漢民、陳松長主編：《嶽麓書院藏秦簡（叁）》，頁 212。
〔註72〕 朱漢民、陳松長主編：《嶽麓書院藏秦簡（叁）》，頁 212。
〔註73〕 張建國：〈漢簡奏讞書和秦漢刑事訴訟程序初探〉（中外法學，1998 年第 1 期），頁 543。
〔註74〕 張韶光：《《嶽麓書院藏秦簡（叁）》集釋，頁 259。

　　本段內容是毋智的供述，毋智說：獄史相……捕……告……親眼認出？從內□侯，天明田來了，跟市躺下，上□上，就把田和市捕獲並押送到官府，田和市承認通奸，還沒有判罪，市的弟弟大夫騩，親戚走馬路事後請求要送我錢四千，並說：你對官方改口說你並不是現場捕獲田和市的。毋智收下了錢，但怕官方察覺，沒敢提出，最後還了錢。其他如同原案。

　　三、●相曰：主治瓣（辨）(1)市。聞田數從市奸毄（繫）所，令毋智捕。弗治（笞）諒（掠）(2)，田、市仁（認）奸。它如毋智。●騩、路曰：市令騩、路貨毋智。以告田=，（田）曰：剸（專）(3)為之。它如毋智。【市曰：……。它如……。】【●】田妻曰：□市□……【……。它如……。】●田曰：毋智不捕田校上。捕田時，田不奸。騩、路以市言，告田貨毋智錢。田幸除毋皋，即弗止。不智（知）市、毋智云故。它如騩、路及前。●爨等言如故獄。●詔曰：論坐田=，（田）謁更治。詔謂：巳（已）服仁（認）奸，今獄夬（決）乃曰不奸。田嘗□毋智，令轉□，且有（又）為（？）皋。田即受令（命）(4)。它如爨等。

　　（1）治瓣（辨）

　　整理小組：治辨，治理事務。《史記・酷吏列傳》：「居官數年，一切郡中為小治辨，然獨宣以小致大，能因力行之，難以為經。」在此應指監管隸臣妾等。

　　朱紅林：漢簡及漢代文獻中還有「辨治」、「辯治」或「治辨」一詞。……《說文》：「辯，治也。」段注云：「治者，理也。俗多與辨不別，辨者，判也。」又注「從言在辛之間」云：「謂治獄也。」《睡虎地秦墓竹簡・效律》：「同官而各有其主殹（也），各坐其所主。」漢律的「官各有辨」與秦律「各坐其所主」意義相近，可互相參證。〔註75〕

　　尹偉琴、戴世君：「辨」或「辨治」係秦漢法律習語，其含義是官吏各按權責範圍處理事務。〔註76〕

　　（2）治（笞）諒（掠）

〔註75〕朱紅林：《張家山漢簡《二年律令》集釋》（北京：社會科學文獻出版社，2005年），頁147。
〔註76〕尹偉琴、戴世君：〈秦律三種辨正〉（浙江社會科學，2007年第二期）。

整理小組：笞掠，拷打、鞭打拷問。《封診式》簡 03-04：「詰之極而數詑，更言不服，其律當治（笞）諒（掠）者，乃治（笞）諒（掠）〖之〗。」《奏讞書》簡 120：「吏笞諒（掠）毛，毛不能支疾痛而誣指講。」〔註 77〕

富谷至：秦漢時代，笞被適用於如下場合：（1）在家庭內，家長、主人、夫等對家屬、奴隸所採取的懲戒手段；（2）為了取得犯罪嫌疑人的供述而施行的拷問；（3）對勞役刑徒的懲戒；（4）對官吏因其職務過失、怠慢等而施加的譴責；（5）肉刑、勞役刑的附加刑或替代刑。〔註 78〕

張伯元：「笞」的本義僅僅是擊打而已，沒有附加「用竹板」的含義，「用竹板責打」的含義至少要到漢時方才出現。〔註 79〕

呂伯濤、孟向榮：《周禮》有「以五刑聽萬民之獄訟」的說法。《禮記・月令》說：「仲春三月……毋肆掠，止獄訟。」「掠」就是捶治刑訊人犯的意思。三月是農忙時節，暫時停止刑訊處罰，農忙過後無疑是允許刑訊的。秦漢時期，刑訊開始制度化。……雖然提倡最好不要刑訊逼供，但也肯定了刑訊的合法性，允許公開使用。當時的司法實踐中刑訊已相當普通而殘酷，因而儘管有提倡最好不要用刑訊的說法，卻並無多少時效。〔註 80〕

張韶光：秦漢時期，為了使犯罪嫌疑人供述，可能會進行拷打。睡虎地秦簡《封診式》簡 1：「治獄，能以書從跡其言，毋治（笞）諒（掠）而得人請（情）為上；治（笞）諒（掠）為下；有恐為敗。」整理小組注：「笞掠，拷打，《淮南子・時則》：『毋笞掠』。」可見，雖然秦代可以嚴刑拷問，但是，在不拷打的情況下得到實情為上。〔註 81〕

按：《睡虎地秦簡》：「毋治（笞）諒（掠）而得人請（情）為上。」可見田和市還沒被打就招了，表示他們的認奸是實情。所以詔才會認為不需要重審。

（3）剸（專）

整理小組：專，主持、總攬。《禮記・檀弓下》「我喪也斯沽，爾專之，賓

〔註 77〕朱漢民、陳松長主編：《嶽麓書院藏秦簡（叄）》，頁 212。

〔註 78〕富谷至：〈笞刑的變遷〉《法律史譯評》（北京：北京大學出版社，2013 年），頁 50。

〔註 79〕張伯元：《出土法律文獻叢考》（上海：上海人民出版社，2013 年），頁 16～17。

〔註 80〕呂伯濤、孟向榮：《中國古代的告狀與判案》（北京：商務印書館，2013 年），頁 121。

〔註 81〕張韶光：《《嶽麓書院藏秦簡（叄）》集釋，頁 260。

為賓焉，主為主焉」，鄭玄註：「專，猶司也。」《漢書‧彭越傳》「乃拜越為魏相國，擅將兵，略定梁地」，顏師古註：「擅，專也，使專為此事。」驪與路的供述似有推卸責任之意，「令」與「專」分別表示市與田委託他們；後文簡198田的供述稱「弗止」，正好相反將責任推給驪等。〔註82〕

按：獨斷。「剸」通「專」。《荀子‧榮辱》：「信而不見敬者，好剸行也。」此處釋為獨斷，有專擅之意，表示驪和路專擅為之。

（4）受令（命）

整理小組：受命，聽命、從命，在此指田接受詔的判決。《呂氏春秋‧別累》：「匠人無辭而對，受令而為之。」〔註83〕

本段是所有人的供述，先是相說：我是負責監管市的，聽說田多次和市一起在關押處通奸，命令毋智緝捕他們，未曾拷打，他們就承認通奸了。其他如同毋智所說。驪、路說：市讓我們賄賂毋智，我們把此事告訴田，田說你們全權負責去辦吧！其他如同毋智所述。田的妻子說：□市□……。其他如同田所述。市所說如同毋智所述。田說：毋智不是在現場捕獲我的，我沒有通奸。驪和路因為市有言語吩咐，告訴我他們要送錢給毋智，我希望倖免不被定罪，就沒有阻止他們。不知道市和毋智如此說的原因。其他如同驪、路和田以前的供述。爨等所說如同原案，詔說：將要判處田，田請求乞鞫重審，我對他說：你已經承認通奸，現在案子就要判決了，你才說沒有通奸，你曾經□了毋智，企圖使他改變□，如果案件重新審理追究此點的話，你又要將要獲罪。田就服從了。其他如同爨等所述。

四、●以言不同，詣訊。言各如前。詰相：令毋智捕田、市可（何）解レ？相曰：怒田、市奸官府。毋它解。●詰田レ：夏陽（1）吏不治（笞）諒（掠），田、市仁（認）奸レ。今覆吏訊市＝，（市）言如故獄。田云未奸，可（何）解レ？田曰：未奸，而毋以解市言。【●詰毋智：……。毋智曰：……。毋它解。】田、市言如毋智。●問：驪、路以赦（赦）前貨毋智，以後（2）逡（3）。它如爨。●鞫之：田與市和奸，毋智捕校上。田雖不服，而毋以解驪、路、毋智、市言。田負斧

〔註82〕朱漢民、陳松長主編：《嶽麓書院藏秦簡（叁）》，頁212。
〔註83〕同上註。

質气（乞）鞫不審。遝己巳赦（赦）它為後發覺。皆審。●謂䰄（魏）
（4）嗇夫：重泉（5）隸臣田負斧質气（乞）鞫曰：不與女子市奸，夏
陽論耐田為隸臣，不當。●覆之：市仁與田和奸，隸臣毋智捕校上，
田不服，而毋以解市、毋智言。其气（乞）鞫不審。田毄（繫）子縣。
當毄（繫）城旦十二歲（6），遝己巳赦（赦）。其赦（赦）除田，復為
隸臣。騰（？）詣（？）重泉、夏陽（7）。

（1）夏陽

整理小組：夏陽，秦縣名，見《漢書・地理志》，屬內史，治今陝西韓城
南。原為魏國少梁地，入秦後改名夏陽。〔註84〕

（2）以後

整理小組：以後，於赦後，與前文「以赦前」相對。〔註85〕

（3）遝

整理小組：遝，《方言》卷三、《爾雅・釋言》訓「及」，《說文・辵部》
與「迨」互訓；法律術語「遝」為他動詞，表示「使之及」，即召喚、通緝。
《奏讞書》簡141：「遝迖未來，未捕。」居延漢簡58.17／193.19：「遝戍
卒轢得安成里王福。字子文。敬以遝書捕得福，盜械。」或作「逮」。《三
十四年質日》簡060：「戊戌，爽會逮江陵。」《奏讞書》簡151：「迖來會
建〔逮〕。」〔註86〕

（4）䰄（魏）

整理小組：魏，秦縣名，今治河北大名縣西南魏城。據《漢書・地理志》，
漢高帝置魏郡，有魏縣，為都尉治。據本簡簡文可知秦已有魏縣。〔註87〕

（5）重泉

整理小組：重泉，秦縣名，見《漢書・地理志》，屬內史，治今陝西蒲城
縣南重泉村。前文魏縣為拘管地，後文夏陽縣為進行初審之地，重泉疑為戶
籍所在地。〔註88〕

〔註84〕朱漢民、陳松長主編：《嶽麓書院藏秦簡（叁）》，頁212。
〔註85〕朱漢民、陳松長主編：《嶽麓書院藏秦簡（叁）》，頁212。
〔註86〕朱漢民、陳松長主編：《嶽麓書院藏秦簡（叁）》，頁212。
〔註87〕朱漢民、陳松長主編：《嶽麓書院藏秦簡（叁）》，頁212。
〔註88〕朱漢民、陳松長主編：《嶽麓書院藏秦簡（叁）》，頁212。

（6）當**穀**（繫）城旦十二歲

整理小組：按，據《奏讞書》簡 182 記載，和奸罪處以耐為隸臣妾，又據《二年律令》簡 114 規定，「乞鞫不審」加重一等，二者加起來僅判以耐為隸臣妾並繫城旦舂六歲。因此，田的身份似在犯和奸時已為隸臣妾。據《二年律令》簡 090，隸臣妾有耐罪，繫城旦舂六歲，乞鞫不審又加一等，又繫城旦舂六歲，加起來繫城旦舂十二歲。〔註89〕

（7）騰（？）詣（？）重泉、夏陽

陳偉：在本案中，是發給戶籍所在的重泉和審斷之地夏陽。……竹簡上這二字不大清晰。從輪廓看，「騰」字問題不大。其下一字，固然可能是「詣」，也有可能是「書」。〔註90〕「騰書」是常見的文書用語，大致是抄發的意思。而「騰詣」似未之見。……若參照《張家山漢簡・奏讞書》案例十七文例，釋作「騰書」應該是最好的選擇。〔註91〕

本段是審訊記錄和審判結果：因為大家所說各不相同，將其收監重新訊問，所說的都跟前面一樣。詰問相：你命令毌智抓捕田和市，有何要解釋的？相回答說：因為氣他們在官府通奸。沒有其他解釋。詰問田：夏陽的獄史不曾拷打，你和市承認了通奸，現在查核的官員審訊市，市所說如同原案，你說沒有通奸，怎麼解釋？田說：我沒有通奸，但無法解釋市的話。詰問毌智如下：……毌智說沒有其他解釋，田市說的話跟毌智一樣。查詢結果如下：驪、路在赦前賄賂了毌智，赦後被傳喚通緝。其他如同被告人供述。其他如同被告人供述。審理結果如下：田和市雙方自願通奸，毌智在現場捕獲，田雖然不服，但無法解釋驪、路、毌智、市的供述。田背著刑具乞鞫。不符合真實情，趕上己巳赦令，其他的是在赦後敗露的。以上都確鑿無疑。指示魏齒夫：重泉縣的隸臣田，背著刑具乞鞫說：沒有跟女子市通奸，夏陽縣判處他以耐刑，並貶為隸臣，判決不妥。查核本案如下：市承認自願跟田通奸，隸臣毌智在現場捕獲，田雖不服，但無法解釋市和毌智的供述。他乞鞫不審。田拘押在貴縣，應跟繫城旦十二年，趕上己巳赦令，你們赦免田的罪，使他返回為隸臣，騰寫並移送到重泉縣和夏陽縣。

〔註89〕朱漢民、陳松長主編：《嶽麓書院藏秦簡（叁）》，頁 213。
〔註90〕陳偉：〈嶽麓書院藏秦簡三識小〉，《簡帛網》，2013 年 9 月 9 日首發。
〔註91〕陳偉：〈嶽麓秦簡《奏讞書》校讀〉（《古文字與古代史》（第四輯），台北：中央研究院歷史語言研究所，2015 年），頁 504。

肆、相關問題研究

〈得之強與棄妻奸案〉、〈田與市和奸案〉此二案件雖同為奸案，但內容有所不同，共同點是皆為乞鞫案件，即要求重審的案件。可與張家山漢簡《奏讞書》〈杜瀘女子甲和奸案〉做一比較。

一、秦漢奸罪論處探析

《睡虎地秦簡》、《張家山漢簡》等出土材料對奸罪的論處都有所記載。《法律答問》543 簡有「甲、乙交與女子丙奸，甲、乙以其故相刺傷，丙弗智（知），丙論可（何）殹（也）？毋論。」此簡內容為甲乙二人皆與丙奸，因爭風吃醋而刺傷對方。《封診式》675 簡有「某里士五（伍）甲詣男子乙、女子丙，告曰：乙丙相與奸，自晝見某所，捕校上來詣之。」內容為乙與丙和奸被士伍甲當場發現並將二人送到官府。以上二簡皆說明奸罪的論處為何？而張家山漢簡《二年律令・雜律》中對奸罪的論處記載有五則，從簡 190 至簡 194〔註 92〕，其中

> 簡 190：「奴取（娶）主，主之母及主妻、子以為妻，若與奸，棄市，而耐其女子以為隸妾。其強與奸，除所強。」

> 簡 191：「同產相與奸，若取（娶）以為妻，及所取（娶）皆棄市。其強與奸，除所強。」

> 簡 192：「諸與人妻和奸，及其所與皆完為城旦舂，其吏也，以強奸論之。」

> 簡 193：「強與人奸者，府（腐）以為宮隸臣。」

> 簡 194：「強略人以為妻及助者，斬左止（趾）以為城旦。」

從上述五則觀之，秦漢時期關於奸罪的論處很嚴謹。男奴不能娶女主，但男主可以御女奴，即御婢。近親通奸者，棄市。此處與睡虎地秦簡《法律答問》542 簡：「同母異父相與奸，可（何）論？棄市。」相同，只要是兄弟姐妹間的亂倫，皆處以棄市之刑。與人和奸處完為城旦。強奸的罪則為府（腐）以為宮隸臣。雖然只有短短五則，但已經很清楚地將論處對象進行分類說明。

二、奸罪的審理程序及認定

目前出土的秦漢簡對奸罪的記載和討論的案例，為數不多，故由於資料

〔註 92〕彭浩、陳偉、工藤元男：《二年律令與奏讞書》（上海：上海古籍出版社，2007年 8 月），頁 166～167。

不足，僅就告發者，審理程序及罪刑認定進行討論：

1. 告發者：〈得之強與棄妻奸案〉中的告發者為夌，即受害者本人。〈田與市和奸案〉的告發者是隸臣冊智，他當場捕獲田與市二人正在床上。〈杜瀘女子甲和奸案〉中的告發者是甲的婆婆素。《封診式》675 簡是由同里中的士伍告發。可見奸罪是告訴乃論罪。要有舉告者，而舉告者的身份不限當事人，都會受理審問。

2. 審理程序：〈得之強與棄妻奸案〉中是三審定讞的案件，從縣到廷再到郡三層上報。〈田與市和奸案〉則是現行犯，欲翻案，還意圖賄賂官員，更改口供。要求重審。只有兩層程序，由夏陽丞上讞，再由上級回覆。上述二案例，皆為乞鞫要求重審的案例，但皆遭到駁回。〈杜瀘女子甲和奸案〉婆婆素告發後，由廷尉、正始、監弘、廷史武等卅人議當之。最後由廷史申提出異議，而糾正前卅位判案人員的判決。由此三案觀之，法律的審判從秦到漢，由單人獨議到群體意見，可以看到法律的發展脈絡。

3. 罪刑認定：〈得之強與棄妻奸案〉中得之因為強奸未遂，故只判了耐為隸臣和繫城旦六年。若強奸得逞的話，可能就是府刑或棄市了。但和《二年律令》的簡 192「諸與人妻和奸，及其所與皆完為城旦舂」相比，秦的判例還比《二年律令》中記載的還要輕微。可見奸罪到了漢代有加重的現象。〈田與市和奸案〉中因被當場捕獲，故先認罪又翻供，還想買通捕獲他們的人，最後判決是繫城旦十二年，但因遇到赦免，所以不用服繫城旦的十二年，再回到隸臣的身份。〈杜瀘女子甲和奸案〉中的甲，因為丈夫已死，且沒有被當場捉到，一開始判完為舂。廷史推翻前面三十人的決議，認為沒有當場捉住，且只判甲一人之罪，太重罰了，直指其他三十人之誤。但此案最後並無說明甲被判何刑？

由上述觀之，秦漢時期對奸罪是嚴懲的，告發者不限身份，但要捕者案校上才是人贓俱獲，才能確定刑責，而且隨著時代的演進，有加重刑責的現象。

第伍章　為偽書和畏耎案研究

　　此章分兩個部分：一是〈學為偽書案〉，一是〈縮等畏耎還走案〉。此二案，在《嶽麓書院藏秦簡（叁）》原是各自獨立成一類，現因篇輻關係，分為同一類。

第一節　學為偽書案

壹、前　言

　　本案和其他十四則案件最大的不同點在於書寫在木簡上，在《嶽麓書院藏秦簡（叁）》中說明其簡長約 25、寬 0.6 在厘米，沒有編繩的痕跡，由於多有斷簡，現編號 30 餘個。從簡編 210-236。但陳松長考證後為簡長應約 23，寬 0.6，簡的編號包括殘簡的編號在內有 53 個，共拼合為 27 枚簡〔註 1〕。內容是由胡陽丞於廿二年八月癸卯朔辛亥上報的讞書，內容是一位名叫「學」的人冒充「馮將軍毋擇子」「癸」的名義偽造文書欲進行詐騙，但還未得到金錢就被發現的案件。陳松長〈試說〉更正問題之誤，其四為：「『偽造文書』不準確，文書指官府文書，此案中所偽造者祇是私信而已。也就是『為偽私書』。即偽造五大夫馮毋擇的私信去進行詐騙。」〔註 2〕

〔註 1〕陳松長：〈嶽麓秦簡「為偽私書」案例及相關問題〉，《文物》（2013 年第 5 期），頁 84。

〔註 2〕陳松長：〈嶽麓秦簡「為偽私書」案例及相關問題試說〉，《嶽麓書院藏秦簡的整理與研究》下篇第六章（《中西書局》，2104 年 11 日），頁 231～239。

圖版 10〈學為偽書案〉

簡號	頁碼
1649/2186	210
0473	211
2174/1840/嶽604/嶽601	212
1088/2184	213
1194	214
0882	215
0323/嶽566/嶽655	216
0913/2183	217
J10/J11-1	218
0477	219
1089-2/1089-1/2109	220
0988/0995	221
嶽704/嶽559/2007	222
嶽595/0914/1095	223
J01	224
0408	225
0478	226
2006/1106/2171	227
0860/1195	228
1646/1648/2182	229
背書	背 15
0471/0328/嶽708	230
0469	231
0407	232

嶽麓書院藏秦簡《叁》秦讞書研究

0470

1044

1650

0861

233

234

235

236

貳、釋　文

廿二年八月癸卯朔辛亥，胡陽丞唐敢讞（讞）之：四月乙丑丞矰曰：君子子癸詣私（210）

書矰所，自謂：馮將軍毋擇子，與舍人來田南陽。毋擇【□□□叚（假）錢二】（211）

萬及糧（種）食胡陽，以田。發書，（書）類偽。縠（繫）官，有（又）撟（矯）為私書，詣請胡【陽】（212）

即獄治求請（情）。●癸曰：馮將軍毋擇子叚（？假）【子（？）母（？）】毋擇舍（捨）妻。毋擇令癸□【□□】（213）

（種）食，以田。不為偽書レ。□【……】（214）

叚（假）子。它如矰。●視癸私書，曰：五大夫馮毋擇敢多問胡陽丞主。聞南陽（215）

地利田，令為公產。臣老，癸與人出田，不齎錢糧（種）。顯（願）丞主叚（假）錢二萬貣（貸）（216）

食支卒歲。稼孰（熟）倍賞（償）。勿環（還）！環（還）之，毋擇不得為丞主臣走。丞主與胡（217）

陽公共憂毋擇為報。敢以聞。寄封廷史利，有（又）曰：馮將軍子臣癸（218）

敢昧（昧）死謁胡陽公。丈人詔令癸出田南陽，因糧（種）食錢貣（貸），以為私【書】レ。癸田（219）

新=壄（野）=，新野丞主幸叚（假）癸錢，食一歲。少吏莫敢訶癸。今胡【陽少內丞矰□】（220）

謂癸非馮將軍子。癸居秦中，名聞，以為不□【……】（221）

□。癸糧（種）姓雖賤，能權任人，有（又）能下人。顯（願）公詔少吏，勿令環（還）。●今（222）

□召舍人興來智（？知）【癸，癸改（改）】曰：君子子，定名學，居新壄（野）。非五大夫馮將軍毋擇子（223）

殹（？也）。學學史，有私印，章（？）曰（？）□，雅為（？）馮將軍毋擇〕……食……（224）

害聲聞。レ學父秦居貲，吏治（笞）秦，以故數為學怒，苦姐（恥）之。歸居室，心不（225）

樂，即獨撟（矯）自以為五大夫馮毋擇子，以名為偽私書。問矰，欲責（貸）錢（226）

胡陽少內，以私印封。起室把詣于矰，幸其肎（肯）以威責（貸）學錢，即盜以買（227）

金衣被兵，去邦亡荊。矰發讀書，未許學，令人敊（繫）守學。學恐，欲去亡，（228）

有（又）撟（矯）為私書，自言胡陽固所，詑曰：學實馮毋擇子，新壄（野）丞主巳（己）（229）

【……。它如……。詰】（缺15）

學：吏節（即）不智（知）學為偽書，不許責（貸）學錢，退去學，學即道胡陽（230）

行邦亡，且不レ辤（辭）曰：吏節（即）不智（知）學為偽【書】，不責（貸）學錢，毋（無）以為衣被（231）

資用，去環（還）歸。有衣資用，乃行邦亡。●問：學撟（矯）爵為為偽書。時馮（232）

毋擇爵五大夫，將軍。學不從軍，年十五歲。它如辤（辭）（233）

●鞫之：學撟（矯）自以【為】五大夫將軍馮毋擇子，以名為偽私書，詣矰，以欲（234）

盜去邦亡。未得，得。審。敊（繫）。敢讞（讞）之。●吏議：耐學隸臣。或【曰】令贖耐。（235）

讞（讞）報：毋擇巳（己）為卿，貲某，某各一盾。謹窮（窮）以灋（法）論之。（236）

參、彙　釋

一、廿二年八月癸卯朔辛亥(1)，胡陽丞唐敢讞（讞）之：四月乙丑丞矰(2)曰：君子子癸詣私書(3)矰所，自謂：馮將軍毋擇(4)子，與舍人(5)來田南陽(6)。毋擇【□□□叚（假）錢二】萬及糧（種）食(7)胡陽，以田。發書，（書）類偽。敊（繫）官，有（又）撟（矯）(8)為私書，詣請□□(9)即獄治(10)求請（情）(11)。

（1）廿二年八月癸卯朔辛亥

整理小組：秦王二十二年八月癸卯朔，辛亥為初九。〔註3〕

陳松長：這裡的時間記載稍有誤差，經核對八月癸卯朔，應是壬寅朔，前後差一天。〔註4〕

（2）丞矰

整理小組：丞矰，胡陽縣少內丞，名矰，據後文簡226-227稱「問矰，欲貣（貸）錢胡陽少內」可推知。少內，縣下屬機構，職掌府藏。《法律答問》簡032：「『府中公金錢私貣（貸）用之，與盜同灋（法）。』●可（何）謂『府中』？●唯縣少內為『府中』，其它不為。」《封診式》簡39：「令少內某、佐某以市正賈（價）賈丙丞某前，丙中人，賈（價）若干錢。」里耶秦簡J1⑧155：「四月丙午朔癸丑，遷陵守丞色下少內：謹案致之。書到言，署金布發。它如律令。」朝廷也有少內。《漢書・丙吉傳》「少內嗇夫白吉」，顏師古註：「少內，掖庭主府藏之官也。」〔註5〕。

楊寬：戰國晚期秦國已設有「少內」，作為徵收和保藏「錢」的機構。……戰國時代秦國和秦代不僅皇帝設有少內或少府，同時封君和地方官署也都設有少內或少府。……。這種制度為漢代所沿襲，西漢的封君和郡守也都設有和「縣少內」一樣的少府。〔註6〕

陳偉：以為少內有丞一職，在睡虎地秦簡與里耶秦簡中，完全找不到支撐的證據。……學欲貸糧，不應是找少內，而當去找倉。當然，學找到統轄縣屬諸官的縣丞，自然不必分別去找少內與倉。226-227號簡記學自陳「欲貸錢胡陽少內」，這是在供述其真實意圖。不能以此推斷丞矰即是少內丞。〔註7〕

王偉：秦少內見於秦簡和璽印封泥。睡虎地秦簡所見少內涉及的事務均與金錢收付有關。……少內也是中央機構，在都城咸陽和地方各縣均有設置，主要管理京畿各縣和地方各縣中一些特殊名目的資金和物資的收儲。〔註8〕

〔註3〕 朱漢民、陳松長主編：《嶽麓書院藏秦簡（叄）》（上海：上海辭書出版社，2013年），頁232。

〔註4〕 陳松長：〈嶽麓簡「為偽私書」案例及相關問題〉（文物，2013年第5期），頁82。

〔註5〕 朱漢民、陳松長主編：《嶽麓書院藏秦簡（叄）》，頁232。

〔註6〕 楊寬：〈從少府執掌看秦漢封建統治者的經濟特權〉，《楊寬古史論文選集》（上海：上海人民出版社，2003年），頁115。

〔註7〕 陳偉：〈丞相史如與丞矰——關於嶽麓書院藏秦簡三的兩個官制問題〉，《簡帛網》，20130907。

〔註8〕 王偉：《秦璽印封泥職官地理研究》，（北京：中國社會科學出版社，2014年），

　　張韶光：對此處「丞矰」的解釋主要有以下兩種：一、「丞矰」是指少內丞矰；二、不能確定「丞矰」即少內丞。筆者認同第一種觀點。少內執掌府藏，……在這則材料中，學試圖去胡陽少內騙取錢財，而丞矰正是胡陽少內中的工作人員，故推測丞矰為少內丞是合理的。且里耶秦簡 8-802 有「癸卯少內守就叚令史」。可見，少內設有守，設有丞也應是情理之中的。〔註9〕

　　陳治國：秦漢少內的職掌與金錢有密切關係。……對于秦時少內主管的是政府的金錢還是王室的金錢，學者的看法不一。……秦少內主管的應是政府的財政。〔註10〕

　　按：從出土的《睡虎地秦簡》、《里耶秦簡》和傳世文獻《漢書》觀之，「少內」的職掌與金錢有關，是無庸置疑的，但本案的重點在於「丞矰」，是否為「少內丞」，陳偉認為並無「少內丞」這個官職，是可信的。《敦煌懸泉置漢簡》八八：「入閏月、四月御錢萬。陽朔二年四月壬申，縣（懸）泉置嗇夫尊受少內嗇夫壽。」〔註11〕，《里耶秦簡》J1⑧155：「四月丙午朔癸丑，遷陵守丞色下少內：謹案致之。書到言，署金布發。它如律令。」〔註12〕朝廷也有少內。《漢書‧丙吉傳》「少內嗇夫白吉」，顏師古註：「少內，掖庭主府藏之官也。」〔註13〕少內的主管應是嗇夫。而丞應是少內的上級單位。那麼丞矰的丞到底是什麼？陳松長在其文中並未說明，但直指矰為少內〔註14〕，筆者認為矰應為少內嗇夫，是少內的主管，主管錢財。「丞」極有可能是上讞的胡陽縣丞唐對矰的敬稱。至於陳偉所謂借糧應向倉借，而非少內，此說有誤。在簡 211 和 212 中，學不只想借糧還想借錢。因此找掌管金錢的少內借貸並無錯誤。

　　（3）私書

　　整理小組：私書，個人書信。《史記‧酷吏列傳》：「（郅）都為人勇，有氣

　　　　頁 201～203。

〔註 9〕　張韶光：《《嶽麓書院藏秦簡（叁）》集釋》（吉林大學古籍研究所碩士論文，2017 年 4 月），頁 267。

〔註10〕　陳治國：〈從新出簡牘再探秦漢的大內與少內〉，《簡帛網》，20080108 首發。

〔註11〕　胡平生，張德芳：《敦煌懸泉漢簡釋粹》，（上海古籍出版社，2001 年）。

〔註12〕　陳偉主編：《里耶秦簡簡牘校釋第一卷》（武漢：武漢大學出版社，2012 年），頁 94。

〔註13〕　〔漢〕班固撰；〔唐〕顏師古注：《漢書》，（臺北：鼎文書局，1986 年），頁 1349。

〔註14〕　陳松長：陳松長：〈嶽麓秦簡「為偽私書」案例及相關問題〉，頁 87。

力，公廉，不發私書，問遺無所受，請寄無所聽。」〔註15〕

按：私書一詞，當個人書信，傳世文獻中多見，《漢書·武五子傳》：「又胥女為楚王延壽后弟婦，數相餽遺，通私書。」〔註16〕又《漢書·游俠傳》：「（陳遵）既至官，當遣從史西，召善書吏十人於前，治私書謝京師故人。」〔註17〕此二典之「私書」皆當「個人書信」言。

（4）馮毋擇

整理小組：馮將軍毋擇，秦始皇功臣，見於文獻。《漢書·馮奉世傳》：「其先馮亭，為韓上黨守。…（中略）…及秦滅六國，而馮亭之後馮毋擇、馮去疾、馮劫皆為秦將相焉。」《史記·秦始皇本紀》記二十八年琅琊刻石云：「列侯武城侯王離、列侯通武侯王賁、倫侯建成侯趙亥、倫侯昌武侯成、倫侯武信侯馮毋擇、丞相隗林、丞相王綰、卿李斯、卿王戊、五大夫趙嬰、五大夫楊樛從，皆議於海上。」「倫侯」相當於「（關）內侯」。里耶秦簡J1⑧461：「內侯為輸（倫）侯。徹侯為死〔列〕侯。」擇，讀音益羊切。《史記·太史公自序》「昌生無擇」，司馬貞《索引》：「《漢書》作『毋擇』，並音亦也。」，本簡「擇」字多一橫筆，似由「澤」塗改為「擇」。〔註18〕

陳偉：《史記·秦始皇本紀》記二十八年琅邪刻石云：「維秦王兼有天下，立名為皇帝，乃撫東土，至於琅邪。列侯武城侯王離、……倫侯武信侯馮毋擇、丞相隗林、丞相王綰、卿李斯、卿王戊、五大夫趙嬰、五大夫楊樛從，與議於海上。」關於倫侯，司馬貞《索隱》云：「爵卑於列侯，無封邑者。倫，類也，亦列侯之類。」從琅邪刻石顯示的爵位序列看，倫侯高於五大夫。（省略）馮毋擇應該就是琅邪刻石中的同名之人。他在秦始皇二十二年爵為五大夫，二十八年進為倫侯。（省略）《漢書·馮奉世傳》記云：「及秦滅六國，而馮亭之後馮毋擇、馮去疾、馮劫皆為秦將相焉。」這處馮毋擇，《史記·趙世家》集解引作「馮無擇」。而《漢書·高帝紀上》記云：「食其還，漢王問：『魏大將誰也？』對曰：『柏直。』王曰：『是口尚乳臭，不能當韓信。騎將誰也？』曰：『馮敬。』曰：『是秦將馮無擇子也，雖賢，不能當灌嬰。步卒將誰也？』」彼此對讀，可知馮毋擇曾任秦將。〔註19〕

〔註15〕朱漢民、陳松長主編：《嶽麓書院藏簡（叁）》，頁232。
〔註16〕〔漢〕班固撰；〔唐〕顏師古注：《漢書》（臺北：鼎文書局，1986年），頁2761。
〔註17〕〔漢〕班固撰；〔唐〕顏師古注：《漢書》，頁3711。
〔註18〕朱漢民、陳松長主編：《嶽麓書院藏簡（叁）》，頁232。
〔註19〕陳偉：〈嶽麓書院藏秦簡馮將軍毋擇小考〉，《簡帛網》，2009年4月20日首發。

按：馮毋擇是《史記》和《漢書》皆提及之人，也是《嶽麓書院藏秦簡（叁）》中唯一見於史傳的人名，且和史傳相對照，名字和事蹟也是可以對讀上的，是一難能可貴之材料。

（5）舍人

整理小組：舍人，私門吏員。《漢書・高帝紀上》：「舍人，親近左右之通稱也，後遂以為私屬官號。」同書《王莽傳上》註：「舍人，私府吏員也。」〔註20〕

沈剛：舍人最早出現於戰國時期，起初具有家臣性質。〔註21〕

鄒水傑：客、舍人應該只是縣令長的私人智囊。根據雲夢秦簡的記錄，他們是縣長吏的「私吏」或「家吏」。……睡虎地秦簡《秦律十八種・工律》載服徭役的人也有舍人，而且要為其主人負連帶責任。〔註22〕

王彥輝：「舍人」可以是私屬官稱，也可以是侍從賓客。〔註23〕

按：「舍人」在本案例中，應是指馮毋擇的家臣，但不知此「舍人」是否為「學」的同夥，但依馮毋擇的身份地位，家中有「舍人」是很平常之事。故「學」帶「舍人」一起來種田，極有可能是為了加重其假冒「癸」的真實性。

（6）南陽

整理小組：南陽，秦郡名，見《漢書・地理志》。秦昭襄王三十五年初置，治今河南南陽市。〔註24〕

后曉榮：秦南陽郡原為韓、楚、魏三國交界地，秦合三地置郡，因南陽地區而得名。《漢志》南陽郡，「秦置」。轄境有今湖北省襄陽、隨縣以北，河南省欒川、魯山以南，信陽以西，湖北省均縣、河南省西峽以東地區。郡治宛，今河南南陽市。〔註25〕

張韶光：對南陽的理解可歸納為以下兩種：一是南陽是秦郡名；二是南陽是秦里名。筆者認為第二種說法更為合適。在本案中明確指出：「●視癸私

〔註20〕朱漢民、陳松長主編：《嶽麓書院藏秦簡（叁）》，頁164。
〔註21〕沈剛：〈戰國秦漢時舍人試探〉，《南都學壇》，2004年9月第24卷第5期，頁5。
〔註22〕鄒水傑：〈簡牘所見秦漢縣屬吏設置及演變〉，《中國史研究》，2007年第3期，頁16～17。
〔註23〕王彥輝：〈秦簡《識劫𡟼案》發微〉，頁76。
〔註24〕朱漢民、陳松長主編：《嶽麓書院藏簡（叁）》，頁232。
〔註25〕后曉榮：《秦代政區地理》，頁266。

書，曰：五大夫馮毋擇敢多問胡陽丞主。聞南陽地利田，令為公產。」也就是說，馮毋擇問胡陽丞主要南陽的一塊土地耕種。胡陽為秦縣，則秦縣能管轄的南陽，為里較為合適。〔註26〕

　　按：根據傳世文獻及后曉榮的考證，南陽屬郡，下轄二十七縣，張韶光認為南陽應是胡陽所管轄，應是理解有誤，「聞南陽地利田」中的南陽應是指南陽郡中的胡陽為是。

（7）糧（種）食

　　整理小組：種食，穀種與糧食。《漢書・文帝紀》：「民讁作縣官及貸種食未人、入未備者，皆赦之。」《秦律十八種》簡040：「縣遺麥以為種用者，殺禾以臧（藏）之。」同上簡045：「有事軍及下縣者，齎食，毋以傳貣（貸）縣。」《為吏治官及黔首》簡77：「貣（貸）穜（種）食弗請。」〔註27〕

　　朱紅林：貸種食以支持農民的農業生產，……事例多見於戰國時期，……戰國時期國家存在專門向百姓借貸的制度，借貸的內容包括實物和貨幣，借貸的具體規則是有法可依的。這對於經濟發展和社會穩定是有利的。〔註28〕

　　黃傑：我們認為當釋為「糧」。……「〔假錢二〕萬及糧食胡陽」即「假錢二萬及糧食於胡陽」，簡文省略了「於」。〔註29〕

　　按：筆者認為考之圖版，黃傑的說法可信。本文出現的糧（種）字分別在簡212的「糧（種）食胡陽」，圖版為「」。簡214「糧（種）食以出。」圖版為「」。簡216「不齎錢，糧（種）」，圖版為「」。簡214的圖版部首不明，但簡212及簡216的糧（種）字明顯為米部，故此三字應釋為「糧」。但是在簡219「因種食，錢貣（貸）」中「」一字部首明顯為禾部且與簡222「種姓雖賤」的種字「」十分相似，應可直釋為「種」

〔註26〕張韶光：《嶽麓書院藏秦簡（叄）集釋》，頁271。
〔註27〕朱漢民、陳松長主編：《嶽麓書院藏秦簡（叄）》，頁233。
〔註28〕朱紅林：〈嶽麓簡《為吏治官及黔首》分類研究（一）〉，王沛主編，《出土文獻與法律史研究（第一輯）》（上海：上海人民出版社，2012年6月），頁93。
〔註29〕黃傑：〈嶽麓秦簡「為偽私書」簡文補釋〉，《簡帛網》，2013年6月8日首發。

字即可。

（8）撟

整理小組：撟，假託、詐稱，即假託馮毋擇兒子的名義。《法律答問》簡 055：「『撟（矯）丞令』可（何）殹（也）？為有秩偽寫其印為大嗇夫。」《二年律令》簡 066：「撟（矯）相以為吏、自以為吏以盜，皆磔。」〔註 30〕

李豐娟：「撟」同「矯」，是假詐之義。〔註 31〕

按：「撟」當「矯」，見於文獻，《周禮・秋官・士師》：「五曰撟邦令」疏曰：「稱詐以有為者。撟音矯。」〔註 32〕《漢書・武帝紀》：「將百姓所安殊路，而撟虔吏因乘勢以侵蒸庶邪？」師古曰：「撟與矯同，其字從手。矯，託也。虔，固也。妄託上命而堅固為邪惡者也。蒸，眾也。」〔註 33〕，可知此二字古同。

（9）詣請□□

陳松長：詣請□胡陽。〔註 34〕

（10）獄治

整理小組：獄治，立案治理、刑事審訊。《漢書・孫寶傳》：「司隸寶奏故尚書僕射崇冤，請獄治尚書令昌。」「獄治」為狀動結構，與「獄訊」相同。《二年律令》簡 508：「諸乘私馬出，馬當復入而死亡，自言在縣官，縣官診及獄訊審死亡，皆〖告〗津關。」〔註 35〕

黃傑：從語法上看，此處「獄治」應當是名詞，指治獄官吏之治所。里耶秦簡 8-136＋8-144「謁報覆獄治所」、8-1295「酉陽覆獄治所」，可供參考。〔註 36〕

張韶光：對此處「獄治」主要有兩種解釋：一是立案審訊；二是治獄官吏的治所。在此處，筆者認同第二種觀點。本案中明確指出：「轂（繫）官，有（又）撟（矯）為私書，詣請□【□□。】即獄治求請（情）。」也就是

〔註 30〕朱漢民、陳松長主編：《嶽麓書院藏秦簡（參）》，頁 233。
〔註 31〕李豐娟：《秦簡字詞集釋》（重慶：西南大學漢語言文字學博士論文，2011 年），頁 73。
〔註 32〕〔清〕阮元審定，盧宣旬校：《重刊宋本十三經注疏附校勘記》《周禮》，頁 527-1。
〔註 33〕〔漢〕班固撰；〔唐〕顏師古注：《漢書》，頁 180。
〔註 34〕陳松長：〈嶽麓簡「為偽私書」案例及相關問題〉。
〔註 35〕朱漢民、陳松長主編：《嶽麓書院藏簡（參）》，頁 233。
〔註 36〕黃傑：〈嶽麓秦簡「學為偽書案」再補〉。

說，學在被抓捕之後，又假冒馮毋擇寫了一封信，把信遞到治獄的地方以便求情。〔註37〕

按：筆者認為「獄治」應是從整理小組解為「獄訊」才是，「獄治求請」出現時，假冒癸的學已被抓至官府，若當治獄官吏之治所，那麼如何在被抓捕後，再假冒馮毋擇寫信到治獄所？此句之解應是：在審訊過種中，為自己求情。

（11）求請（情）

黃傑：「求情」一詞後起。「請」似讀為本字較好，「求」、「請」同意連用，均為請求之意。〔註38〕

此段簡文從一開始是奏讞文書的開頭語，說明奏讞的時間為秦王政二十二年八月癸卯朔，即八月初九，由胡陽丞唐敢上讞。接著從四月乙丑至即獄治求請，是上行文書內容為胡陽少內丞繒所遇到的詐騙案，有一位君子子癸自稱自己是馮毋擇將軍的兒子，和僕人一起來南陽想借貸種田。拿了一封馮毋擇的私信給繒，繒發覺書信有假，所以將此人扣押並押至官府請求獄治。

三、●癸曰：馮將軍毋擇子叚（？假）【子（？）母（？）】毋擇舍（捨）妻。毋擇令癸□【□□】糧（種）食，以田。不為偽書（1）レ。□【……】叚（假）子（2）。它如繒。

（1）偽書

整理小組：偽書，偽造的文書、書信。《二年律令》簡013：「為偽書者，黥為城旦舂。」《奏讞書》簡054-055：「蜀守讞，佐啟主徒。令史冰私使城旦環為家作，告啟，啟詐簿曰治官府。疑罪，廷報，啟為偽書也。」〔註39〕

李均明：「為偽書」指撰制、使用假文書，是文書犯罪中最常見的一種。〔註40〕

許道勝：在較早的文獻記載中，「為偽書」可能被定罪甚至會遭誅殺的情

〔註37〕張韶光：《〈嶽麓書院藏秦簡（叁）〉集釋》，頁273。
〔註38〕黃傑：〈嶽麓秦簡「為偽私書」簡文補釋〉。
〔註39〕朱漢民、陳松長主編：《嶽麓書院藏秦簡（叁）》，頁233。
〔註40〕李均明：〈簡牘所反映的漢代文書犯罪〉，中國文物研究所編，《出土文獻研究（第六輯）》（上海：上海古籍出版社，2004年）。

形，有下列幾例：1、偽造文書。（省略）2、炮製內容虛妄的書。〔註41〕

　　按：本文中的「為偽書」，應是偽造個人書信，非官方文書。故最後學的判刑才會顯得有些輕微。

　　（2）叚（假）子

　　按：假子有二解：一是養子或義子，如《舊唐書‧輔公祏傳》：「初，伏威養壯士三十餘人為假子，分領兵馬。」〔註42〕，二為前妻或前夫的兒子，如《漢書‧王尊傳》：「春正月，美陽女子告假子不孝，曰：『兒常以我為妻，妒笞我。』」〔註43〕，本案之假子，根據後文，應是指前妻之子。

　　從「癸曰」到「它如矰」，是自稱為「癸」的人所說的供詞。說明自己是馮毋擇的前妻之子，是馮毋擇讓他到南陽種田，書信不是假的。

　　三、●視癸私書，曰：五大夫馮毋擇敢多問胡陽丞主⑴。聞南陽地利田，令為公產⑵。臣老，癸與人出田，不齎錢糧（種）。顄（願）丞主叚（假）錢二萬貣（貸）食支卒歲。⑶稼孰（熟）倍賞（償）。勿環（還）⑷！環（還）之，毋擇不得為丞主臣走。丞主與胡陽公共憂毋擇為報。⑸敢以聞。寄封廷史利，有（又）曰：馮將軍子臣癸敢眛（昧）死謁胡陽公。丈人⑹詔令⑺癸出田南陽，因糧（種）食錢貣（貸），以為私【書】⑻レ。癸田新＝壄（野）＝，（新野）⑼丞主幸叚（假）癸錢，食一歲。少吏⑽莫敢訶癸。今胡【陽少內丞矰□】謂癸非馮將軍子。癸居秦中，名聞，以為不□⑾【……】□。癸穜（種）姓雖賤，能權任人，有（又）能下人。顄（願）公詔少吏，勿令環（還）。

　　（1）主

　　整理小組：主，敬稱，用於身份平等或比發信人稍低的收信人。如里耶秦簡 J1⑧158 正：「遷陵守丞色敢告酉陽丞主。」J1①69 背：「遷陵守丞敦狐告都鄉主。」《封診式》簡43：「丞某告某鄉主。」〔註44〕

〔註41〕許道勝：〈張家山漢簡《二年律令‧賊律》補釋〉，（江漢考古，2004 年）。

〔註42〕〔後晉〕劉昫撰：《舊唐書》（臺北市：鼎文書局，1981 年，清懼盈齋刻本），頁 2270。

〔註43〕〔漢〕班固撰；〔唐〕顏師古注：《漢書》，頁 3226。

〔註44〕朱漢民、陳松長主編：《嶽麓書院藏秦簡（叁）》，頁 233。

陳治國：無論是傳統文獻還是出土文獻，都不見有記載「主」這一官職的。（省略）意為「負責官員」。〔註45〕

鄒水傑：「主」為文書習慣用語，不表示「負責官吏」之意，更不能將「縣主」、「鄉主」、「倉主」等連讀而認作專門職官。〔註46〕

鄔文玲：「守丞」在文書中多用於呈文者即縣丞的自稱……「丞主」的使用語境則與「守丞」相對，用於呈文者對收文者縣丞的稱謂。〔註47〕

王偉：縱觀所有「某主」式稱謂，無論級別高低，「主」後面均無人名。（294頁）因「某主」後從不帶官吏私名，可知所指人員不固定，或「某主」本身就是一個群體。主，主理。「某主」意為某機構的負責人、主事者。〔註48〕（297頁）

張韶光：綜上所述，「主」表示對官吏的泛稱。〔註49〕

按：在本案中胡陽丞主之「主」在秦的文書用語中，應是敬稱，筆者同意整理小組所言「敬稱，用於身份平等或比發信人稍低的收信人。」，傳統書信用語中，在稱收信人時都會使用敬語，因此在此處稱主，應是書信敬語。

（2）公產

整理小組：公產，共公產業，即一種公田。〔註50〕

陳松長：公產（彥）。〔註51〕

黃傑：「產」原括注為「彥」，似不確。〔註52〕

按：陳松長的文章中並無說明改成彥之由，考之圖版，為 ![圖]，產字亦見

於案例二《尸等捕盜案》中，簡032：「尸等產捕詣秦[男][子][治][等]」，圖版

〔註45〕陳治國：〈里耶秦簡守和守丞釋義及其他〉，《中國歷史文物，2006年第3期。

〔註46〕鄒水傑：〈秦代簡牘文書「敢告某某主」的格式考〉，卜憲》群、楊振紅主編：《簡帛二〇〇九》（桂林：廣西師範大學出版社，2011年）。

〔註47〕鄔文玲：〈「守」、「主」稱謂與秦代官文書用語〉，中國文化遺產研究院編《出土文獻研究（第十二輯）》（上海：中西書局，2013年），頁159～160。

〔註48〕王偉：〈秦璽印封泥職官地理研究〉（北京：中國社會科學出版社，2014年），頁297。

〔註49〕張韶光：《《嶽麓書院藏秦簡（叁）》集釋》，頁275。

〔註50〕朱漢民、陳松長主編：《嶽麓書院藏秦簡（叁）》，頁233。

〔註51〕陳松長：〈嶽麓簡「為偽私書」案例及相關問題〉。

〔註52〕黃傑：〈嶽麓秦簡「為偽私書」簡文補釋〉。

為「」；簡 036：「律曰產捕羣（群）盜一人購金十四兩」，圖版為「」；

簡 037「鞫之尸等產捕治圂等」，圖版為「」。〔註 53〕案例七《識劫婉案》

簡 112：「沛御婉＝產義女姝」，圖版為「」；簡 113「有產男必女若」中產字圖

版為「」；簡 131「沛御婉，婉產義」的產字為「」，簡 132「為妻有產

必」，產字圖版為「」〔註 54〕，本案之產字，從字形上觀之，雖稍模糊，

但依稀可以看出是個「產」字，故應從整理小組之說法即可。

（3）顉（願）丞主叚（假）錢二萬貣（貸），食支卒歲

整理小組：後文簡 219 稱「因種（種）食、錢貣（貸），以為私【書】」，
可知，「錢貸」為一詞，錢貸，金錢貸款。〔註 55〕

黃傑：「假」、「貸」同義換用，所以「假錢二萬貸食支卒歲」應當斷讀為
「假錢二萬，貸食，支卒歲」。〔註 56〕

陳松長：願丞主叚（假）錢二萬，貣（貸）食支卒歲。〔註 57〕

張伯元：這裏的「支」，不當解作支撐，它是支度的支。「支，計也。」
支，度量，計算。《廣韻·支韻》：「支，支度也。」《漢書·趙充國傳》：「今
大司農所轉穀至者，足支萬人一歲食……唯陛下裁許。」據此，簡文中的頓
號可以刪去，改為：「願丞主叚（假）錢二萬，貣（貸）食支卒歲，稼孰（熟）
倍賞（償）。」語譯為：希望丞主借款二萬錢，（用以）貸給糧食，以（能）
過完一年為計，到莊稼成熟後加倍償還。〔註 58〕

張韶光：對這句話的斷讀主要有兩種觀點：一是從貸與食中間斷開；二
是從萬與貸中間斷開。筆者認同第二種觀點。因為「假」、「貸」意義相同，所

〔註 53〕朱漢民、陳松長主編：《嶽麓書院藏秦簡（叁）》，頁 82。
〔註 54〕朱漢民、陳松長主編：《嶽麓書院藏秦簡（叁）》，頁 85～86。
〔註 55〕朱漢民、陳松長主編：《嶽麓書院藏秦簡（叁）》，頁 233。
〔註 56〕黃傑：〈嶽麓書院學為偽書案再補〉，《簡帛網》20130912 首發。
〔註 57〕陳松長：〈嶽麓簡「為偽私書」案例及相關問題〉。
〔註 58〕張伯元：〈嶽麓秦簡（三）字詞考釋三則〉，中國文化遺產研究院編《，出土
文獻研究（第十四輯）》（上海：中西書局，2015 年），頁 49～50。

以應從萬與貸中間斷開，表示借錢兩萬和夠吃一年的糧食。〔註59〕

（4）環（還）

整理小組：還，返還、回絕。《玉篇·辵部》：「環，退也。」《法律答問》簡102：「免老告人以為不孝，謁殺，當三環（還）之不？不當環（還），朚執勿失。」同上簡147：「甲徙居，徙數謁吏，吏環（還），弗為更籍。」〔註60〕

按：《說文》：「環，璧也·肉好若一謂之環。從玉，睘聲。」《說文》：「還，復也。從辵，睘聲。」睘為環與還之共同聲符。故二字相通。本案中的還字，從前後文判斷，不應釋為遣返，馮毋擇將軍送書信，是要讓癸可以借貸，如果胡陽丞不願意借，也不會將人遣返才是。應釋為回絕，勿還即是不要回絕。希望胡陽丞不要拒絕馮毋擇的請求。

（5）丞主與胡陽公共憂毋擇為報。

陳松長：陽公共憂，毋擇為報。〔註61〕

黃傑：此字當釋「憂」可參考簡142「憂」。秦簡未見「复」字。有「復」字……其右旁與共下之字有別。另外，釋「复」、讀為「覆」與「為報」意思重復。上述簡文當斷讀為「丞主與胡陽公共憂毋擇，為報」，意為請丞主和胡陽公都把毋擇在這封信中說的事放在心上，給毋擇回信。〔註62〕

陶安：陽公共憂毋擇，為報。……丞主跟胡陽公一起為我操心，來信回報！〔註63〕

按：「共憂毋擇為報」，《嶽麓書院藏秦簡（叁）》整理者將「憂」字釋為复（覆），陳松長在其文中釋為「憂」，按：「憂」字在《嶽麓書院藏秦簡（叁）》只出現兩次，即在本案及《同顯盜殺人案》〔註64〕簡142：「大女子嬰等告曰：棄婦毋憂縛死其田舍，衣襦亡。」，其「憂」字的圖版為「　」，本案之圖版為「　」，字形雖殘，但與憂字相類似。《嶽麓書院藏秦簡（叁）》在他案並無

〔註59〕張韶光：《《嶽麓書院藏秦簡（叁）》集釋》，頁276。

〔註60〕朱漢民、陳松長主編：《嶽麓書院藏秦簡（叁）》，頁233。

〔註61〕陳松長：〈嶽麓簡「為偽私書」案例及相關問題〉。

〔註62〕黃傑：〈嶽麓書院學為偽書案再補〉。

〔註63〕陶安：《嶽麓秦簡復原研究》，（上海：上海古籍出版社，2016年），頁554～555。

〔註64〕朱漢民、陳松長主編：《嶽麓書院藏簡（叁）》，頁172。

「复」字出現，但《嶽麓書院藏秦簡（壹）‧為吏治官及黔首》〔註65〕簡31：

「下交不勝憂」的憂字圖版為「」，《嶽麓書院藏秦簡（壹）‧占夢書》

〔註66〕則出現較多的憂字，圖版分別為「」、「」、「」、「」、「」，

從字形及上下文意觀之，陳松長、黃傑之說可信，「憂」義為憂慮、擔憂，表示為毌擇所請求一事費心和料理，即操心。

（6）丈人

整理小組：丈人，指父親馮毌擇。〔註67〕

按：陳松長釋為家丈人，考之文獻，丈人一詞有三義，一為長老或老成的人，如《論語‧微子》：「子路從而後，遇丈人以杖荷蓧。」二為稱謂，古稱祖父。《顏氏家訓‧書證》：「丈人亦長老之目，今世俗猶呼其祖考為先亡丈人。」三為妻子的父親，指岳父。「家丈人」一詞則出現在《史記‧荊軻列傳》：「家丈人召使前擊筑，一座稱善，賜酒。」是指一家的主人。從本案的文意來看，「丈人」應是從陳松長之說為「家丈人」之意。

（7）詔令

整理小組：詔令，命令，秦始皇二十六年以後才專指皇帝的命令。里耶秦簡J1⑧461：「以王令曰以皇帝詔。」《史記‧秦始皇本紀》：「臣等昧死上尊號，王為泰皇。命為制，令為詔，天子自稱曰朕。」〔註68〕

支強：嶽麓簡整理者指出與簡0194、簡0383是前後相聯的其內容為「……泰原署四川郡；東郡、叁川、潁川署江胡郡，南陽」，如果將此二簡內容與同時披露的簡0706「綰請許而令郡有罪罰當戍者，泰原署四川郡；東郡、叁川、潁川署江胡郡；南陽、河內署九江郡」。對比，可見兩者在內容上高度一致，似可視為同一規定。……如果考慮到簡0706以及簡0194、簡0383中規定的出現年代至遲不會晚於秦王政二十五年，此時尚未「改令為詔」。〔註69〕

〔註65〕朱漢民、陳松長主編：《嶽麓書院藏秦簡（壹）》，頁122

〔註66〕朱漢民、陳松長主編：《嶽麓書院藏秦簡（壹）》，頁152～166

〔註67〕朱漢民、陳松長主編：《嶽麓書院藏秦簡（叁）》，頁234。

〔註68〕朱漢民、陳松長主編：《嶽麓書院藏秦簡（叁）》，頁234。

〔註69〕支強：〈盜未有取賕贜瀘戍律令問題再議〉，《出土文獻與法律史研究第三輯上海：上海人民出版社，2014年，頁21～22。

（8）因糧（種）食錢貰（貸），以為私【書】

黃傑：原釋「種」應當為「糧」。〔註70〕

陳偉：種，黃傑改釋為「糧」，可從。書，是整理者根據自己的理解添加上去的。我們懷疑「以為私」應屬上讀，其後實無「書」字。「私」有私情、私利、恩惠一類意思。《管子‧任法》「大臣能以其私附百姓」尹知章注：「謂用私恩誘百姓使附也。」《儀禮‧燕禮》：「寡君，君之私也。」鄭玄注：「私，謂獨受恩厚也。」嶽麓秦簡奏讞書102-103號簡記江陵丞暨為自己辯解說：「不幸過誤失，坐官弗得，非敢端犯灋（法）令，赴隧以成私殹。」私應指私利。「因糧食、錢貰（貸）以為私」大致是說將糧、錢借貸當作對自己的恩惠。〔註71〕

黃傑：「種」確實為「種」，不應為「糧」。〔註72〕

（9）新壄

整理小組：新野，秦縣名，見《漢書‧地理志》，屬南陽郡，治今河南新野縣。〔註73〕

按：整理小組釋為「新壄（野）」，陳松長直釋為「野」〔註74〕。考之圖版為 ，故應從整理小組之釋，較佳。

（10）少吏

整理小組：少吏，與長吏相對而言，在此指胡陽縣令部下，即少內嗇等。《二年律令》簡046：「長吏以縣官事罵少吏。」〔註75〕

安作璋、熊鐵基：《漢書‧百官公卿表》在縣令、長之下有「長吏」和「少吏」的區別，二百石以上為「長吏」，「百石以下，有斗食、佐史之秩，是為少吏。」〔註76〕

陳偉：少吏，《漢書‧武帝紀》：「少吏犯禁。」顏師古注引文穎曰：「少

〔註70〕黃傑：〈嶽麓秦簡「為偽私書」簡文補釋〉。

〔註71〕陳偉：〈《嶽麓書院藏秦簡（三）》識小〉，簡帛網。

〔註72〕黃傑：〈嶽麓書院學為偽私書案再補〉。

〔註73〕朱漢民、陳松長主編：《嶽麓書院藏簡（叁）》，頁234。

〔註74〕陳松長：〈嶽麓簡「為偽私書」案例及相關問題〉。

〔註75〕朱漢民、陳松長主編：《嶽麓書院藏秦簡（叁）》，頁234。

〔註76〕安作璋、熊鐵基：《秦漢官制史稿》（濟南：齊魯書社，2007年），頁685。

吏，小吏也。」〔註77〕222 號簡記學致胡陽公即胡陽縣令偽書說：「願公詔少吏，勿令環（還）。」如《百官表》所示，一般將縣令、長、丞、尉稱為「長吏」，其下「斗食、佐史之秩」稱為「少吏」。在這個意義上，如整理者那樣，認為不信任偽書，不借貸錢糧，反而將學拘押起來的丞矰屬於少內之職，也有一定道理。不過，由於前述諸事，對這處「少吏」恐當作其他理解。比如是回避主管的丞矰而指斥其下具體執行者，或者是因為面對地位更高的縣令而將其副手（丞矰）稱作「少吏」。〔註78〕

黃傑：「少吏」當是指新野丞主屬下諸吏。〔註79〕

那思陸：縣丞、縣尉是縣中的「長吏」。其餘署官則為「少吏」。與審判有關的少吏有令史和獄吏。令史是縣令的書記（丞史則是縣丞的書記），職司司法文書的記錄與保管。獄吏則協助縣丞審判，并管理監獄。〔註80〕

張韶光：少吏是指百石以下的小吏，但對本案中的「少吏」有不同的看法，一種認為少吏是指胡陽縣令部下；另一種是指新野丞主屬下諸吏。筆者認同第二種觀點。〔註81〕

按：總結前人研究，少吏有二：一是指百石以下的小吏，是胡陽縣令部下。一是指新野丞主屬下諸吏。從文中觀之，癸說在新野時，少吏們不敢呵斥他，所以應屬後者之解為佳。

（11）□

黃傑：首字□：考之圖版 應為「信」字，整理報告未釋。從殘劃看，

此字可能是「信」，參看下列「信」字：（嶽麓秦簡《為吏治官及黔首》

簡二八正叄），（睡虎地秦簡《為吏之道》簡七貳）〔註82〕

〔註77〕陳偉：《里耶秦簡校釋（第一卷）》，頁 382。
〔註78〕陳偉：〈嶽麓秦簡《秦讞書》校讀〉（李宗焜主編，古文字與古代史第四輯，台北：中央研究院歷史語言研究所，2015 年），頁 508。
〔註79〕黃傑：〈嶽麓書院學為偽書案再補〉。
〔註80〕那思陸：《中國審判制度史》（上海：三聯書店，2013 年），頁 46~47。
〔註81〕張韶光：《《嶽麓書院藏秦簡（叄）》集釋》，頁 279。
〔註82〕黃傑：〈嶽麓書院藏秦簡「學為偽書案」釋文注釋補正（三）〉，《簡帛網》，20131004 首發。

按：考之圖版，正如黃傑所示，故黃傑之說可信。

從「視癸私書」至「寄封廷史利」，是癸所呈遞的私書內容。即馮毋擇寫給胡陽丞主的信。內容大致是聽說南陽適合種田，我現在老了，癸帶著僕人出來種田，沒帶錢糧，願丞主貸錢二萬和種子糧食給他以支撐一年，等禾稼熟了，再加倍償還，請不要拒絕，如果拒絕的話，我將不會為你奔走效力，讓丞主和胡陽公一起為我擔憂了，毋擇冒昧以書信相擾，並寄封信給廷史利。

從「有（又）曰」到「勿令環」，是癸的辯詞：家丈人叫我到南陽種田，為便於我來借錢和種食，因此寫了私信，我曾經到新野種田，新野縣丞借了錢糧給我，我在那裏作一年，那裡的少吏都不敢呵斥我，現在胡陽少內繒說我不是馮將軍的兒子，我住在秦中，名聞當地……我的種姓雖然貧賤，但我能權衡輕重來事人，也能禮讓下人，但願公令少吏，不要拒絕我。

四、●今□召舍人興來智（？知）【癸，癸攺（改）】曰：君子子，定名學，(1)居新壄（野）。非五大夫馮將軍毋擇子殹（？也）。學學史，有私印(2)，章（？）曰（？）□(3)，雅為（？）馮將軍毋擇〕……食……(4)害聲聞(5)。レ學父秦居貲(6)，吏治（答）秦，以故數為學怒，苦姰（恥）之。歸居室，心不樂，即獨撟（矯）自以為五大夫馮毋擇子，以名為偽私書。問繒，欲貣（貸）錢胡陽少內，以私印封。起室把詣于繒，幸其冐（肯）以威貣（貸）學錢，即盜以買□衣被兵(7)，去邦亡荊(8)。繒發讀書，未許學，令人毄（繫）守學。學恐，欲去亡，有（又）撟（矯）為私書，自言胡陽固所，訑曰：學實馮毋擇子，新壄（野）丞主巳（己）【……。它如……。詰】學：吏節（即）不智（知）學為偽書，不許貣（貸）學錢，退去學，學即道胡陽行邦亡，且不レ辤（辭）曰：吏節（即）不智（知）學為偽【書】，不貣（貸）學錢，毋（無）以為衣被資用，去環（還）歸。有衣資用，乃行邦亡。

（1）君子子，定名學：

黃傑：『君子子定名學』，原斷讀為『君子子，定名學』。今按：當斷讀為『君子子定，名學』，『君子子定』與前文 1647 / 1649 / 2186『君子子癸』

可相參照，改正了這個斷句。」又從「原文將 0914／1095『曰』之前的文字擬補為『癸，癸改』，並將『曰』下至 645／1657-2／1657-3／2182『詑曰：學實馮毋擇子，新野丞主已』一節理解為「癸」的供辭，似有問題。從『君子子定，名學』可以看出，這一節明顯不是『癸』的自述，而應當是別人對他的情況的說明或指認。」認為學還有共犯就是 0473 簡的「舍人」〔註 83〕

按：「君子子，定名學」應是從整理小組之斷句為是，「君子子」一詞亦見於《里耶秦簡》，是一個名詞，一種身份。《嶽麓書院藏秦簡·猩敝知盜分臟案》中，有「定名猩」。可見定名後加名字，是當時確定名字的用法。「君子子癸」即「君子子，名癸。」可為印證。

（2）有私印

吉仕梅：私印《大詞典·禾部》「代表個人的印章」義後首引《宋史》，居延簡牘中很常見，《居漢一》：「永光二年三月壬戌朔己卯，甲渠士吏彊以私印行候事，敢言之。」（57·1A）《居新三》：「☑渠候破胡以私印行事，移居延。」（57·12）又「九月戊寅，甲渠候以私印行事，告塞尉，寫移書，書☑吏功，毋失期。」（57·48）〔註 84〕

趙平安：擁有龜紐私印的墓主上至諸侯王，下至小官吏，確實擁有一定的身份和地位。但是私印畢竟是私印，不可與官印制度機械套合，依照紀昀輯《漢官舊儀》，「丞相、列侯、將軍金印紫綬綬，中二千石、二千石銀行青綬綬，皆龜紐」。（84 頁）官吏可以私印代行公事。（128 頁）還可以小官印行大官事。如：（省略）初元五年四月壬子居延庫嗇夫賀以小官印行丞事敢言（《合校》312.16）《中華古今注》：「建武六年三月，令郡太守、諸侯相病，丞、長史行事。十四年罷邊郡太守丞，長史領丞職。」「丞、長史代行郡太守、諸侯相事，在印章的使用上，就屬於以小官印行大官事。」〔註 85〕

陳偉：「印」上一字右旁與 219、229 號簡中的「私」字顯然有異，而與 216、218 號簡中的「利」字類似。從字形看，227 此字應改釋為「利」。218 號簡記錄學的第一封偽書最後一句作：「寄封廷史利。」封指封緘書信的印章。將 227 號簡之字改釋之後，正好與「寄封廷史利」相呼應。224 號簡「印」

〔註 83〕黃傑：〈嶽麓秦簡「為偽私書」簡文補釋〉。

〔註 84〕吉仕梅：《秦漢簡帛語言研究》（成都：巴蜀書社，2004 年），頁 131。

〔註 85〕趙平安：《秦西漢印章研究》（上海：上海古籍出版社），頁 129～130。

上一字應與 227 號簡相同，也當是「利」字。〔註86〕

　　按：簡 216「利」字的圖版為 ![利], 簡 218 的「利」字 ![利], 簡 229 的「私」圖版為 ![私], 簡 219 中「私」字為 ![私], 而 227 簡中的的「私」字圖版為 ![私], 224 簡中的字實很模糊，圖版為 ![字], 利和私右邊偏旁有明顯的差異，但簡 224 的圖版隱約可見口旁，故筆者認為此字應是「私」字，「有利印」跟上下文不合，「有私印」較合理，即「學」學史後，學會刻印章，因此偽刻了馮毋擇之印。「有私印」下整理小組釋出一個章字，但此簡中的字形十分不明顯，根本無法看出有章字，故陳松長在其文〔註87〕中直接以□表示，筆者認同陳文之說。

　　（3）曰（？）□
　　整理小組：簡 218 稱「寄封廷史利」，疑「曰」下一字為「利」。〔註88〕

　　（4）食……
　　整理小組：據殘存筆畫，最後三字或為「它如前」。若然，則簡 224 有可能應移到簡 230 前，此處另有缺簡。〔註89〕

　　黃傑：看整理報告第 227 頁紅外圖版，簡 224 最後數字的殘存筆劃並不像「它如前」。……從簡 224 的殘存文字看，它接於 223 之下應無疑問。二者都是敘述學的情況，內容一貫。〔註90〕

　　（5）害聲聞
　　黃傑：這幾個字連同其上殘泐的文字有可能是「毋（無）害，聲聞」。……「無害，聲聞」意為為文書無疵病，有聲名。〔註91〕

　　（6）居貲
　　整理小組：居，居作，即為官府勞作。居貲，為貲而居作。關於「貲」

〔註86〕陳偉：〈《嶽麓書院藏秦簡（三）》識小〉，簡帛網。
〔註87〕陳松長：〈嶽麓簡「為偽私書」案例及相關問題〉，頁 86
〔註88〕朱漢民、陳松長主編：《嶽麓書院藏秦簡（叁）》，頁 234。
〔註89〕朱漢民、陳松長主編：《嶽麓書院藏秦簡（叁）》，頁 234。
〔註90〕黃傑：〈嶽麓書院藏秦簡「學為偽書案」釋文注釋補正（三）〉。
〔註91〕黃傑：〈嶽麓書院藏秦簡「學為偽書案」釋文注釋補正（三）〉。

字現有兩種說法：（一）貲，與「貲贖」（以財貨抵罪）、「貲償」（以財貨償還）之「貲」相同，財貨。居貲，「居貲贖債」之省，表示為了財貨勞作而贖還各種債務，包含來自贖罪、貲罪的對公家的債務。（二）貲，即貲罪。居貲，與「居贖」、「居債」相對，專指為了貲罪勞作。秦始皇陵西側趙背戶村秦刑徒墓墓誌：「東武居貲上造慶忌。」里耶秦簡 J1⑧145：「隸妾居貲十一人。」同上 J1⑧480：「司空曹記計錄：船計、器計、贖計、貲責計、徒計，凡五計。」〔註92〕

　　孫英民：以「居」償債的，秦律稱他們為「居貲」，并明確指出是「貲債」者。（省略）是以「居」的勞役形式來償還債務的人，而不是有罪的犯人。〔註93〕

　　張金光：照秦簡可知，「貲」有時直稱為「貲罪」，可分為三種情況：（1）「貲日」、「貲戍」、「貲徭」。（省略）（2）「貲甲」、「貲盾」、「貲絡組」等。（3）「貲布」。（561頁）上述三種情況皆為「貲罪」類，處置手段為經濟制裁，亦即秦律之所謂「貲」罰。唯（2）、（3）兩種「貲」才可以作役居代，唯居此者方可稱「居貲」。〔註94〕

　　冨谷至：「居貲贖責」四個字在秦律中各處可見，有「居貲」（以勞役服貲罪）、「居贖」（以勞役服贖刑）（省略）及「居責」（以勞役償還債務）等不同含義。〔註95〕

　　鷹取祐司：居貲贖債是居貲、居贖、居債的概括性稱呼，而此三詞則依次指因無法以金錢償還貲刑、贖刑及對公家的債務而以從事勞役為給付者。〔註96〕

　　張韶光：正如整理小組所言，「居貲」可以分為兩類：一類如孫英民所認為的，以勞動還各種債務；另一類如張金光所認為的，以勞動抵貲罪。〔註97〕

　　按：綜合上述學者之論點，可知「居貲」有幾種解釋，都是指向服勞役，本案中「秦」的居貲應是「貲罪」，因為家中無錢才需要去服勞役償債，在服

〔註92〕朱漢民、陳松長主編：《嶽麓書院藏秦簡（叁）》，頁234。
〔註93〕孫英名：〈秦始皇陵西側趙背戶村秦刑徒墓質疑〉（文物，1982年第10期）。
〔註94〕張金光：《秦制研究》（上海：上海古籍出版社，2004年），頁562。
〔註95〕冨谷至：《秦漢刑罰制度研究》（桂林：廣西師範大學出版社，2006年），頁37。
〔註96〕鷹取祐司：〈秦漢時代的刑罰與爵制性身份序列〉，周東平、朱騰主編《法律史譯評》（北京：北京大學出版社，2013年），頁5。
〔註97〕張韶光：《《嶽麓書院藏秦簡（叁）》集釋》，頁282。

役時才會遭到官吏的鞭笞，也因為沒錢，學才會想去詐騙金錢邦亡。

（7）□衣被兵

整理小組：未釋之字雖與「金」字相近，但未詳其下半部分所從。字從「今」聲，疑讀為「錦」。錦衣，精美華麗的衣服，即地位顯貴的象徵，便於逃往楚國之後體面地加入社。《詩・秦風・終南》：「君子至止，錦衣狐裘。」《漢書・項籍傳》：「富貴不歸故鄉，如衣錦夜行。」一說，或讀為「衾」。衾衣，被子與衣服。〔註98〕

趙岩：黃金貴認為：「衾，大被；蓋被總稱。被，口語中蓋被總稱。」「被」是戰國以來口語中蓋被的總稱。……漢代早期「衾」還是「被」的泛稱，而漢代中期以後的口語中「衾」與「被」的功能發生了分化，「衾」指覆蓋屍體的單被，「被」則用來指日常所蓋之被。〔註99〕

按：陳松長將「□衣被兵」中的「□」直釋為「金」。考之圖版 ，筆者贊同此說法。故亦以「金」直釋之。

（8）去邦亡荊

黃傑：斷讀為「去，邦亡荊」……「去」意為離去。〔註100〕

從「今」字以下至「詑曰」一段是癸經審訊之後所招供的供辭，內容是：我是君子子，定名學，家住在新野，不是馮毋擇的兒子，曾經學過文吏，會刻印，曾謊稱馮毋擇的兒子以求種食，名聲不好。我的父親名叫秦，他在服勞役抵償債款，看守的官吏鞭打他。常常找事情對我發怒，我深感恥辱，回家以後，心情不好，於是就詐稱是馮毋擇的兒子，並以他的名義偽造私人信件，去拜訪矰，想貸得一些錢糧，我用私印把信封好，就從家裏出發去拜訪矰，希望他會能看在馮毋擇的面子上把錢貸給我，等到拿到錢，就會去買兵器和衣物，準備逃亡到楚地。矰看了書信後，沒有答應，還命人把我捉起來，我很害怕，想逃亡，又偽造胡陽縣令固的私人信件，內容是學真的是馮毋擇的兒子，新野丞主已……

從「吏即不知學為偽書」至「且不」是詰辭的內容，大意是守吏不知學

〔註98〕朱漢民、陳松長主編：《嶽麓書院藏秦簡（叁）》，頁234。
〔註99〕趙岩：《簡帛文獻詞語歷時演變專題研究》，頁58。
〔註100〕黃傑：〈嶽麓書院藏秦簡「學為偽書案」釋文注釋補正（三）〉。

偽造文書，也不允許把錢貸給學，就拒絕了學，學就從胡陽逃亡，對嗎？

從「辭曰」到「乃行邦亡」是學的供詞，他說：守吏不知道學偽造文書，也不貸錢給學，沒有可以買衣服和兵器的錢，被拒絕了，如果有衣資可用，就會逃亡。

五、●問：學撟（矯）爵為為偽書。時馮毋擇爵五大夫，將軍（1）。學不從軍，年十五歲。它如辭（辭）●鞫之：學撟（矯）自以【為】五大夫將軍馮毋擇子，以名為偽私書（2），詣𤸪，以欲盜去邦亡。未得，得（3）。審。毄（繫）。敢潚（讞）之。●吏議：耐學隸臣。或【曰】令贖耐（4）。潚（讞）報：毋擇巳（己）為卿，貲某，某各一盾。謹竆（窮）以灋（法）論之。

（1）問：學撟（矯）爵為為偽書。時馮毋擇爵五大夫，將軍

陳偉：似當斷讀作：「問：學撟（矯）爵為偽書時，馮毋擇爵五大夫，將軍。」〔註101〕

（2）以名為偽私書

曹旅寧：張家山漢簡《二年律令・賊律》：「為偽私書，黥為城旦舂。」張家山漢簡《奏讞書》有三則蜀守讞皆涉及偽書罪。為何「耐學隸臣，或今贖耐」，可能的解釋是「學」對「癸」的真實目的並不知曉，因此處罰從輕。〔註102〕

黃傑：「以名」應當是使用假名、化名之義，「以名為偽私書」指學用「癸」這個名字來造作偽私書。〔註103〕

陳松長：此案之所以處罰比較輕的原因大致有二：一是此案的主犯「學」才十五歲，尚沒有到傅籍的年齡，也就是說，他還沒有成年。（省略）二是此案主要是「為偽私書」，是偽造了一封私人的信件，這與張家山漢簡中的「為偽書」者，也許性質不太一樣。漢簡中的「偽書」或當指公文書，即官府文書，官府文書作假，那自然會從重處罰，而此案中的偽書乃是一封私信，且還被及時識破，沒有造成錢糧方面的損失，故而吏議時僅斷為「耐學

〔註101〕陳偉：〈《嶽麓書院藏秦簡（三）》識小〉。

〔註102〕曹旅寧：〈《嶽麓秦簡（三）》案例八《識劫冤案》中奏讞的法律適用問題〉，《簡帛網》，20131022首發。

〔註103〕黃傑：〈嶽麓書院藏秦簡「學為偽書案」釋文注釋補正（三）〉。

隸臣，或令贖耐。」〔註104〕

　　按：從《張家山漢簡》的記載來看，漢初的偽書罪是黥為城旦舂，曹旅寧認為應是學不知癸的目的，因此才處罰得較輕。但陳松長和黃傑都認為癸乃是學假冒的，在本案中是同一人，筆者也認同此說法，在案件最後只有學被定罪，並無癸的罪則，可茲證明。至於學為何只判輕刑，還可以贖，陳松長認為是未成年犯罪，偽造的是私書而非官方文書，還有犯行並未得逞，所以輕判，時軍軍亦認同此看法，筆者認為除陳松長上述原因外，極有可能跟「君子子」的身份有關係，「君子子」是爵位名，那麼「刑不上大夫，禮不下庶人」之說亦可以讓「學」耐為隸臣還可以贖耐。

　　（3）以欲盜去邦亡。未得，得

　　陳松長師：盜去，邦亡。〔註105〕

　　陳偉：盜去邦，亡未得。〔註106〕

　　曹旅寧：盜去邦，亡未得。〔註107〕

　　陳偉：「盜」字也應和這三字連讀，在這裏作狀語，表私下、非法之意。睡虎地《秦律十八種‧徭律》118～119號簡說：「三堵以下，及雖未盈卒歲而或盜陝（決）道出入，令苑輒自補繕之。」《二年律令‧錢律》201號簡說：「盜鑄錢及佐者，棄市。」兩處「盜」字即是這種用法。《史記‧佞幸列傳》：「鄧通免，家居。居無何，人有告鄧通盜出徼外鑄錢。」「盜出徼外」與「盜去邦亡」的意境正好近似。〔註108〕

　　何有祖：以欲盜，去邦亡。（省略）「去邦」當往下與「亡」讀作「去邦亡」，可以看作是「去亡」與「邦亡」的合并表述。〔註109〕

　　黃傑：「以欲盜，去，邦亡」，「去」意為離去。〔註110〕

　　張韶光：對這句話的斷讀主要分為以下幾種情況：一、當從盜去邦亡後斷開；二、當斷讀為：盜去邦，亡未得；三、當斷讀為：以欲盜，去邦亡。筆者認同第二種觀點。因為在本案中，學沒有涉及到盜竊的問題，所以盜應當

〔註104〕陳松長：《嶽麓書院藏秦簡的整理與研究》（上海：中西書局，2014年），頁239。

〔註105〕陳松長：〈嶽麓書院所藏秦簡綜述〉。

〔註106〕陳偉：〈嶽麓書院秦簡考校〉。

〔註107〕曹旅寧：〈嶽麓書院新藏秦簡叢考〉，《華東政法大學學報》，2009年第6期。

〔註108〕陳偉：〈嶽麓書院秦簡1650號的解讀問題〉。

〔註109〕何有祖：〈嶽麓書院藏秦簡奏讞書1650號簡略考〉。

〔註110〕黃傑：〈嶽麓書院藏秦簡「學為偽書案」釋文注釋補正（三）〉。

解釋為「私下、非法」之意。「去邦亡」當解釋為「去」和「邦亡」，也就是離開，前去邦亡。類似的用法在《嶽麓書院藏秦簡（叁）》簡 231 有「行邦亡」，應當斷讀為「行，邦亡」，解釋為離開、前去邦亡。[註111]

按：關於 1650 簡，在 2009 年發表的資料中斷句為「盜去，邦亡，未得，得審□，敢讞之。吏議：耐學隸臣，或令贖耐。」陳偉認為應斷為「盜去邦亡。未得，得。審。殷（繫）。敢讞之。」[註112] 後《嶽麓書院藏秦簡（叁）》出版時即從其說。筆者認為此句之斷句應為「盜去邦亡。未得，得。審。殷（繫）。敢讞之。」即是想詐騙到錢後，逃亡，結果不如願，以上是審判結果，將其拘禁後，向上級讞報。

（4）令贖耐

整理小組：贖耐，秦及漢初贖刑之一，「耐」表示輕重。[註113]（235 頁）

陳偉：或今贖耐。[註114]

何有祖：1650 號簡末尾的「或令贖耐」，第二種意見作「或今贖耐」，當是筆誤。「或」後一字確是「令」字。[註115]

按：本文之「耐學隸臣」的「耐」應亦可釋作勞役刑的附加刑，而非減輕之義。秦代只有部分較輕的刑罰如耐遷黥等刑罰普通百姓可以贖，至於贖死贖官，那是只有特權階層才可享有的權利。「鞫之」至「敢讞之」為鞫訊的內容，學詐以為五大夫將軍馮毋擇的兒子，並以他的名字偽造私信去拜見「矰」，並企圖非法逃亡，未得逞，被抓獲了。案情清楚，故拘押候審，特此奏讞。

從「問」字到「它如辭」，是問辭，學詐稱爵位，造偽書，當時馮毋擇的爵位為五大夫將軍，學沒有從軍，年十五歲，其他如他所說。

從「鞫之」至「敢讞之」為鞫訊的內容，學詐以為五大夫將軍馮毋擇的兒子，並以他的名字偽造私信去拜見「矰」，並企圖邦亡未得逞，被抓獲了。案情清楚，故拘押候審，特此奏讞。

吏議以下是吏審的結果，一是將學處以耐刑，並罰為隸臣，二是令他贖

〔註111〕張韶光：《〈嶽麓書院藏秦簡（叁）〉集釋》，頁 285。
〔註112〕陳偉：〈嶽麓書院秦簡 1650 號的解讀問題〉，簡帛網，2010 年 9 月 27 日。
〔註113〕朱漢民、陳松長主編：《嶽麓書院藏秦簡（叁）》，頁 235。
〔註114〕陳偉：〈嶽麓書院秦簡 1650 號的解讀問題〉。
〔註115〕何有祖：〈嶽麓書院藏秦簡奏讞書 1650 號簡略考〉。

耐。最後是郡府的回覆，毋擇當時已為卿，凡誤稱的皆要罰貲一盾，該案情謹請徹底按法律規定論處。

肆、相關問題研究

本篇為戰國時秦，有位名為學的人詐稱自己是馮毋擇之子，欲行詐騙，但遭識破並被求處的案例。學界對本案之研究大部分著重在馮毋擇將軍之史載探討、君子子的斷句問題及學的刑罰論處等，本文將就兩個部分進行探討。

一、「君子子」研究

「君子子」一詞，《嶽麓書院藏秦簡（叁）》整理小組認為君子是秦代身份標誌之一。君子子，似指出身良家的子女，或許與漢代所謂「良家子」相近。《史記·李將軍列傳》「孝文帝十四年，匈奴大入蕭關，而廣以良家子從軍擊胡」，司馬貞《索引》引如淳曰：「非醫、巫、商賈、百工也。」《漢書·外戚傳上》：「孝文竇皇后，景帝母也，呂太后時以良家子選入宮。」〔註116〕。

魏德勝認為「君子」在先秦典籍中通稱貴族，在位者。在《睡簡》中是比較具體的官職，主要工作為建築城牆、宿衛、守城、留守，《睡簡》中負責這些工作的有時沒有固定的官職，是按照需要臨時指派，所以在秦律中明確他們的職責時，用一個較籠統的詞「君子」來指稱。〔註117〕

王穎提出「君子」一詞，《睡虎地秦墓竹簡·秦律雜抄》中有「署君子」，意為「防守崗位的負責人」。包山簡有「御君子」，是負責御車的職官。故「君子」為官名無疑。〔註118〕

李玥凝認為「學」的父親作為「君子」，犯罪居貲而被吏員笞打，可知其地位不高。如與《秦律十八種》所示相同，是縣內少吏的身份，則低於五大夫馮毋擇，被吏員笞打都是合理的，考慮《里耶秦簡》的文書性質，出現與縣吏員相關的規定是十分可能的。《里耶秦簡》和《嶽麓簡》的「君子子」都及涉及到傅役與犯罪的問題，君子的身份與秦代的役罪減免直接相關。……秦官方文書中的「君子」作為基層吏員的含義與里耶秦簡、嶽麓秦

〔註116〕 朱漢民、陳松長主編：《嶽麓書院藏秦簡（叁）》，頁232。

〔註117〕 魏德勝：〈雲夢秦簡中的官職名〉，（中國文化研究，2005年第2期），頁33。

〔註118〕 王穎：〈戰國秦漢出土簡牘帛書對辭書編纂的重要意義〉，（海外華文教育，2009年第2期），頁18。

簡中「君子子」的特定法律身份，可能是秦代官職與徭役、刑罰減免關係的
新線索。〔註119〕

　　張韶光認為君子在秦代具有多種內涵，既可以指品德高尚的人，也可
以是一種職官，還可以是一種身份。在本案中，學的身份是君子子，且「學
史」，因此可以確定，君子子或許也是可以「學史」的，這恰與本案記載相
符。〔註120〕

　　周海鋒提出嶽麓書院藏《置吏律》：「縣除小佐毋（無）秩者，各除其縣
中，皆擇除不更以下到士五（伍）史者為佐，不足，益除君子子、大夫子、
小爵及公卒、士五（伍）子年十八歲以上備員，其新黔首勿強，年過六十者
勿以為佐。人屬弟、人復子欲為佐吏」……「君子子」與「大夫子」並列，
此「君子」當指有一定爵位者。又從「大夫子」後依次為「小爵及公卒、士
五（伍）子」可知排列順序越靠前，爵位越高。故「君子」之爵位當高於「大
夫」。〔註121〕

　　筆者考之文獻，「君子子」一詞見於文獻《儀禮・喪服》：「君子子為庶母
慈己者。傳曰：君子子者。貴人之子也。」〔註122〕是指貴人之子。

　　君子一詞的傳統用法有三：一是指在上位者或國君，二是有德者，三是
妻子對丈夫的稱謂。近出的出土材料《里耶秦簡》和《嶽麓書院藏秦簡》則出
現了新的用法，歸納前人研究，「君子」當「官職名」的有魏德勝和王穎，當
「特定法律身份」的有李玥凝和張韶光，當「爵位」的有周海鋒。筆者較認同
周海鋒的看法，應是有爵位的君子未傅籍的繼承人，同小走馬、小公士、小
上造同樣的用法。李玥凝認為君子的是縣內少吏的身份，所以「秦」才會在
貲居時被笞，認為此身份跟徭役有關，筆者認為是有待商榷的。從《嶽麓書
院藏秦簡（叁）》十五則案例觀之，犯罪之人服刑，不會因為有身份、爵位而
有特殊待遇，且從嶽麓書院藏秦簡的《置吏律》觀之，「君子子」應是小爵。

〔註119〕李玥凝：〈秦簡「君子子」含義初探〉，（魯東大學學報，2016 年 5 月），頁
　　　　63～64。
〔註120〕張韶光：《《嶽麓書院藏秦簡（叁）》集釋》，頁 269。
〔註121〕周海鋒：《秦律令研究——以嶽麓書院藏秦簡（肆）為重點》（湖南大學嶽麓
　　　　書院出土文獻與古史研究博士論文，2016 年 5 月），頁 123～124。
〔註122〕〔清〕阮元審定，盧宣旬校：《重刊宋本十三經注疏附校勘記》《儀禮・喪服》
　　　　（台北市：藝文印書館，1965 年，清嘉慶二十年（1815）南昌府學刊本），
　　　　頁 387。

至於「君子」的身份是否高於「大夫」，則有待更多的出土材料證明之。

二、「學」的判刑論處研究

本案例中的「學」被判的刑罰是「吏議：耐學為隸臣或令贖耐。讞報：毋擇已為卿，貲某、某各一盾。謹窮以法論之。」即都吏斷獄要耐學為隸臣或者令其贖耐。上級回覆說當時馮毋擇已為卿，前面說錯爵位的人都要罰貲一盾。此案應謹慎以法論之。從此二簡觀之，可以得知，秦不只重法，對階級爵位的規定亦十分嚴格，稱呼錯誤，也要罰貲。

《睡虎地秦簡・法律答問》：「發偽書，弗知，貲二甲。」，《秦律雜鈔・傅律》：「百姓不當老，至老時不用請，敢為酢（詐）者，貲二甲。」張家山漢簡《二年律令・賊律》：「為偽書者，黥為城旦舂。」《奏讞書》有三則蜀守讞皆涉及偽書罪。《睡虎地秦簡》和《張家山漢簡》的律令刑責不同，《睡虎地秦簡》是貲二甲，《張家山漢簡》則為黥為城旦舂，《張家山漢簡》是漢初延用秦律的代表，有可能是「為偽書」在秦國是「貲二甲」，到了秦代就「黥為城旦舂」。

曹旅寧認為有可能是「學」不知「癸」的真實目的，因此處罰從輕。〔註123〕顯然曹旅寧以為「學」和「癸」是兩個人。陳松長則提出「學」和「癸」是同一人，是學假冒癸的身份，進行詐騙〔註124〕。從案件中的前後文意，應從陳松長之說才是。陳松長認為「學」之所以被從輕發落的原因主要是未成年，再加上偽造的是私書，而非官方文書，且其錢糧尚未得手，即遭識破，所以吏議的刑罰較輕。李玥凝則從「君子子」一詞提出，秦律規定有爵之人的家人犯罪，處罰可以相對減輕。認為「學」被從輕量刑，應與其「君子子」的身份有關。〔註125〕時軍軍認為從學的行為當論處完為城旦，與吏議不符，唯有將其看做「私自盜用廷史利印」或「學室私印的盜書印行為」，方可解釋吏議中的兩種判決〔註126〕。筆者認為吏議從輕發落的原因有三點，一是如陳松長所言，偽私書而非官方文書，二是並未得利，三是「君子子」的身份，「君子子」這一身份在《嶽麓書院藏秦簡（肆）・置吏律》

〔註123〕曹旅寧：《秦漢魏晉法律探微》（北京：人民出版社，2013年4月），頁89。
〔註124〕陳松長：〈嶽麓簡「為偽私書」案例及相關問題〉，頁88。
〔註125〕李玥凝：〈秦簡君子子含義初探〉，頁63。
〔註126〕時軍軍：《嶽麓書院藏秦簡（叁）相關問題研究》（鄭州大學歷史學碩士論文，2016年5月），頁59。

中，君子爵位在大夫之上，「君子子」若是「君子」之子，即是未達傅籍年齡的小爵。因此可以贖耐。

　　以上是這個「為偽私書」案簡文的內容大概。通過初步分析，我們可以清楚地看到，整個案件的經過，及審判結果。可知當時秦國的奏讞制度已相當完備。

第二節　綰等畏愞還走案

壹、前　言

　　《綰等畏愞還走案》共有九簡，簡編號為 234-245，其中殘簡二，斷簡一。本案應有多數缺簡，但無法確定其數量和前後位置，現存簡的相互關係仍可辨認。內容是綰在寇敵之時，因畏愞而返走，敵敗後被判刑，並丈量其返走的距離，以此來判刑。

圖版 11　〈絈等畏奧還走案〉

貳、釋　文

廿六年九月己卯朔【……】（237）

【……】□不敢獨前，畏愞，與偕環走十二步。反寇來追者少，皆止，陳（？）共（？）射（？）（238）【□□□】0493-1【……】可卅（四十）六步□□□□□……【……】（239）

蕢、秸，頹，秸等伍束符，卒毋（無）死傷者。【……】（240）

敢獨前，誠畏愞而與偕環（還）走可十二步。反寇來追者少，皆止，陳（？）射反寇，反寇敗入筶中。皋（罪）。毋（無）解。●診、丈、問：得（241）

等環（還）走卅（四十）六步，寥等十二步；術廣十二步，垣高丈。忌等死時，得，綰等去之遠者百步。它如辟（辭）。●鞫之：（242）

得，文、刻、慶、綰等與反寇戰，不伍束符，忌以射死，卒喜等【□】短兵死，畏愞，去環（還）走卅（四十）六步。逢包（243）

皆致瀘法焉。有又取卒畏愞最（最）先去，先者次（？）十二人。完以為城旦、鬼薪。有（又）取其次（？）十四人，耐以（244）

【……。審。疑……。……】□□轂（繫）。它縣論。【……】（245）

參、彙　釋

一、廿六年九月己卯朔【……】【……】□不敢獨前，畏愞（1），與偕環走十二步。反寇（2）來追者少，皆止，陳（？）共（？）射（？）【□□□】【……】可卅（四十）六步□□□□□……【……】（3）蕢、秸，頹，秸等伍束符（4），卒毋（無）死傷者。【……】敢獨前（5），誠畏愞而與偕環（還）走可十二步。反寇來追者少，皆止，陳（？）射反寇，反寇敗入筶（6）中。皋（罪）。毋（無）解。

（1）畏愞

整理小組：畏愞，膽怯軟弱。《二年律令》簡142-143：「與盜賊遇而去北，及力足以追逮捕之，而官□□□□□□逗留畏愞弗敢就，奪其將爵一絡（級），免之。毋（爵）者，戍邊二歲。」「愞」字傳世文獻或作「懦」「愞」。《史記·東越列傳》：「是時，漢使大農張成、故山州侯齒將屯，弗敢擊，却就便處，怕坐畏愞誅。」《漢書·武帝紀》「匈奴入雁門，太守坐畏愞棄市」，

顏師古引如淳曰：「軍法，行逗留畏愞者要斬。」「愞」「懦」似仍讀而兗切，《史記·張蒼列傳》：「南出者，太上皇廟堧垣」，《集解》引如淳曰：「堧音『畏愞』之『愞』。」司馬貞《索隱》：「如淳音『畏懦』之『懦』，及喚反。韋昭音而緣反，又音頓。」〔註127〕

　　熊鐵基：畏愞後期或逗留不進，與失期之法是密切相關的，所以也是死罪。（319頁）逃亡者是要處死的。逃亡，甚至要罰及妻、子。（省略）此法所包括之情況是多種多樣的，大致有兩種情況：一種是軍官的棄軍逃亡，（省略）另一種即一般士兵的逃亡。〔註128〕

　　趙科學：有關「逗留」、「畏愞」和「畏懦」等律文，據清末大法學家沈家本先生考證，都屬於軍法條款，既「行而逗留畏愞（懦）者斬」。……受罰的輕重程度和逃亡人數的數量是成正比的，如果逃亡太多，將吏無疑要受到更重的處罰。〔註129〕

　　程政舉：「畏㥄」行為即怯弱的行為。《二年律令·捕律》規定：「與盜賊遇而去北，及力足以追逮捕之而官□□□□□逗留畏㥄弗敢就，奪其將爵一絡〈級〉，免之；毋（無）爵者戍邊二歲；而罰其所將吏徒以卒戍邊各一歲。與吏徒追盜賊，已受令而逋，以畏㥄論之。」〔註130〕

　　曹旅寧：《嶽麓秦簡（叁）》奏讞書案例十五「縮等畏㥄還走案」中讀到類似的實例，不過臨陣脫逃者有的走四十六步，有的走十二步……，軍法制裁是嚴厲的，有處死的，有貶為城旦的，有處以耐刑的，依次遞減顯然是根據逃亡先後，也就是步數的多少來定罪的。顯然孟子的話語是來自實際戰例及軍法的。〔註131〕

　　朱瀟：「畏愞還走」罪雖與「亡」罪有相似之處，但究其本質，乃是專為戰鬥中的畏懼退逃行為設計的罪名。其懲治對象僅限於戰鬥狀態下有畏懼退縮行為的士卒與將官。構成此罪的前提條件是出於戰鬥中，與日常生活中的

〔註127〕朱漢民、陳松長主編：《嶽麓書院藏秦簡（叁）》（上海：上海辭書出版社，2013年），頁242。

〔註128〕熊鐵基：《秦漢軍事制度史》（南寧：廣西人民出版社，1990年），頁321。

〔註129〕趙科學：《簡帛所見秦漢軍法研究》（合肥：安徽大學碩士論文，2008年），頁28。

〔註130〕程政舉：《漢代訴訟制度研究》（北京：法律出版社，2010年），頁202。

〔註131〕曹旅寧：〈孟子梁惠王「五十步笑百步」與嶽麓秦簡（三）〉，簡帛網，2013年10月14日。

「亡」罪差異頗大。（137 頁）對畏懦還走罪或許正是根據士卒的行為與退逃的距離——「步」數來確定刑罰等級的。〔註 132〕

陶安：廿（二十）六年九月己卯朔【……】【繆等曰：】「【……】□不敢獨前，畏耎，與偕環（還）走十二步。反寇來追者少，皆止，陳（？），共（？）射（？）」〔註 133〕

琴載元：與《二年律令》「捕律」裏提及「畏耎」的卒處罰為「戍邊一年」相比，秦律的「畏耎」處罰規定確實嚴格。當然，有一種可能性不能忽略，與群盜戰鬥的過程中發生吏卒被殺的事情，這比較特殊，也許比一般的事件處理更嚴格。（省略）兩種案件都在秦始皇二十六年的時候進行處理，應該用共同體系的法律用語。所以，可以斷定秦律的「畏耎」和「儋乏不鬥」是不同的法律規定，由此可以瞭解到「荊新地」與舊占領地不同，秦在這裏施行更嚴格的非常時期法令。那麼根據這些情況，還能推測在嶽麓秦簡《為獄等狀四種》「綰等畏耎還走案」裏提及的事件發生的地方並不是「荊新地」。〔註 134〕

張韶光：「畏懦還走」是指臨陣脫逃的行為。……或可推測，秦代根據逃亡的步數來定確定刑罰等級的。〔註 135〕

按：畏耎還走，並不是逃走，而是退走。人還沒離開圍捕現場，只是離主戰場有段距離，所以才會有後來的丈量出現。

（2）反寇

整理小組：反寇，反叛賊寇，疑指殘留的反秦勢力。《史記‧高祖本紀》：「八年，高祖東擊韓王信餘反寇於東垣。」也可以參看《奏讞書》案例十八（簡 124-173）。〔註 136〕

按：《漢書韓王信傳》：「今為反寇，將兵與將軍爭一旦之命，此三罪也。」

〔註132〕朱瀟：《嶽麓書院藏秦簡為獄等狀四種與秦代法制研究》（北京：中國政法大學出版社，2016 年），頁 139。

〔註133〕陶安：〈嶽麓書院藏秦簡（叁）校勘記〉，復旦大學出土文獻與古文字研究中心，《出土文獻與古文字研究（第六輯）》（上海：上海古籍出版社，2015 年），頁 563。

〔註134〕琴載元：〈秦統治時期楚地的形勢與南郡的區域文化個性〉，簡帛網，2015 年1 月 31 日。

〔註135〕張韶光：《嶽麓書院藏秦簡（叁）》集釋》（吉林大學古籍研究所碩士論文，2017 年 4 月），頁 290～291。

〔註136〕朱漢民、陳松長主編：《嶽麓書院藏秦簡（叁）》，頁 242。

〔註137〕反寇即整理小組所言指反叛的寇賊。

（3）【□□□】【……】可卅（四十）六 步 □□□□□……【……】

整理小組：簡239（原始編號0493-1）粘上不相關殘片（簡0493-2），被覆蓋的字無法辨認。（242頁）〔註138〕

陶安：【得等曰：】【……】走可卅（四十）六步□□□□□□□……【……】〔註139〕

（4）伍束符

整理小組：伍，組成伍人隊伍。《二年律令》簡140-141。符，伍人相保之符券，即伍符。《漢書・馮唐傳》「夫士卒盡家人子，起田中從軍，安知尺籍伍符」，顏師古引李奇曰：「尺籍所以書軍令。伍符，軍士五五相保之符信也。」束符，疑即用伍符約束。《六韜・農韜・農器》：「田里相伍，共約束符信也。」《商君書・境內篇》「五人來薄為伍」，孫怡讓《札迻・商子》據《尉繚子》「伍束令」等辭例改「來薄」為「束薄」，組詞原理似與「束符」相同。〔註140〕

杜正勝：什伍起於兵制，當以兵法部勒人民時，閭里的什伍組織首先只在有服兵役之權利（也是義務）的地區推行。……隨著兵源之擴充，軍隊的什伍制也逐漸滲入閭里行政組織中。戰國以降，平民編伍大體以居債為基準，舉凡編戶之民都被列入伍制。〔註141〕

朱瀟：據《商君書》記載秦國的步兵編制為5人為伍，50人設「屯長」，500人設「五百主」，1000人設「二五百主」；而《司馬法》也規定由5人組成的步兵戰鬥單位中，士卒分別使用弓、殳、矛、戈、戟，成縱隊戰鬥隊形時，短兵器在前、長兵器在後。秦軍以伍作為士卒的基本編制，在戰鬥中或許也要形成一定的戰鬥隊形。〔註142〕

朱紅林：《周禮》中有「比居」，《尉繚子》、《史記》中的伍符與嶽麓秦簡

〔註137〕〔漢〕班固撰；〔唐〕顏師古注：《漢書》，頁1856。
〔註138〕朱漢民、陳松長主編：《嶽麓書院藏秦簡（叁）》，頁242。
〔註139〕陶安：〈嶽麓書院藏秦簡（叁）校勘記〉，頁563。
〔註140〕朱漢民、陳松長主編：《嶽麓書院藏秦簡（叁）》，頁242。
〔註141〕杜正勝：《編戶齊民》（臺北：聯經事業股份有限公司，2008年），頁132～133。
〔註142〕朱瀟：〈《為獄等狀四種》「綰等畏懦還走案與秦代軍事犯罪問題〉，王沛主編：《出土文獻與法律史研究第（三輯）》（上海：上海人民出版社，2014年），頁139。

此處的「伍束符」很可能是一類東西。這就是說，伍符這類什伍組織的身份憑證，在戰國時期就已經出現并廣為應用了。（43～44頁）〔註143〕

　　張伯元：「伍束符」就是束伍之籍，五人為伍，編於伍籍。其後，語詞組成有所變化，由「伍籍」演化為「伍符」。（省略）「縮等畏懊還走案」中「積、秸等伍束符，卒毋（無）死傷者」、「不伍束符，忌以射死」句，表明有這種軍役組織憑證的，與沒有這種軍役組織憑證的，也就是說伍籍的與沒有伍籍的，在作戰時組織性、紀律性是不一樣的，其結果也截然不同。至於將「符」理解為所謂的「兵符」，無論是銅虎符，還是竹符節，用來管束兵卒作戰，恐怕與賊寇叛亂、縮等畏懊作戰的特定背景不合。（49頁）〔註144〕

　　張韶光：此處的「伍束符」是指軍隊之中也五人為伍，用伍符約束。《嶽麓書院藏秦簡（肆）》簡177-178：「●奔敬（警）律曰：先鄰黔首當奔敬（警）者，為五寸符，人一，右在【縣官】，左在黔首，黔首佩之節（即）奔敬（警）レ。諸挾符者皆奔敬（警）故徼外盜徹所，合符焉，以譔（選）伍之。」從中可見，從事軍事活動的人員，都需要持有符這一身份憑證，去縣官處核對。若去剿滅故六國的盜匪，只有持符並且通過核驗的人員才能編為什伍，開始軍事行動。在該案件中，積、秸等從事軍事活動，應當也需經此步驟。此外在漢初，官吏執行出關抓捕任務也伍人相保。張家山漢簡《二年律令‧津關律》簡494-495：「相國、御史諸緣關塞縣道群盜、盜賊及亡人越關、垣離（籬）、格塹、封刊，出入塞界，吏卒追逐者得隨出入服迹窮追捕。令將吏為吏卒出入者名籍，伍人閱具，上籍副縣廷。事已，得道出入所。出入盈五日不反（返），伍人弗言將吏，將吏弗劾，皆以越塞令論之。」這條材料是講官吏出關抓捕盜賊、亡人等，伍人相保，若同伍之人五日不返還，則需上報。〔註145〕

　　按：綜上所述，伍束符即為五五為伍的編制。

（5）【……】敢獨前

　　整理小組：簡241前一簡簡末原應有一「不」字，與本簡連讀為「不敢

〔註143〕朱紅林：〈讀嶽麓書院藏秦簡（叄）札記〉《中國文化遺產研究院編第十四輯》（上海：中西書局，2015年），頁43～44。

〔註144〕張伯元：〈嶽麓秦簡（三）字詞考釋三則〉《中國文化遺產研究院編第十四輯》（上海：中西書局，2015年），頁49。

〔註145〕張韶光：《嶽麓書院藏秦簡（叄）》集釋》，頁290～291。

獨前」。〔註 146〕

陶安：【詰獿等：】「【……】積、秙。積、秙等伍束符，卒毋（無）死傷者。【……。何解？】」【獿等曰：】「【……不】敢獨前」〔註 1497〕

按：整理小組與陶安皆認為前應加「不」字。從前後文意看，可從上述二說，因為不敢獨前，所以畏耎而走。

（6）辂

整理小組：辂，疑為虎落，即遮蓋營寨或城邑的竹籬，在此應指野外軍營。《漢書·鼂錯傳》「為中周虎落」，顏師古註引鄭氏曰：「虎落者，外蕃也，若今時竹虎也。」顏師古註：「落虎者，以竹篾相連遮落之也。」《六韜·虎韜·軍用》：「山林野居，結虎落柴營。」〔註 148〕

莊小霞：「茖」可通「格」，《後漢書》卷五十上《馬融傳》載：「……格、韭、菹、于」。注釋引《爾雅》曰：「茖，山葱。」可知「格與茖古字通」。又《史記》卷一百二十二《酷吏列傳》載「（王溫舒）置伯格長以牧司姦盜賊。」裴駰集解引徐廣曰：「（格）一作『落』。古村落字亦作『格』。街陌屯落皆設督長也。」司馬貞索隱：「伯音阡陌，格音村落，言阡陌村落皆置長也。」《漢書》卷九十《酷吏傳》則作「置伯落長以收司姦」。顏師古注：「伯亦長帥之稱也。置伯及邑落之長，以收捕司察姦人也。」綜合以上，「綰等畏懦還走案」中的「茖」，疑應為城郊百姓聚居之村落之意，「反寇敗入茖中」是說「賊寇兵敗逃進村落中」。〔註 149〕

按：辂字整理小組釋為野外軍營，莊小霞則釋為村落。筆者同意莊小霞之說，茖通格，當村落。

三、●診、丈（1）、問：得等環（還）走卌（四十）六步，獿等十二步；術（2）廣十二步，垣高丈。忌等死時，得，綰（3）等去之遠者百步。它如辤（辭）。●鞫之：得，文、芻、慶、綰等與反寇戰，不伍束符，忌以射死，卒喜等【□】短兵死，畏耎，去環（還）走卌（四十）六步。逢包皆致灋法焉（4）。有又取卒畏耎寂（最）先去，先者次（5）

〔註 146〕朱漢民、陳松長主編：《嶽麓書院藏秦簡（叄）》，頁 242。

〔註 1497〕 陶安：〈嶽麓書院藏秦簡（叄）校勘記〉，頁 563。

〔註 148〕朱漢民、陳松長主編：《嶽麓書院藏秦簡（叄）》，頁 242。

〔註 149〕莊小霞：〈《嶽麓書院藏秦簡（三）》註釋商榷一則〉，簡帛網，2013-10-14。

（？）十二人，完以為城旦、鬼薪。有（又）取其次（？）十四人，耐以【……。審。疑……。……】□□繫（繫）。它縣論。【……】

（1）丈

整理小組：丈，丈量。《左傳・襄公九年》「巡丈城」，杜預註：「丈，度也。」《法律答問》簡006：「甲盜牛，盜牛時高六尺，繫（繫）一歲，復丈，高六尺七寸。」〔註150〕

（2）術

張韶光：「術」當解釋為大路。睡虎地秦簡《法律答問》簡101：「有賊殺傷人衝術，偕旁人不援，百步中比_（野），當貲二甲。」整理小組注：「衝術，見《墨子・備城門》，意為大道。」嶽麓秦簡《為吏治官及黔首》簡77正貳：「術尌（樹）毋有。」整理小組注：「術，道路。銀雀山漢簡《孫臏兵法・擒龐涓》：「齊城、高唐當樹而大敗」〔註151〕

按：《說文》：「術，邑中道也。从行，术聲。」即邑中通行的道路。《墨子・旗幟》：「巷術周道者必為之門。門二人守之，非有信符，勿行。」《文選・左思・詠史詩八首之四》：「冠蓋陰四術，朱輪竟長衢。」可見術可當道路解。

（3）縮

張伯元：（案例一與案例十五中的縮）他們之間還是有某些關聯的，儘管他們沒有直接的簡文聯繫。第一個關聯是時間。……第二個關聯是地點。……第三個關聯是「謀購案」與「畏愒案」之案由，都與追捕羣盜、追擊反寇有關。〔註152〕

鄔勖：縮在秦漢時是特別常見的人名。……嶽麓秦簡（三）中的兩個縮不大好視作一人，除非有十分直接的證據。〔註153〕

按：筆者認為本案中的縮不一定是案例一中的縮，單名很容易重複取用，有可能是同名之人。

（4）逢包皆致瀘法焉

〔註150〕朱漢民、陳松長主編：《嶽麓書院藏秦簡（叁）》，頁242。
〔註151〕張韶光：《嶽麓書院藏秦簡（叁）》集釋》，頁291。
〔註152〕張伯元：〈嶽麓秦簡（三）字詞考釋三則〉，頁51。
〔註153〕鄔勖：〈《嶽麓簡（三）》「癸、瑣相移謀購案」中的法律適用〉，《華東政法大學學報》，2014年第2期。

歐揚：「致法」是行為對應律令的意思，秦漢時期律令是「絕對確定法定刑」，所以行為對應律令就是行為對應刑罰。因為律令規定的刑罰是確定無疑，不存在司法官員進行裁量的空間。「致法」之類常見提法。（109～110頁）「致法」在《嶽麓》（叁）只出現一次，且位於「鞫」文書中，因為前有缺簡，具體含義待考。〔註154〕

（5）先者次

整理小組：最先去，最開始離開的人；先者次，次於最先離開的人。〔註155〕

按：「次」當作「行列、隊伍。」《左傳·桓公十三年》：「及鄾，亂次以濟，遂無次，且不設備。」《國語·晉語三》：「失次犯令，死。」三國吳·韋昭·注：「次，行列也。」

三、逢包皆致灋（法）焉。有（又）取卒畏奰（最）先去、先者次（？）十二人，完以為城旦、鬼薪。有（又）取其次（？）十四人，耐以【……】□□_（繫）。它縣論。【……】

陶安：逢包【……】□□□□□……□……□【……】【審。】【……】【……】□□_（繫）。它縣論。【……】□臣信（？）請：取得（？）【……】皆致灋（法）焉。有（又）取卒畏奰（最）先去、先者次（？）十二人，完以為城旦、鬼薪。有（又）取其次（？）十四人，耐以為隸臣。其餘皆奪爵以為士五（伍）；其故上造以上，有（又）令戍四歲，公士六歲，公卒以下八歲。□臣眛死請。●制曰：可。（563～564頁）臣信上請：挑出得【等……者，】皆以法處死。又挑出士兵中膽怯軟弱最先逃出者和繼而逃者十二個人，保全軀體貶為城旦或鬼薪。又挑出再後者十四人，處以耐刑并貶為隸臣。其餘都剝奪爵位并貶為士伍；其（身份）原為上造以上的，又令守邊四歲，公士（守邊）六歲，公卒以下（守邊）八歲。□臣冒犯死罪請求（如上）。裁決如下：可以。（565頁）「制書」之「制」本指裁決、決斷。《說文》刀部：「制，裁也。」《史記·晉世家》：「晉國政皆決知伯，晉哀公不得有所制。」制書則是皇帝對臣下建議、上請等賦予裁決的文書形式，正如簡243（3）至簡244（3）簡文所見。遺憾的是，《綰等畏奰還走案》殘缺不全，臣下上

〔註154〕歐揚：〈秦到漢初定罪程序稱謂的演變〉，頁110。
〔註155〕朱漢民、陳松長主編：《嶽麓書院藏秦簡（叁）》，頁242。

請的文書形式仍未詳。現在所能看到的簡文大致可以分為兩大部分，即詳細的審理記錄和包含上請文的制書。審理記錄應來自郡縣上行文書，上請文所見「臣信」應係朝廷大臣，「臣信」收到郡縣上行文之後向皇帝轉達相關情況并請求裁決。郡縣的上行文書很有可能原是狹義的奏讞文書。若然，則本文書是直接由皇帝裁決的奏讞文書的唯一現存的實例。〔註156〕

　　本篇由於殘簡頗多，無法看出案件的原貌，但從簡文中依稀可以看出戰國秦對畏愞逃走的處罰相當嚴格，先跑的、後跑的、跑得多和跑得少都要判刑。本案中畏愞應是指緝捕盜匪時，而非在戰場上，因為畏戰的刑罰從古至今皆是死刑，絕不可能去丈量退怯了幾公尺遠而已。

〔註156〕陶安：《嶽麓秦簡復原研究》（上海：上海古籍出版社，2016年），頁561～565。

第陸章　綜合案件研究

　　本章分別是〈多小未能與謀案〉、〈識劫婉案〉、〈暨過誤失坐官案〉、〈善等去作所案〉進行彙釋。這四個案例各有其特色，〈多小未能與謀案〉是多亡時小，未能與謀，故有除罪之判。〈識劫婉案〉則是恐嚇取財，還有申報家產不實的案件。〈暨過誤失坐官案〉是公務過失案。〈善等去作所案〉因殘簡無法得知內容為何。

第一節　多小未能與謀案

壹、前　言

　　本案從簡編 088-094，共七簡，內容是秦王政二十二年十二月十三日，軍巫開上讞說有個男子叫多，在小的時候跟母親一起從秦逃亡到楚，逃亡的時候多年紀還小，沒有跟母親一起謀劃。被發現時已經過了十年，多的母親兒已經過世了，所以就沒有提問兒。多逃亡的時候才十二歲，現在二十二歲已經從走馬削爵為士伍。最後吏議的結果是免去多的罪或黥為城旦。

圖版 12 〈多小未能與謀案〉

缺簡	0085	0097	0142	0670	0001/0038	1212	1213	1210	1316	1317	1332	1331	1333	1350	缺簡	0086	0141	0607	0101/0560	1209	1211	1208	1318	1329
缺 06	071	072	073	074	075	076	077	078	079	080	081	082	083	084	缺 07	085	086	087	088	089	090	091	092	093

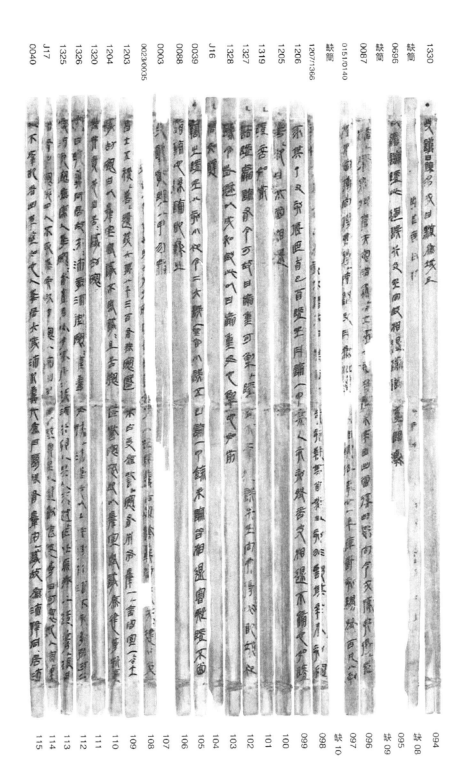

貳、釋　文

敢瀗（讞）之：十二月戊午，軍巫䦛曰：攻荊盧谿【□□】故（？）秦人邦亡荊者男子多。（088）

多曰：小走馬。以十年時，與母兒邦亡荊。亡時小，未能與兒謀。它如軍巫書。（089）

兒死不訊（090）

問：多初亡時，年十二歲，今廿二歲。已削爵為士五。它如辤。（091）

鞫之：多與兒邦亡荊，年十二歲，小未能謀。今年廿二歲，已削爵為士五。得。審。疑多辠。毄（繫）（092）

它縣論，敢瀗（讞）之。（093）

●吏議曰：除多。或曰：黥為城旦。（094）

參、彙　釋

一、敢瀗（讞）之：十二月戊午，軍巫 (1) 䦛曰：攻荊盧谿 (2)【□□】(3) 故（？）秦人邦亡荊者男子多。多曰：小走馬 (4)。以 (5) 十年時，與母兒邦亡荊。亡時小 (6)，未能與兒謀。它如軍巫書。兒死不訊 (7)。

（1）軍巫

整理小組：與簡001「校長癸」簡003「沙羡守驪」等辭例相似，應為官職，疑為軍中小吏，即軍中從事望氣、詛軍、祈禱者。軍中有巫之例見《墨子·迎敵祠》：「巫下以巫請（情）【報】守，守獨智巫卜望氣之請（情）而已。」《後漢書·劉盆子傳》：「（赤眉）軍中常有齊巫鼓舞祠城陽景王，以求福助。」〔註1〕

朱瀟：「逃亡」屬於日常生活中的常見犯罪，卻由「軍巫」這等軍職人員進行舉劾。出現這種奇特情形的原因，或與案件發生時的社會背景有關。「多小未能與謀案」發生於秦攻荊盧谿的戰役剛剛結束後，對於新占領的秦地與秦新民，均先由軍隊進行臨時管理。因此，才會出現軍巫核驗荊地百姓名籍時發現昔年逃亡秦人的情況。〔註2〕

〔註1〕　朱漢民、陳松長主編：《嶽麓書院藏秦簡（叄）》，（上海：上海辭書出版社，2013年），143。

〔註2〕　朱瀟：《嶽麓書院藏秦簡《為獄等狀四種》與秦代法制研究》（北京：中國政法大學出版社，2016年），頁143～144。

　　張韶光：整理小組認為軍巫是軍中從事望氣、詛軍、祈禱的小吏，朱瀟認為軍巫舉劾可能與軍隊對佔領區進行臨時監管有關，筆者認同這一觀點。因為在秦代，凡是佔領一個新的地方，會核查登記所占地區人口的戶口，《商君書·境內》：「四境之內，丈夫女子皆有名於上，生者著，死者削。」所以剛被佔領的地區，由軍隊進行戶口登記審查也是情理之中的。因此，多邦亡很有可能是在軍巫核查登記戶口時被發現的。〔註3〕

　　按：《說文》：「巫，祝也。女能事無形，以舞降神者也。象人兩裦舞形，與工同意。古者巫咸初作巫。𡕒，古文巫。」，《嶽麓書院藏秦簡（壹）·占夢書》簡18：「丈夫為祝，女子為巫。」〔註4〕，簡35「賤人為筭，女子為邦巫。」〔註5〕共二則夢兆。《嶽麓書院藏秦簡（叁）》中除本案的「軍巫閒」外，還見於〈同、顯盜殺人案〉簡145：「人見同，巫從同，畏不敢捕同。」此二案中的巫有明顯的不同，本案的軍巫閒隨軍征楚，還可以發現邦亡的多。〈同、顯盜殺人案〉中的同則是用巫做壞事。《嶽麓書院藏秦簡》所記之地皆在今湖南和湖北，戰國時屬楚地，楚文化中的巫文化一向很興盛。只是軍巫一職不見於古文獻，從本案中軍巫閒隨軍出征，再查獲邦亡多年的多。可見軍巫的職責應如同朱瀟所論，除了望氣外，占領他地後還要幫忙核查戶口。

（2）廬谿

　　整理小組：廬谿，已見於《二十七年質日》簡32，作盧谿，似係楚乃至秦縣名。不見於《漢書·地理志》，據《二十七年質日》簡記載推測，治所應在洞庭湖附近，或許在今天湖南岳陽一帶。〔註6〕

（3）【□□】

　　整理小組：簡088據文意和前後背反印文的分佈情況遙綴而成，兩殘片之間大約缺二字，疑為「捕得」等字樣。〔註7〕

（4）小走馬

　　整理小組：未曾「傅籍」者，大致相當於未成年。《秦律十八種》簡053：

〔註3〕　張韶光：《《嶽麓書院藏秦簡（叁）》集釋》（吉林大學古籍研究所碩士論文，2017年4月），頁136。
〔註4〕　朱漢民、陳松長主編：《嶽麓書院藏秦簡（壹）》，頁159。
〔註5〕　朱漢民、陳松長主編：《嶽麓書院藏秦簡（壹）》，頁167。
〔註6〕　朱漢民、陳松長主編：《嶽麓書院藏秦簡（叁）》，頁143。
〔註7〕　朱漢民、陳松長主編：《嶽麓書院藏秦簡（叁）》，頁143。

「小隸臣妾以八月傅為大隸臣妾，以十月益食。」《漢書·高帝紀》顏師古註：「傅，著也。言著名籍，給公家徭役也。」秦律原初以身高為大小的判斷標準。《秦律十八種》簡052-052：「隸臣城旦高不盈六尺五寸，隸妾，舂高不盈六尺二寸，皆為小；高五尺二寸，皆作之。」據《編年記》，睡虎地11號秦墓墓主「喜」生於昭王四十五年，於秦王政元年傅籍，當時年齡為虛歲十七歲。據《史記·秦始皇本紀》，秦王政十六年「初令男子書年」，此才能夠普遍以年齡為大小的判斷標準。漢律則以年齡為標準，因爵位而異。《二年律令》簡363-365：「不更以下子年廿（二十）歲，大夫以上至五大夫子及小爵不更以下至上造年廿（二十）二歲，卿以上子及小爵大夫以上年廿（二十）四歲，皆傅之。」爵位也有大小之分，小走馬，即未「傅籍」者所佔有的走馬爵位。〔註8〕

黃今言：秦在戰國時期也有十五歲始役的情況。……「發年十五以上」，有兩種可能：（一）十五歲始役，是戰國時期的常例，在昭王四十七年，秦國大概同樣存在十五歲始傅之制，只是到經過十四、五年之後的秦始皇元年，才改為十七歲始傅。（二）十五歲從征，可能已經不是當時秦的法定服役年齡，而是由於前線的緊迫需要，故不得不採取這一權宜措施，將年齡不到十七歲的編戶「悉詣長安」服役。……秦漢服役者的起、止年齡，不是一成不變的。大致上說，秦代的始役年齡以十七歲為起點，免老年齡通常為六十歲。〔註9〕

張金光：庶民男子成年的最低尺寸標準是六尺六寸，至遲不得超過六尺七寸。……刑徒男女其身高分別為六尺五寸、六尺二寸則為「大」而成年了。〔註10〕

高恆：秦傅籍或規定有具體年齡，但實際上不是直接按所規定的年齡傅籍。為了大量徵調勞力和防止秦民隱瞞年齡逃避服役，秦政權採取了一種以身高為標準，確定是否達到傅籍年齡的辦法。〔註11〕

曹旅寧：睡虎地秦簡中，隸臣妾按身高傅籍，男高「六尺五寸」，女高「六尺二寸」；又以身高為標準確定未成年人犯法是否負法律責任，大概以

〔註8〕 朱漢民、陳松長主編：《嶽麓書院藏秦簡（叁）》，頁143～144。

〔註9〕 黃今言：《秦漢賦役制度研究》（南昌：江西教育出版社，1988年），頁262。

〔註10〕 張金光：《秦制研究》（上海：上海古籍出版社，2004年），頁221。

〔註11〕 高恆：《秦漢簡牘中法制文書輯考》（北京：社會科學文獻出版社，2008年），頁121。

六尺為標準。至於當時為何要以身高為標準傅籍，可能的推測是由於年齡出生登記不完備，曆法的不統一也是造成年齡統計差異的一個原因。……據嶽麓書院秦簡0552號（爽初年十三歲，盡廿六年廿三歲）可知，秦始皇十六年以前，男子皆未書年，傅籍當以身高而非年齡為標準。〔註12〕

水間大輔：漢代制度中按照年齡分為大與小，而秦國按照身高分之（但是，有些觀點認為，秦王政十六年以後以年齡為標準）。關於秦國大與小的區分，限男子而言，一種觀點認為，七尺（約162公分）及其以上為大，其以下為小；另一種觀點認為，六尺六寸（約152公分）至六尺七寸（約155公分）之間及其以上為大，其以下為小；另一種觀點認為，六尺五寸（約150公分）及其以上為大，其以下為小。……多在罪行時具有「小走馬」的爵位。小走馬是賜予「小」即未成年人的「小爵」之一，「走馬」位於上造上一級。但是，應該將多判為無罪的意見根據此爵則難以想象。如上節所述，可認為秦國亦對具有上造以上爵位的人免除肉刑，但並不是免除刑罰本身。〔註13〕

王鳳：「小爵」是一個有著嚴格年齡規定或身高規定的傅籍法律條文中具有特殊文化含義的專有名詞，它的存在與漢代的傅籍制度、力役制度、封爵制度和繼承制度有很大的關係。〔註14〕

張韶光：對秦代「大」與「小」的認定標準主要有以下三種觀點：一、身高；二、年齡；三、年齡、身高兩種標準均存在。認同第三種觀點。〔註15〕

按：戰國時秦國成年與否初以身高為界，在秦王政十六年後才初書年。本案多被捕獲是在秦王政二十二年，時間往前推十年，逃亡時是秦王政十二年，年十二歲。但在秦王政十二年時，應是以身高為成年與否的標準。目前學界都認同小走馬是指未成年、未傅籍者的走馬爵位。

（5）以

整理小組：表示行動的時間，相當於在於。《左傳·桓公二年》：「晉穆侯之夫人氏，以條之役生太子。」「以＋時段名詞＋時」一類短語，在《為獄等狀四種》出現四次，即本案簡089「以十年時」，《識劫婉案》簡112「以十歲時」，簡116「以三歲時」，《魏盜殺安、宜案》簡161「誠以旬餘時。」從文意

〔註12〕曹旅寧：《秦漢魏晉法制探微》（北京：人民出版社，2013年），頁93。

〔註13〕水間大輔：〈嶽麓簡三所見共犯處罰〉（華東政法大學學報，2014年）。

〔註14〕王鳳：《秦漢簡帛文獻文化詞語匯釋與研究》（長春：東北師範大學漢語言文字學博士論文，2014年），頁91。

〔註15〕張韶光：《《嶽麓書院藏秦簡（叄）》集釋》，頁141。

來判斷，應該分別表示「於十年前」，「於三年前」，「於十多天前」的意思。《芮盜賣公肆地案》簡067：「十餘歲時」似乎省略了「以」字。《封診式》簡52「以三歲時病疕」簡92「以卅（三十）餘歲時遷」，也可以相應地理解為於「三年前患有瘡瘍」，「於三十多年前被流放。」〔註16〕

（6）亡時小

整理小組：秦律以大小判斷刑事責任能力。《法律答問》簡158：「甲小未盈六尺，有馬一匹自牧之，今馬為人敗，食人稼一石。問：當論不當？不當論及賞（償）稼。」同上簡006：「甲盜牛，盜牛時高六尺，轂（繫）一歲，復丈，高六尺七寸。問：甲可（何）論？當完城旦。」〔註17〕

張全民：秦律的責任年齡是身高六尺，相當於十五周歲；這個標準是完全責任年齡而不是限制責任年齡的尺度，並且適用於刑事及民事等不同性質的案件。〔註18〕

張伯元：有法定的年齡界線，即刑事責任年齡的規定。秦簡《答問》規定身高六尺，十五歲為成年。（省略）秦漢律有所不同，前者15，後者17。十歲以下，除殺人罪，不負刑事責任。〔註19〕

曹旅寧：我們可推定已滿十五歲的人對一切刑事犯罪承擔刑事責任。再加上漢初法律對秦律的全盤繼承。秦律對刑事責任年齡與張家山漢律規定大致相同。在以尺寸為衡量標準的同時也有相應的年齡標準。〔註20〕

冨谷至：秦律認為不滿十五歲或身體殘疾沒有能力承擔法律責任。〔註21〕

張韶光：對承擔刑事責任能力的標準，有以下三種觀點：一、身高六尺為標準；二、十五歲為標準；三、年齡與身高是同時存在的。認同第三種觀點。〔註22〕

按：「亡時小」，多邦亡時，是秦王政十二年的時候，那時是以身高判定

〔註16〕朱漢民、陳松長主編：《嶽麓書院藏秦簡（叁）》，頁144。
〔註17〕朱漢民、陳松長主編：《嶽麓書院藏秦簡（叁）》，頁144。
〔註18〕張全民：〈秦律的責任年齡辨析〉，（吉林大學社會科學學報，1998年第1期）。
〔註19〕張伯元：〈秦漢律刑處述略〉，（出土法律文獻研究，北京：商務印書館，2005年），頁176。
〔註20〕曹旅寧：《秦漢魏晉法制探微》，頁98。
〔註21〕冨谷至：《秦漢刑罰制度研究》（桂林：廣西師範大學出版社，2006年），頁41～42。
〔註22〕張韶光：《《嶽麓書院藏秦簡（叁）》集釋》，頁142。

成年與否，非年紀。故「亡時小」，不只年紀小，個子也不高。

（7）訊

整理小組：訊：訊問，審訊，係獄吏職掌，主要指獄中審訊。《封診式》簡 02：「訊獄，凡訊獄，必先盡聽其言而書之，各展其辝。」《奏讞書》簡 087,161：「布死，餘亡不得，⬚甲、⬚萊不存，皆不訊。也可以包含在外偵察中的盤問。《魏盜殺安、宜等案》簡 154：「觸等盡別𧭲（潛）訊安旁田人。」〔註 23〕

張琮軍：秦代司法機關拒絕受理對死者提起的訴訟，即使告發者能夠提供確鑿的定罪證據，官府也不予受理。這體現出秦代訴訟制度理性的一面。〔註 24〕

王沛：訊訟案件中司法官員的詢問、調查也用「訊」。訊的含義亦非簡單的「問」或「告」，其雙方並非平等地位，而是上對下。……由此可以看出，「訊」的主語必定是審判官，而「訊」的賓語，則必定是俘虜、罪人或者當事人。〔註 25〕

張韶光：「訊」即「審訊」。在本案中指出「兒死不訊」，也就是對死者不予審訊。實際上，在秦代對死者的告發，官府也不予受理。睡虎地秦簡《法律答問》簡 68：「甲殺人，不覺，今甲病死已葬，人乃後告甲，甲殺人審，問甲當論及收不當？告不聽。」也就是說，如果當事人的罪行在死後被揭露，即使罪行屬實，也不追究當事人的責任。這也體現出秦代訴訟制度合理的一面。〔註 26〕

按：《說文‧言部》：「訊，問也。從言卂聲。」兒死不訊，是指多的母親兒，因為已過世，所以不審訊。

本段是在秦王政二十二年十二月十三日，軍巫閒說：進攻楚國廬谿，捕獲原為秦人邦亡到楚的男子多。多說：我是小走馬。在十年前，跟母親兒一起邦亡到楚國，逃亡時還小，未能和兒共同謀劃。其他如同軍巫閒文書所述。附記：兒死了，無法訊問。

〔註 23〕朱漢民、陳松長主編：《嶽麓書院藏秦簡（叁）》，頁 144。
〔註 24〕張琮軍：《秦漢刑事證據制度研究》（北京：中國政法大學出版社，2013 年），頁 57。
〔註 25〕王沛：〈金文法律術語類考〉《出土文獻與法律史研究（第三輯）》（上海：上海人民出版社，2014 年），頁 246。
〔註 26〕張韶光：《《嶽麓書院藏秦簡（叁）》集釋》，頁 143。

二、問：多初亡時，年十二歲，今廿二歲。已削爵 (1) 為士五。它如辟。鞫之：多與兒邦亡荊，年十二歲，小未能謀。今年廿二歲，已削爵為士五。得。審。疑多辠。轂（繫）。它縣論，敢讞之。●吏議曰：除 (2) 多。或曰：黥為城旦。

（1）削爵

整理小組：刮削簡牘上的文字，引申為取消、註銷。《左傳·襄公二十七年》「削而投之」，杜預註：「削賞左師之書。」《秦律雜抄》簡 05：「有為故秦人出，削籍，上造以上為鬼薪，公士以下刑為城旦。」削爵：註銷爵位。按：查詢記錄簡 091 和鞫文簡 092 稱「已削爵」，時間應在判決之前，因而可知削爵是在多與兒邦亡發覺之後，不經過刑事審判，由鄉嗇夫等以職權所進行的。剝爵位的刑事處分，秦漢律稱為「奪爵」，應與「削爵」有別。《秦律雜抄簡》37：「戰死事不出，論其後。有（又）後察不死。奪後爵，除伍人。」《二年律令簡 186：「博戲相奪錢財，若為平者，奪爵各一級，戍二歲。」〔註 27〕

趙久湘：《商君書·境內》：「四境之內，丈夫女子皆有名於上，生者著，死者削。」削籍即自簿籍上除名，在秦律中意即使該人脫離秦政府的控制。〔註 28〕

于洪濤：由於男子多是逃亡者，原先登記的戶籍信息自然也會被消除。……「削籍」指的就是削去原先在籍信息，……簡文中所說的「已（已）削爵為士五（伍）」，根據原先爵位人小進行相應的判處。〔註 29〕

按：考之文獻，「削爵」一詞見於《史記·楚元王世家》：「乃封其子信為羹頡侯。」《集解》徐廣曰：「羹頡侯以高祖七年封，封十三年，高后元年，有罪，削爵一級，為關內侯。」〔註 30〕又《史記·淮南衡山列傳》：「宗室近幸臣不在法中者，不能相教，當皆免官削爵為士伍，毋得宦為吏。」〔註 31〕，

〔註 27〕朱漢民、陳松長主編：《嶽麓書院藏秦簡（叄）》，頁 144。

〔註 28〕趙久湘：《秦漢簡牘法律用語研究》（重慶：西南大學漢語言文字學博士論文，2011 年），頁 108。

〔註 29〕于洪濤：〈嶽麓秦簡為獄等狀四種所見逃亡犯罪研究〉，《出土文獻與法律史研究（第三輯）》（上海：上海人民出版社，2014 年），頁 193。

〔註 30〕〔漢〕司馬遷撰；〔劉宋〕裴駰集解；〔唐〕司馬貞索隱；〔唐〕張守節正義：《史記》，頁 1987

〔註 31〕〔漢〕司馬遷撰；〔劉宋〕裴駰集解；〔唐〕司馬貞索隱；〔唐〕張守節正義：

《漢書・貢禹傳》：「欲令近臣自諸曹侍中以上，家亡得私販賣，與民爭利，犯者輒免官削爵，不得仕宦。」〔註32〕削爵有二義，一是降爵，一是削去爵位為無爵的士伍。本案的多因為邦亡，故已削爵為士伍。

（2）除

整理小組：除：除罪，免罪。《墨子・號令》：「歸敵者，父母、妻子、同產皆車裂。先覺之，除。」孫詒讓《閒詁》引蘇時學云：「言先覺察者，除其罪也。」《法律答問》簡125：「將司人而亡，能自捕及親所智（知）為捕，除毋（無）罪。已刑者處為隱官。」《二年律令》簡001-002：「以城邑亭障反，降諸侯及守乘城亭障，諸侯人來攻盜，不堅守而棄去之若降之，及謀反者，皆要（腰）斬。其父母、妻子、同產，無少長皆棄市。其坐謀反者，能偏（徧）捕若先告吏，皆除坐者罪。」〔註33〕

張韶光：「除」作為「免罪」的用法，也見於睡虎地秦簡。《效律》簡58-60：「計脫實及出實多於律程，及不當出而出之，直（值）其賈（價），不盈廿二錢，除；廿二錢以到六百六十錢，貲官嗇夫一盾；過六百六十錢以上，貲官嗇夫一甲，而復責其出殹（也）。」也就是說，當賬目和法定額度出現了差錯時，應當根據差值定罪，出入少於二十二錢，則會被免罪。〔註34〕

按：除當免除，在《嶽麓書院藏秦簡（叁）》尚見於〈田與市和奸案〉簡207「赦除田復為隸臣」。

本段是廷審的查詢結果；多剛逃亡時，年齡十二歲，現在二十二歲，已被削爵為士伍。其他如同被告人供述。理結果如下：多跟兒邦亡時，年十二，審理結果如下：多跟兒邦亡時，年十二，審理結果如下：多跟兒邦亡時，年十二，還小，未能參與謀劃。現年二十二，已被削爵為士伍。是被捕獲的。以上確鑿無疑。因為不能確定多的罪名。附記：多在押，其他相關者由縣負責論處。敢讞之：縣廷負責人的判決意見如下：免除多的罪責。另有如下判決意見：應處多以黥刑並貶為城旦。

《史記》，頁3094

〔註32〕〔漢〕班固撰；〔唐〕顏師古注：《漢書》，頁3077
〔註33〕朱漢民、陳松長主編：《嶽麓書院藏秦簡（叁）》，頁144。
〔註34〕張韶光：《《嶽麓書院藏秦簡（叁）》集釋》，頁145。

肆、相關問題研究

除，《說文》：「除，殿陛也。从𨸏，余聲。」除的本義是宮殿的臺階，後引申為除去，免除。如《墨子·號令》：「歸敵者父母、妻子、同產皆車裂。先覺之，除。」孫詒讓間詁引蘇時學曰：「言先覺察者，除其罪也。」〔註35〕

〈多小未能與謀案〉中「多」在十二歲時跟母「兒」一起邦亡到楚國，後因秦、楚交戰，楚戰敗，在秦接收楚地的過程中，被發現其原為秦國人邦亡到楚的事實。從《睡虎地秦簡·法律答問》簡48：「告人曰邦亡，未出徼闌亡，告不審，論可（何）殹？為告黥城旦不審。」可知秦代邦亡的罪則是黥為城旦。所以吏議才會提出除多或黥為城旦，多最後被處以何種刑責，案例中並無說明採用哪一個判決意見。以下就此二論處進行分析：

一、除

多被判除罪的理由是因為「亡時小，未能與謀。」秦代的律法有「法律不溯及既往」的原則，表示因為多邦亡的時候才十二歲，雖然那是個以身高決定是否成年的年代，但以多邦亡前有「小走馬」的身份觀之，多應該身高未達成年標準，未傅籍的未成年人。且就算是以年齡計算，秦十五歲才算成年，十二歲的多仍是兒童，所以邦亡時，因為年紀小，沒有參與邦亡的謀劃。邦亡可以算是非自願的，才會有除罪的論處建議。

二、黥為城旦

另一個判刑建議是黥為城旦，多會有黥為城旦的論處是因為邦亡，根據秦的律法，從《睡虎地秦簡·法律答問》簡48：「告人曰邦亡，未出徼闌亡，告不審，論可（何）殹？為告黥城旦不審。」可知秦代邦亡的刑罰就是黥為城旦。但因為多亡時小，所以不應該有黥為城旦的論處，最有可能的原因是削爵，削爵使多失去爵位，成了無爵的士伍，所以無法因爵位享有減低刑罰的待遇。《商君書·境內》：「爵自二級以上，有刑罪則貶；爵自一級以下，有刑罪則已。」如果未削爵，多還可以以爵抵罪。但已削爵，所以才有黥為城旦的論處建議。

從〈多小未能與謀案〉中可以看出秦代的律法還是有其很有原則及人性的一面，調查事件發生的來龍去脈，不會因為多邦亡的事實就判刑，反而經

〔註35〕〔戰國〕墨子著〔清〕孫詒讓撰，《墨子閒詁九·號令》，台北：《華正書局》，1995年，頁30

調查後發現多是在小時候被母親帶著邦亡，沒有參與邦亡的謀劃。吏議的兩種論處建議也讓秦代的判決增添了些許的柔軟，而非專斷的判決。

第二節　暨過誤失坐官案

壹、前　言

〈暨過誤失坐官案〉從簡編 092-104 共有十四簡，有缺簡二，因首簡缺，故本案有編聯的問題。本案所引之釋文乃筆者重新排列過後，排列原因置後，非原書中之釋文。本案大致內容論述江陵丞暨因為犯了八個失誤遭到舉發，因此被判累論，即諸種罪行相累，數罪併罰。暨進行了申訴，第一次申訴結果和首次判決一樣，第二次申訴結果，認為暨所犯過失非有意所為，判為相遝，即以多重懲罰中最重的懲罰為最終判決結果。本節將進行彙釋分析內容並探討相關問題。

圖版 13　〈暨過誤失坐官案〉

缺簡	0085	0097	0142	0670	0001/0038	1212	1213	1210	1316	1317	1332	1331	1333	1350	缺簡	0086	0141	0607	0101/0560	1209	1211	1208	1318	1329

093	092	091	090	089	088	087	086	085	缺 07	084	083	082	081	080	079	078	077	076	075	074	073	072	071	缺 06

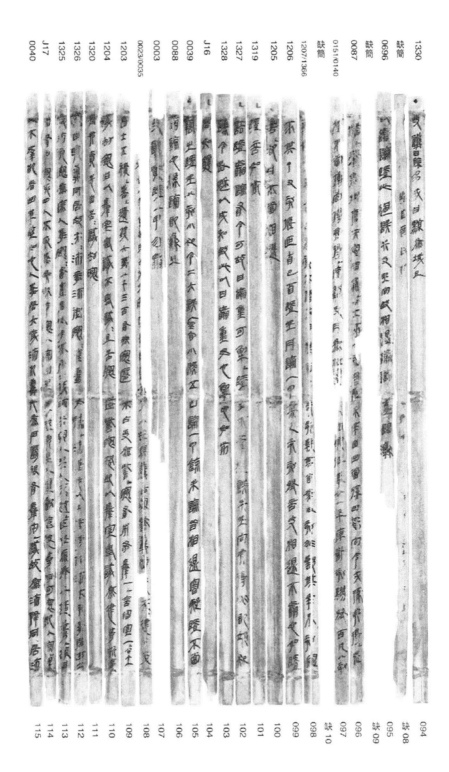

貳、釋　文

敢讞（讞）之：□暨自言曰：邦尉下（？）□更（？）戍令（？），□誤（？）弗傳邦候。女子蓄馬一匹，買（賣）。卿（鄉）遣（094（2））

以贏（累）論暨。此過誤失及坐官殹（也）。相逕，贏（累）論重。謁讞（讞）。（095）

【視故獄；……；……；……；……】（缺09）

權レ；□谿卿（鄉）倉天窓（窗）容鳥レ；公士豕田橘將陽，未庰（斥）自出，當復田橘，官令戍，掾（錄）弗得レ；走（096）

偃未當傳，官傳弗得レ；除銷史丹為江陵史，□未定一（？）；與從事廿一年庫計，劾繆（謬）弩百。凡八劾。（097）

【某曰……】（缺10）

□□□，其（？）六（？）月己未劾不傳（？）戍（？）令；其七月丁亥劾乾（幹一笴）；其八月癸丑劾非斲；其辛未劾窓（窗）、（098）

豕；其丁丑劾偃；酒十月己酉暨坐丹論一甲；其乙亥劾弩。言夬（決）相逕，不贏（累）。它如暨。（099）

言レ。卻曰：不當相逕。（100）

レ暨言如前（101）

レ詰暨：贏（累）論有令，可（何）故曰贏（累）重？可（何）解レ？暨曰：不幸過誤失，坐官弗得，非敢端犯（102）

灋（法）令，赴隧以成私殹（也）。此以曰贏（累）重。毋（無）它解。它如前。（103）

レ問如辝（辭）。（104）

●鞫之：暨坐八劾：小犯令二，大誤一，坐官小誤五。已論一甲，餘未論，皆相逕。審。疑暨不當（105）

贏（累）論。它縣論。敢讞之。（106）

吏議：訾暨一甲，勿贏（累）。（107）

參、彙　釋

一、敢讞（讞）之：□暨（1）自言曰：邦尉（2）下（？）□更（？）戍（3）令（？），□誤（？）弗傳邦候（4）。女子蓄馬一匹，買（賣）。卿（鄉）（5）遣（6）以贏（累）（7）論暨。此過誤失（8）及坐（9）官殹

（也）。相逞，贏（累）論重。謁（10）灖（讞）。【視故獄；……；……；……；……】

（1）暨

整理小組：疑與《猩、敞知盜分臧案》，「江陵丞暨」（簡 061），《芮盜賣公列地案》，「丞暨」（簡 064）為同一人。〔註 36〕

陶安：提出是否為同一人並直接無證據可以證明，且若暨是「鄉嗇夫」派遣到縣廷，那麼暨為丞的可能性較小，其官職更有可能是鄉佐，查看簡 094（2）的殘形墨迹，暨前一個字為佐的可能性較丞為大，但仍難以確定，所以此說是存疑的。〔註 37〕

時軍軍：認同整理小組所言，認為從簡文內容來看暨負的弗有傅籍事，又庫計事，還有審案事，則非令丞不能為。從時間來看，整理者推知在秦王政二十一至二十二年之間，《猩、敞知盜分臧案》《芮盜賣公列地案》江陵丞暨的辦案時間也是二十一年、二十二年，時間上是相吻合的，故為同一人。〔註 38〕

按：「暨」是否和前兩案中的暨同一人，是值得商榷的，因為並無直接證據可以證明，此三人為同一人，有可能是同名，從《嶽麓秦簡（叁）》的內容觀之，所有的涉案人員，無論有無爵位的人或是官吏，都只有單名，唯一連名帶姓出現的只有《學為偽書案》中的「馮毋擇」，可見在秦代百姓的姓名都只有名，無姓。

（2）邦尉

陶安：疑傳世文獻所謂「國尉」。即中央官制中掌武事者。《史記·白起王翦列傳》：「起遷為國尉。」《秦始皇本紀》：「（十年）以尉繚為國尉，卒用其計策，而李斯用事。」邦尉似有別置於郡者，後來演變為「郡尉」。《鑒印山房藏古封泥精華》069：「南陽邦尉。」《里耶秦簡》J1⑧0649：「邦尉，都官軍在縣畍中者各□。」J1⑧0461：「郡邦尉為郡尉。邦司馬為郡司馬。」〔註 39〕

〔註36〕 朱漢民、陳松長主編：《嶽麓書院藏秦簡（叁）》（上海：上海辭書出版社，2013年），頁 149。

〔註37〕 陶安：《嶽麓秦簡復原研究》（上海：上海古籍出版社，2016 年），頁 360。

〔註38〕 時軍軍：《嶽麓書院藏秦簡（三）相關問題研究》（河南：鄭州大學歷史學院碩士論文，2016 年 6 月），頁 37～38。

〔註39〕 陶安：《嶽麓秦簡復原研究》，頁 337。

史達：解釋為「秦代一種指揮員。」亦是以里耶秦簡 J1⑧0649 為例，也認為是郡尉〔註40〕。

時軍軍：認為應是邦尉即國尉，應是漢時避劉邦之諱將邦改為國的。舉《商書書》、《史記》和《漢書》為例，認為漢之著作皆稱國尉。亦以里耶秦簡的內容闡述國尉即邦尉。〔註41〕

按：《說文》：「邦，國也。」「國，邦也。」邦、國二字，自古即為互訓之字，故「邦尉」即「國尉」應無誤。考之文獻，《秦始皇・本紀》：「秦王覺，固止，以為秦國尉，」《正義》：「若漢太尉、大將軍之比也。」〔註42〕，由此觀之，陶安之說可信。

（3）更戍

史達：註解為「當番戍邊的人。《里耶秦簡》8-149 正：『更戍得贖耐。更戍堂贖耐。』這裏的『更戍令』應等同於簡 098 提到的『戍令。』」〔註43〕

朱德貴：更戍是秦一種正式的戍邊制度，身份為一般編戶民。即是有傅籍的。但從出土秦簡來看，更戍常附有處罰罪刑，且戍邊時糧食需自備。〔註44〕

按：「更戍」一詞亦見於《里耶秦簡（壹）》，共有十二處，分別在簡 J⑧0143「今[止]行書徒更戍城父柘□☑」，J⑧0149「更戍畫二甲☑更戍[五]二甲☑更戍[登]二甲（第二欄）☑更戍嬰二甲☑更戍□二甲☑更戍槧贖耐二☑更戍得贖耐☑更戍堂贖耐☑更戍齒贖耐☑更戍暴贖耐（第三欄）」，簡 J⑧0349「☑□[假]追盜敦長更戍☑」，簡 J⑧0694「更戍士五□☑」，簡 J⑧0850「更戍士五城父陽鄭得☑」，J⑧0980「更戍城父士五陽糧」，簡 J⑧1000「更戍士五城父中里簡」，簡 J⑧1024「出貸更戍士五城父蒙里□☑」，簡 J⑧1401「更戍士五城☑」，簡 J⑧1505「☑貣更戍☑」，簡 J⑧1517「更戍士五城父陽翟執，更戍士五城父西中痤」，簡 J⑧2418「☑更戍☑」。從《里耶秦簡》觀

〔註40〕史達：〈嶽麓秦簡為獄等狀四種新見的一枚漏簡與案例六的編連〉《湖南大學學報》第 28 卷第 4 期，（2014 年 7 月），頁 8。

〔註41〕時軍軍：《嶽麓書院藏秦簡（三）相關問題研究》（河南：鄭州大學歷史學院碩士論文，2016 年 6 月），頁 35～37。

〔註42〕〔漢〕司馬遷撰；〔劉宋〕裴駰集解；〔唐〕司馬貞索隱；〔唐〕張守節正義：《史記・秦始皇本紀》，（臺北：鼎文書局，1981 年），頁 230。

〔註43〕史達：〈嶽麓秦簡為獄等狀四種新見的一枚漏簡與案例六的編連〉，頁 8。

〔註44〕朱德貴：〈秦簡所見「更戍」和「屯戍」制度新解〉，《蘭州學刊》，2013 年 11 月，頁 55。

之，「更戍」應是一種身份別與戍邊有關，且從其「更戍」＋「士伍」＋「人名」的句式，可以聯想到案例三〈猩敵知盜分贓案〉中的「冗募上造祿」，應也是同樣的句式，可以佐證「冗募」應該也是和「更戍」一樣是擔任戍邊的工作。

（4）邦侯

史達：「待考，可能指諸侯。《書・康王之誥》：『王若曰：庶邦侯甸男衛，惟予一人釗報誥。』睡虎地秦簡《法律答問》簡180：『使者（諸）侯、外臣邦，其邦徒及偽吏不來，弗坐。』」〔註45〕

陶安：「疑為邦尉下屬武官，秦印有「邦侯」（《秦漢南北朝官印徵存》0072-0073）」〔註46〕。

按：從簡文只能大概瞭解「邦侯」應與「戍守」有關，但實際職務為何？則有待更多出土材料證明。

（5）卿

史達：應讀為「鄉」，即縣以下的地方行政機構。《為獄等狀四種》簡096：「□谿卿（鄉）倉天窓（窗）容鳥」，有時指「鄉嗇夫」《為獄等狀四種》簡126：「卿（鄉）唐，佐更曰：……」〔註47〕

陶安：認為此處的「卿」即「鄉嗇夫」。〔註48〕

按：筆者認同史達及陶安所解，卿即為「鄉嗇夫」之意。乃縣以下地方行政長官。

（6）遣

史達：可能是人名，或者派遣的意思。《睡虎地秦簡・法律答問》簡5：「人臣甲謀遣人妾乙盜主牛，買（賣）。」〔註49〕

按：若「卿」即「鄉嗇夫」，那麼「遣」釋為人名較佳，即鄉嗇夫「遣」將暨數罪併罰。

（7）贏（累）

整理小組：積累。《效律》簡01「其有贏，不備，物直之，以其賈（價）

〔註45〕史達：〈嶽麓秦簡為獄等狀四種新見的一枚漏簡與案例六的編連〉，頁8。
〔註46〕陶安：《嶽麓秦簡復原研究》，頁337。
〔註47〕史達：〈嶽麓秦簡為獄等狀四種新見的一枚漏簡與案例六的編連〉，頁8。
〔註48〕陶安：《嶽麓秦簡復原研究》，頁363。
〔註49〕史達：〈嶽麓秦簡為獄等狀四種新見的一枚漏簡與案例六的編連〉，頁8。

多者罪之，勿贏（累），整理小組註：「累，累計。」累論·與後文「相逫」相對，二者所指為現代法學所謂「罪數問題」，即同一行為人所實施的多種行為應以一罪處理還是作為數罪處理。相逫·罪狀相及、相關，罪狀相關的「過誤失」都合併為一罪，僅判一刑；累論，積累論罪，即每一行為算一罪並判一刑，也就是將多種「過誤失」作為數罪處理。〔註50〕

張伯元：認為應該在整理小組的註釋後補上「併判一刑」四字，即數罪併罰〔註51〕。

栗勁：所謂「數罪並罰」，指的是在一個案件中，同一個人犯了兩個以上罪名的罪，必須合併給以處罰。一般的處理原則有：一、數罪各刑相加的原則；二、重罪吸收的原則；三、限制加重的原則。〔註52〕

韓樹峰：秦律對於累犯的判罰分兩種情況：如後罪較前罪為重，按後一罪判罰，即重罪吸收輕罪，也就是現代法律中的吸收原則；如後罪較前罪為輕，則不能吸收，為表示懲戒，在前罪的基礎上加重處罰，即現代法律中的限制加重原則。〔註53〕

按：秦律對於數罪併罰已有嚴格規定，在本案中暨因犯了八項過失，是採取重罪吸收輕罪的原則判決的。

（8）過誤失

整理小組：疑為過失和誤失，分別與後文「小犯令」和「大／小誤」相應（簡105）。失：失事，即結果失當，如《秦律十八種》簡115「失期」，簡196「失火」，《法律答問》簡033等「失刑罪」，《二年律令》簡112、《奏讞書》簡120之「失」等。「過」與「誤」表示導致失事的原因，「過」字似因不遵守法令即所謂「犯令」、「廢令」而造成的失事；「誤」則指寫錯，數錯等技術性錯誤，如《法律答問》簡207「誤氣（餼）」，《算數書》簡093「誤券」，《二年律令》簡012「誤不審」等。「誤」又以「失事」之輕重細分為「小誤」與「大誤」。《法律答問》簡209：「可（何）如為大誤？人戶、馬牛及者

〔註50〕 朱漢民、陳松長主編：《嶽麓書院藏秦簡（叁）》，頁149～150。
〔註51〕 張伯元：〈累論與數罪併罰〉，《中國古代法律文獻研究（第八輯）》，（2014年），頁49～54。
〔註52〕 栗勁：《秦律通論》（濟南：山東人民出版社，1985年），頁221。
〔註53〕 韓樹峰：《漢魏法律與社會——以簡牘文書為中心的考察》（北京：社會科學文獻出版社，2011年），頁52。

（諸）貨材（財）直（值）過六百六十錢為『大誤』，其他為小。」〔註54〕

　　張韶光：在整理小組的註釋後，認為可以以《睡虎地秦簡・效律》為《嶽
麓書院藏秦簡（肆）》簡225-227：「賊律曰：為券書，少多其實，人戶、馬、
牛以上，羊、犬、彘二以上及諸誤而可直（值）者過六百六十錢，皆為大誤：
誤羊、犬、彘及直（值）不盈六百六十以下及為書而誤，脫字為小誤。小誤，
貲一盾；大誤，貲一甲。誤毋無所害□□□□毆也，減辠一等。」進行補充。
〔註55〕

　　按：總上所述，過誤失應即整理小組所言過失和誤失。

（9）坐官

　　整理小組：公務上的連坐罪。《秦律十八種》簡082-083：「官嗇夫免，復
為嗇夫，而坐其故官以貲賞（償）及有它責，貧竇毋（無）以賞（償）者，稍
減其秩，月食以賞（償）之，弗得居。」《二年律令》簡350：「吏坐官當論者，
毋逕免徒。」。

　　栗勁：自商鞅變法以來，秦就把連坐作為司法的普遍原則，對同居、同
里、同機關之內的成員依法賦予了連帶的刑事責任，在這個範圍內他人的犯
罪行為也被看成是他自己的犯罪行為，只要不告發，就分別情況給與相應的
刑罰。〔註56〕

　　曹旅寧：官人「緣公事致罪」，其同職之官，上司、下司、比司有關連之
官及監當之官，亦須承擔罪責，節級為罪。蓋責其過失不察或知情不舉也。
〔註57〕

　　按：考之文獻，「坐」當「處斷、定罪」。如：「連坐」、「坐死」。見於《韓
非子・定法》：「公孫鞅之治秦也，設告相坐而責其實。」《隋書・吐谷渾傳》：
「殺人及盜馬者死，餘坐則徵物以贖罪。」從本案暨的過失誤造成的坐官，
可以得知秦的連坐，不只是百姓，連政府官員犯錯也是要施行連坐的。

（10）謁

　　整理小組：請求，文書常見用語，表示下機關請求上機關採取某種行為。

〔註54〕朱漢民、陳松長主編：《嶽麓書院藏秦簡（參）》，頁150。
〔註55〕張韶光：《嶽麓書院藏秦簡叁集釋》，（吉林大學，古籍研究所碩士論文，2017
　　　　年4月），頁148。
〔註56〕栗勁：《秦律通論》，頁312。
〔註57〕曹旅寧：《張家山漢律研究》（北京：中華書局，2005年），頁103。

《里耶秦簡》J1⑨1背：「卅（三十）四年六月甲午朔戊午，陽陵守慶敢言之：未報，謁追。敢言之。」謁讞。要求縣向上請示。〔註58〕

本段由於殘簡，故只能大概拼湊出是奏讞文書的開頭語，大意是暨自己上讞說：他因為過誤失和坐官的事情，過失被累計，認為處罰太重，於是上讞。

四、權レ；□䊮卿（鄉）倉天窓（窗）容鳥（1）レ；公士（2）豕橘（3）將陽（4），未庎（斥）（5）自出（6），當復田橘，官令戍，捸（錄）弗得レ（7）；走（8）偃未當傳，官傳弗得レ；除銷史丹為江陵史（9），□未定一（？）；與從事廿一年庫計，劾繆（謬）弩百（10）。凡八劾。

（1）天窓（窗）容鳥

整理小組：窓，窗之俗字。《廣韻・江韻》：「窓，《說文》作窗。窓，俗。」容：容納。《說文・宀部》：「容，盛也」。《墨子・備城門》：「令陶者為薄缻，大容一斗以上至二上。」天窗容鳥：天窗有縫隙或洞，大小足夠鳥能進出。〔註59〕

方勇：窓，應隸定為窻形，即窗字。〔註60〕

張伯元：簡 096 中說：□䊮鄉糧倉的天窗可以容鳥，也就是說糧食倉庫的頂棚有洞，鳥可以鑽進去吃掉糧食；或者有了洞，漏水了，會爛壞糧食。這在雲夢秦簡的《倉律》、《效》中確有規定，如「倉漏朽禾粟……其不可食者不盈百石以下，誶官嗇夫。」所謂「誶」，即受到斥責，有說是一種行政處分。〔註61〕

張韶光：認同張伯元指出的「天窗容鳥」是說天窗可以容鳥、糧食倉庫的頂棚有洞的說法。〔註62〕

按：考之圖版，為 ，應從整理小組釋為「窓」即可。為窗之俗字，整句應從張伯元所解糧倉的天窗有破洞，洞大到可以讓小鳥飛進來。

〔註58〕朱漢民、陳松長主編：《嶽麓書院藏秦簡（叁）》，頁 150。
〔註59〕朱漢民、陳松長主編：《嶽麓書院藏秦簡（叁）》，頁 150。
〔註60〕方勇：〈讀嶽麓秦簡叁札記一則〉，簡帛網，20140221 首發。
〔註61〕張伯元：〈累論與數罪併罰〉，頁 50～51。
〔註62〕張韶光：《嶽麓書院藏秦簡叁集釋》，頁 149。

（2）公士

整理小組：秦漢爵名，下數第一級，見《舊漢儀》等。公士享受免除肉刑的特權。《二年律令》簡083：「公士、公士妻及□□行年七十以上若年不盈十七歲，有罪當刑者，皆完之。」〔註63〕

按：「公士」在《嶽麓書院藏秦簡（叁）》出現三次，分別在本案及〈識劫䋣案〉簡109，〈善等去作所案〉簡208，是秦漢爵位最低等的有爵之人。

（3）田橘

整理小組：田：耕種田地。《漢書・高帝紀》：「故秦苑囿園池，令民得田之。」顏師古註：「田，謂耕作也。」橘：橘官。疑為縣下屬機構，與《漢書・地理志》巴郡朐忍縣和魚復縣所見橘官係中都略有別。《秦封泥彙考》1091有「橘官」。田橘：為橘官種地，語法結構與《左傳・成公二年》御齊侯等相同。〔註64〕

傅嘉儀：橘官，官署及職官名，主歲貢橘。《漢書・地理志》載，西漢曾在交趾、屬郡嚴道、巴郡忍縣、魚腹縣設有橘官，出土文物則有「嚴道橘丞」銅印及封泥。〔註65〕

汪桂海：橘的貢獻在漢代不止一地。根據現有材料，巴郡、蜀郡、交趾等生產橘的地區，官府都有專門的橘園，設職官管理，每年向朝廷進貢。〔註66〕

王偉：秦橘官類封泥有嚴道橘丞、橘印、橘府、橘官、橘監等，都是負責橘樹管理及橘子生產的官吏。嚴道屬秦屬郡，《漢書・地理志》記「有木官」，王先謙補注引王念孫云：「木官，當作橘官。《蜀都賦》注可證。下文巴郡朐忍、魚腹二縣，并云有橘官。」……「橘邑」不一定是縣邑名稱，而可能是設置在橘產地的「橘官」或相應的市場管理機構。〔註67〕

按：本案中「田橘」應從整理小組所說為橘官種田，種田對有爵的「公士」而言是辛苦的，「公士爻」應該是不堪勞作之苦就將陽亡了。

〔註63〕朱漢民、陳松長主編：《嶽麓書院藏秦簡（叁）》，頁150。

〔註64〕朱漢民、陳松長主編：《嶽麓書院藏秦簡（叁）》，頁150。

〔註65〕傅嘉儀：《新出土秦代封泥印集》（杭州：西泠印社，2002年），頁81。

〔註66〕汪桂海：〈漢代的納貢制度〉，《簡牘與古代史》（北京：北京大學出版社，2012年），頁163。

〔註67〕王偉：《秦璽印封泥職官地理研究》（北京：中國社會科學出版社，2014年），頁286。

（4）將陽

整理小組：秦律罪名，構成要件未詳，似在「不會」與「亡」之間。《法律答問》簡 163：「不會，治（笞）；未盈卒歲得，以將陽有又行治（笞）」。《封診式》簡 97：「以二月丙子將陽亡，三月中通築宮廿二十日，四年三月丁籍一亡五月十日，毋（無）它坐。」「將陽」讀音與「相羊」，「徜徉」等詞相近，本義或許為「閒逛」、「遊蕩」，法律語或指擅離崗位、曠工等非法行為。

閆曉君：所謂「將陽亡」就是到處遊蕩，無所事事，符合唐律中浮浪他所的特徵。因此，我們臆斷秦漢時期所謂的「將陽亡」即唐律中的「浮浪罪」。至於秦漢律對這種罪如何處罰，就現有資料似乎無從查考。漢代「將陽亡」罪名成立要件有二：一是遊蕩廢業，……二是不闋賦役。〔註 68〕

彭浩：「將陽」是連綿詞，或作徜徉、相佯、常羊等，傳世文獻多見，有遊蕩、徘徊、逍遙之意。……顯然，「將陽」是未在規定時間、地點集合（前往服徭役），逃亡不足一年的違法行為，不能解釋為一般的遊蕩、閒逛。〔註 69〕

王鳳：秦漢律中的「將陽」也許並不是一個一般的表示遊蕩的形容詞，而應該是秦漢時期一個有著特定意義的法律術語，是相對於「邦亡」、「闋亡」而言的一種犯罪程度最輕、處罰也最輕的逃亡行為。是指那種在某一個區域內隨便晃蕩，既不闋越關卡，也不逃離國境，但就是不向地方守吏報告，屬於那種隨便出入而又可能隨時流竄回來的一種逃亡。〔註 70〕

陳松長：「將陽」一詞文獻中並不常見，《睡虎地秦簡》出現兩次，而《嶽麓書院藏秦簡》中至少已發現了五枚簡上有「將陽」一詞，且出現六次。分別是簡 1990，1989，2305，1945，0185 這五條簡文可以補充《睡虎地秦簡》的抄寫缺失也可以訂正其抄寫失誤。「將陽」或「將陽亡」並不是簡單的游蕩，而是秦漢時期相對於「邦亡」、「闋亡」而特定的一種逃亡犯罪情節中程度最輕，處罰也最輕的一種逃亡。〔註 71〕

〔註 68〕閆曉君：〈張家山漢簡亡律考論〉，《法律科學》（2009 年第 1 期）。

〔註 69〕彭浩：〈將陽與將陽亡〉，《簡帛網》，20120923 首發。

〔註 70〕王鳳：《秦漢簡帛文獻文化詞語匯釋與研究》（長春：東北師範大學漢語言文字學博士論文，2014 年）頁 65。

〔註 71〕陳松長：〈睡虎地秦簡中的將陽小考〉，《湖南大學學報社會科學版》第 26 卷第 5 期，2012 年 9 月，頁 5～7。

按：「將陽」為秦律罪名，屬亡罪的一種，《嶽麓書院藏秦簡（肆）》簡91：「闌亡盈十二月得，耐。不盈十二月為將陽，繫城旦舂。」〔註72〕簡43：「不會笞及除，未盈卒歲而得，以將陽癖（癖），卒歲而得，以闌癖，有又行其笞。」〔註73〕說明此罪輕於闌亡，是逃亡情節最輕，處罰也最輕的刑責。

（5）庲

整理小組：「同斥。《正字通・广部》：『庲，斥本字。』斥：指明、指責。《正字通・斤部》：『斥，指而言之也。』《穀梁傳・僖公五年》『晉侯殺其世子申生，目晉侯斥殺，惡晉侯也。』范寧註：『斥，指斥。』」〔註74〕

張韶光：以《睡虎地秦簡・語書》簡 10-11：「●惡吏不明法律令，不智知事，不廉絜（潔），……是以善斥（訴）事，喜爭書。」認為此字按睡虎地解釋為爭訟，舉劾更合適〔註75〕。

按：《說文解字・广部》：「庲，卻屋也。從广屰聲。」段玉裁注：「俗作斥、作斥，幾不成字。」《廣韻・入聲・昔韻》：「庲，逐也，遠也，又庲候。《說文》曰：『卻行也。從广屰。』屰音逆。斥，上同。」《正字通・广部》：「庲，斥本字。」按斥之本字為庲，今則既定「斥」為正字，則庲反為「斥」之異體矣。〔註76〕故「庲」為「斥」之異體。

（6）自出

整理小組：自出：逃亡者自首。《二年律令》簡 166：「諸亡自出，減之毋無名者，皆減其罪一等。」未庲自出：未被檢舉指責之前就自動投案。〔註77〕

趙久湘：自告和自出在秦漢簡牘法律文獻中都有自首之義。自告常和得字連用，說明這類自首往往是事後被追的。〔註78〕

籾山明：如果從「得（逮捕）」對稱的角度來判斷，所謂「自出」就一定是不因官府追捕而自己出面到官府去告知。但是，例如，盜竊犯自己出面來

〔註72〕陳松長：《嶽麓書院藏秦簡（肆）》（上海：上海辭書出版社，2015 年 12 月），頁 69。

〔註73〕陳松長：《嶽麓書院藏秦簡（肆）》，頁 53。

〔註74〕朱漢民、陳松長主編：《嶽麓書院藏秦簡（參）》，頁 150。

〔註75〕張韶光：《嶽麓書院藏秦簡（參）集釋》，頁 152。

〔註76〕陳新雄研訂，收錄於《異體字字典》，http://dict.variants.moe.edu.tw/variants/rbt/word_attribute.rbt?quote_code=QTAxNzUy。

〔註77〕朱漢民、陳松長主編：《嶽麓書院藏秦簡（參）》，頁 150。

〔註78〕趙久湘：《秦漢簡牘法律用語研究》（重慶：西南大學漢語言文字學博士論文，2011 年），頁 110。

到官府告知的情況是「盜自告」，不稱為「盜自出」。所謂「自出」，是只用於犯罪與逃散等之逃亡者的表達，在很多的場合與「亡」這個詞一起出現。〔註79〕

按：「自出」亦見於《嶽麓書院藏秦簡（肆）》簡50：「城旦舂司寇亡而得，黥為城旦舂，不得，命之，其獄未鞫而自出殹（也），治（笞）五十，復為司寇。」〔註80〕此簡的罪人逃亡後自出被笞五十後，又復為司寇，與本案中「公士豤田橘將陽，未麛自出，當復田橘」的判決是一樣的。又《嶽麓書院藏秦簡（肆）》簡19：「其自出殹（也），減罪一等レ。」〔註81〕可見，秦代鼓勵「自出」行為。

（7）弗得

整理小組：得：查覺、查到。《漢書·朱博傳》：「博辟（避）左右問禁：『是何等創也？』禁自知情得，叩頭服狀。」弗得：沒能查覺，即「坐官」等公務上連帶責任的主要原因之一。《秦律雜抄》簡14-15：「●軍人稟所、所過縣百姓買其稟，貲二甲，入粟公；吏部弗得，及令，丞貲各一甲。」《二年律令》簡488-489：「闌出入塞之津、關，黥為城旦舂；越塞，斬左（止）趾為城旦；吏卒主者弗得，贖耐；令、丞、令史罰金四兩。」〔註82〕

張韶光：應理解為沒有察覺，這種用法見於《睡虎地秦簡·語書》簡8：「有（又）且課縣官，多犯令而令、丞弗得者，以令、丞聞。」整理小組註：《呂氏春秋·君守》：「此引奸之情得。」可見官吏能否及時察覺轄區內的非法行為，是對官吏考察的標準之一。〔註83〕

（8）走

整理小組：供奔走的僕夫差役。里耶秦簡J1⑧133：八月癸巳水下四刻，走賢以來。一說：走字下脫馬字。走馬，爵位。〔註84〕

陳松長：「走」字也是一個特定的職銜名。《張家山漢簡·二年律令》

〔註79〕籾山明：《中國古代訴訟制度研究》（上海：上海古籍出版社，2009 年），頁52。

〔註80〕陳松長：《嶽麓書院藏秦簡（肆）》（上海：上海辭書出版社，2015 年 12 月），頁55。

〔註81〕陳松長：《嶽麓書院藏秦簡（肆）》，頁45。

〔註82〕朱漢民、陳松長主編：《嶽麓書院藏秦簡（叁）》，頁151。

〔註83〕張韶光：《嶽麓書院藏秦簡（叁）集釋》，頁153。

〔註84〕朱漢民、陳松長主編：《嶽麓書院藏秦簡（叁）》，頁151。

「大行走士」。《張家山漢簡‧奏讞書》：「孔曰：為走士，未嘗（佩）鞞刀，盜傷人，毋坐也。」因此，「走」很可能就是「走士」之省。〔註85〕

王煥林：走的本義是跑，用稱「行書人」，頗疑與睡虎地秦簡中的「輕足」相當，參《秦律十八種‧田律》：「近縣以輕足行其書；遠縣令郵行之。」〔註86〕

陳偉：「走」似與僕類似，供吏差遣。〔註87〕

王偉：「走」是官府中擔任一定職事的非農業人員，但秩級較低，經常承擔傳送公文的事務。秦簡中的「走」與秦封泥所見的「走士」一在中央任職，一在基層任職，二者可能沒有必然聯繫。〔註88〕

張韶光：對「走」的理解主要有以下幾種情況：一、供人差遣的僕人；二、送信人；三、「走」即「走士」。〔註89〕

按：參看釋文圖版，簡 096 和簡 097 之間並無缺字，故此處的走不能當「走馬」，再從「走」的行為觀之，應是王偉所說的傳送公文者。

（9）除銷史丹為江陵史

整理小組：除，任命。《秦律十八種》：「除吏，尉已除之，乃令視事及遣之。不當除而敢先見事，及相聽以遣之，以律論之。」銷，秦縣名，不見於《漢書‧地理志》，見於《里耶秦簡》J1⑯52 的「路程表」，位於鄢今湖北宜城與江陵之間，可知屬南郡。又見於《三十五年質日》、《二年律令》簡456。地望或說在今湖北省荊門市以北之石橋邑與南橋之間，或說銷相當於《左傳‧莊公十九年》之「湫」，古城在今湖北省鍾祥市北部，未有定說。〔註90〕

（10）與從事廿一年庫計，劾繆弩百

江立新：以秦國為例，中央武庫由負責國都治安的中尉管轄，設武庫令、丞長之。地方武庫則由郡都尉掌管……先秦武庫一個引人注目的特點，就是它的兼營性。它們不僅是儲藏設施，有時又是生產機構；不僅存放和生

〔註85〕陳松長：〈湘西里耶秦代簡牘選釋八則〉，《簡牘學研究（第四輯）》（蘭州：甘肅人民出版社，2004 年）。

〔註86〕王煥林：《里耶秦簡校詁》（北京：中國文聯出版社，2007 年），頁 33。

〔註87〕陳偉：《里耶秦簡牘校釋（第一卷）》（武漢大學出版社，2012 年 1 月），頁 51。

〔註88〕王偉：《秦璽印封泥職官地理研究》，頁 138。

〔註89〕張韶光：《嶽麓書院藏秦簡（叁）集釋》，頁 154。

〔註90〕朱漢民、陳松長主編：《嶽麓書院藏秦簡（叁）》，頁 151。

產軍用器械，有的還兼儲兼產其他方面的物品。這與後世的武庫是有所不同的。〔註91〕

莊春波：秦漢時期，國家專用以儲存武器裝備的處所稱「武庫」。……秦漢地方武庫統稱為「庫」，庫存兵器曰「庫兵」。……秦代沒有中央一級最高軍事行政機構，各項事務「事無大小皆決於上」，武庫事務亦不例外。〔註92〕

黃今言：為保持武器生產的穩定性，不斷改進和提高質量，當時官府對武庫的製造提出了嚴格的要求。……除國家級的武庫外，其他地方性武庫也擁有相當的武器儲備。……秦漢時期十分重視對武庫長官的選任。當時經管武庫的長官有武庫令（長）、丞和嗇夫等。〔註93〕

張伯元：簡097中說：（暨）因有一百張弩的誤差而被檢舉。對甲兵，包括殳、戟、弩等的管理，雲夢秦簡《效律》中有嚴格規定：「殳、戟、弩，漆形相異也，勿以為贏、不備，以識耳不當之律論之。」如果殳、戟、弩上的標記弄錯，將按法律論處。在武器上都要刻上官府名稱。如果不能刻記的，要用丹或漆書寫。〔註94〕

王偉：秦封泥中有「武庫」和「武庫丞印」，多件兵器上也有「武庫」和「武庫受屬邦」的刻銘，這些「武庫」可能都是設在中央的武庫。而秦兵器銘文中也有「郡名＋武庫」式，即設在郡的武庫。武庫是儲藏兵器的倉庫，也是掌管兵器的官署機構。〔註95〕

張韶光：認同江立新、黃今言等均指出的武庫有生產、保管、發放武器的職能。睡虎地秦簡《秦律雜抄》簡15規定：「稟卒兵，不完善（繕），丞、庫嗇夫、吏貲二甲，法（廢）。」也就是說，吏員在給士兵發放武器的時候，如果武器出現問題，主管武庫的丞和庫嗇夫會被處以貲二甲並且革職的懲罰。本案中的暨，在對武庫進行核准時，出現了百弩的差池，因此，這也就成為暨被舉劾的原因之一。〔註96〕

按：筆者認同張韶光之整理，武庫對一地之治安有著重要的功用，在秦

〔註91〕江立新：〈先秦武庫試探〉，《江西師範大學學報》，1987年第1期。

〔註92〕莊春波：〈秦漢武庫制度〉，《史學月刊》，1991年第6期。

〔註93〕黃今言：〈秦漢時期的武器生產及其管理制度〉，《江西師範大學學報》，1993年第8期。

〔註94〕張伯元：〈累論與數罪併罰〉，《中國古代法律文獻研究（第八輯）》，頁51

〔註95〕王偉：《秦璽印封泥職官地理研究》，頁268～269

〔註96〕張韶光：《嶽麓書院藏秦簡（叁）集釋》，頁156

代，武器都是嚴格控管的，對於收藏管理武器的庫，當然就更要嚴格了，因此本案中的暨因為出現百弩的錯誤，故遭到舉劾。

本段是暨被劾的一到八項：□谿鄉穀倉天窗破洞可以容納鳥。公士豕為橘官種地逃亡，在沒有受到指責前即自動投案。事後應該返回橘官種地，但主管官府命令其守邊，暨省察時未能察覺。走倨還不應傅籍，主管官府進行傅籍，暨卻未能察覺。任命銷縣史丹為江陵縣史，□未定。協辦二十一年縣庫的結賬業務，又因為弩一百張的失誤而被舉劾。總計有八項舉劾。

二、□□□，其（？）六（？）月己未劾不傳（？）戍（？）令(1)；其七月丁亥劾𠏉（幹一笴）(2)；其八月癸丑劾非鞁（繫）(3)；其辛未劾窓（窗）、豕；其丁丑劾倨；酒十月己酉暨坐丹論一甲；其乙亥(4)劾弩。言夬（決）相逫，不羸（累）。它如暨言(5)レ。卻(6)曰：不當相逫(7)レ。暨言如前レ。

（1）□□□，其（？）六（？）月己未劾不傳（？）戍（？）令

整理小組：秦王政二十一年六月己酉朔，己未為十一日。〔註97〕

張伯元：簡 098 中說：因（暨）沒有下傳守戍的命令而被檢舉。在雲夢秦簡《語書》中提到文書下達的事：「發書，移書曹，曹莫受，以告府，府令曹畫之。」畫，過也，責也。將對不接受命令的屬曹進行責處。〔註98〕

（2）𠏉

整理小組：𠏉，從矢，從軑聲，疑為矢幹之「幹」的本字。矢幹之「幹」傳世文獻多作「笴」。《儀禮·鄉射禮》：「三笴」，鄭玄註：「笴，矢幹也。」〔註99〕

史達：認為有二解，讀作「幹」，可能是人名，為第五、六劾中，指具體描述缺失部分中出現的人物。也可能讀作「翰」，即白馬的意思，即《禮記·檀弓》篇中的「戎事乘翰」，指前面的馬一匹。〔註100〕

張韶光：對於「幹」，整理小組認為是指「矢幹」，許道勝認為「幹」還有

〔註97〕朱漢民、陳松長主編：《嶽麓書院藏秦簡（叁）》，頁 151。

〔註98〕張伯元：〈累論與數罪併罰〉，頁 51。

〔註99〕朱漢民、陳松長主編：《嶽麓書院藏秦簡（叁）》，頁 151。

〔註100〕史達：〈嶽麓秦簡為獄等狀四種新見的一枚漏簡與案例六的編連〉（《湖南大學學報》第 28 卷第 4 期，2014 年 7 月），頁 9。

「幹禾」之義。《嶽麓書院藏秦簡（肆）》簡330：「西工室伐榦汨、南鄭山，令汨、南鄭聽西工室致。」整理小組注：「製器原材料的總稱，多用於指代製作弓箭的木材」。……「幹」是專門用來製作武器等的原材料，其採集人員及採集要求等，均由律令保證實施。〔註101〕

按：圖版為 ，整理小組釋為幹（幹一笥）。考之文獻，《說文》未收「幹」字，幹，築牆時支撐在牆兩端的木材。同「榦」。《說文解字・木部》：「榦，築牆耑木也。」清・段玉裁・注：「榦，俗作幹。」漢・揚雄《法言・五百》：「經營，然後之幹楨之克立也。」，若解釋為有關暨被劾有關建築之事，應亦可解。

（3）非轂（繫）

整理小組：非繫：疑為非法拘禁。組詞原理與「非罪」、「非罰」、「非謀」等相似，非字應表示「非常」、「不當」之義。《管子・明法》：「是以忠臣死於非罪，而邪臣起於非功。」〔註102〕

按：「非繫」即非法拘禁。睡虎地秦簡《秦律十八種》簡135-136：「所弗問而久轂（繫）之，大嗇夫、丞及官嗇夫有罪。」〔註103〕可見長時間拘禁不審問，所有的官吏都有罪。《嶽麓書院藏秦簡（肆）》簡283：「□下縣道官而弗治，轂（繫）人而弗治，盈五日，貲一盾；過五日到十日，貲一甲；過十日到廿日，貲二甲，後有盈十日，輒駕（加）貲一甲。」〔註104〕可見秦對非法拘禁的判罰依據是被拘禁的時間。從案情最後暨被「貲一甲」觀之，有可能非法拘禁五到十日。

（4）其乙亥

整理小組：其：指前文二十二年十月，乙亥為二十九日。上文「不傳戍令」、「笥」、「非繫」、「窗、豕」、「偃」、「弩」都是原因賓語，表示暨被舉劾的原因，包含行政處理客體的物品和人名。〔註105〕

〔註101〕張韶光：《嶽麓書院藏秦簡（叁）集釋》，頁157。
〔註102〕朱漢民、陳松長主編：《嶽麓書院藏秦簡（叁）》，頁151。
〔註103〕睡虎地秦墓竹簡整理小組：《睡虎地秦墓竹簡》（北京：文物出版社，1990），頁51。
〔註104〕陳松長：《嶽麓書院藏秦簡（肆）》（上海：上海辭書出版社，2015年12月），頁162。
〔註105〕朱漢民、陳松長主編：《嶽麓書院藏秦簡（叁）》，頁151。

（5）言

整理小組：言，暨要求縣進行奏讞的自言文書〔註106〕

（6）卻

整理小組：卻，回絕，駁回。《漢書・兒寬傳》：「會廷尉時有疑奏，已再見卻矣，掾史莫知所為」，顏師古註：「卻，退也。」《里耶秦簡》J1⑧0157背：「正月戊寅朔丁酉，遷陵丞昌卻之：啟陵廿（二十）七戶已（已）有一典，今有（又）除成為典，何律令應？尉已（已）除成，句為啟陵郵人，其以律令。」〔註107〕

按：考之文獻《說文・卩部》：「卻，節欲也。從卩，谷聲。」整理小組釋為回絕。筆者認為卻有推辭、拒而不受。如：「推卻」。《孟子・萬章下》：「卻之為不恭。」此處釋為推辭，拒而不受「言決相逤」的結果，故提出自言。

（7）相逤

整理小組：相逤，罪狀相及、相關，罪狀相關的「過誤失」都合併為一罪，僅判一刑；累論，積累論罪，即每一行為算一罪並判一刑，也就是將多種「過誤失」作為數罪處理。〔註108〕

堀毅：秦律中對於「數罪」所採取的根本原則是「二罪從重」。這顯然與唐律及舊刑法的吸收精神一致。〔註109〕

曹旅寧：《唐律・名例律》：「諸二罪以上俱發，以重罪論。」一般地是採取數個罪時，只對其中最重的一個罪處以刑罰，其他的則被最重的罪吸收的原則。這是貫穿唐律的通則性規定，這一點很早就有人指出，並有人闡述了它在漢代及先秦以前的淵源問題。〔註110〕

張韶光：秦代對「數罪問題」的處罰方式主要有三種觀點：一、認為應採取「二罪從重」；二、認為採取「數罪並罰」；三、認為「二罪從重」與「數罪並罰」同時存在。認同第三種觀點。〔註111〕

按：從睡虎地秦簡《效律》簡1：「為都官及縣效律：其有贏、不備，物

〔註106〕朱漢民、陳松長主編：《嶽麓書院藏秦簡（叁）》，頁151。
〔註107〕朱漢民、陳松長主編：《嶽麓書院藏秦簡（叁）》，頁151。
〔註108〕朱漢民、陳松長主編：《嶽麓書院藏秦簡（叁）》，頁150。
〔註109〕堀毅：《秦漢法制史論考》（北京：法律出版社，1988年），頁252。
〔註110〕曹旅寧：《張家山漢律研究》（北京：中華書局，2005年），頁101。
〔註111〕張韶光：《嶽麓書院藏秦簡（叁）集釋》，頁160。

直（值）之，以其賈（價）多者罪之，勿贏（累）。」〔註112〕內容是官吏犯罪，是採取「二罪從重」。《法律答問》簡49：「誣人盜直（值）廿，未斷，有（又）有它盜，直（值）百，乃後覺，當并臧（贓）以論，且行真罪、有（又）以誣人論？當貲二甲一盾。」〔註113〕誣告是「數罪並罰」。可見「數罪併罰」和「二罪從重」是要看犯何種罪，本案的曁是官吏，應當是「二罪從重」，而非「數罪併罰」。

　　整理小組：言決相逕，不累：可以理解「為說判決相互關聯，不應該累論」。

　　黃傑：此解有誤，言決指向上級報告論或判決結果，是固定用法。因此言決相逕不累，向上級報告判罰時是採用相逕的判處方式，沒有數罪併罰。下文說卻曰：不當相逕，上級駁回說不應當相逕，所以這之後對曁改用了累的判決方式，曁因此請求將案件上報〔註114〕。

　　本段是某位舉發人的供述，內容是秦王政二十一年六月十一日，曁因為不傳達戍令而被舉劾：七月初九因箭杆被舉劾，八月初六因非法拘禁而被舉劾當月二十四日因天窗和公士豕被舉劾，當月三十日因偃被舉劾，今年十月初三曁受責於丹事，判處貲一甲，當月二十九日因弩被舉劾，曁說：論決相互關聯，不應累計。其他如同曁書所述。駁回如下：不應相互聯繫起來，曁所說如前。

　　四、詰曁：贏（累）論有令，可（何）故曰贏（累）重？可（何）解レ？曁曰：不幸過誤失，坐官弗得，非敢端(1)犯瀍（法）令(2)，赴隧(3)以成私殴（也）。此以曰贏（累）重。毋（無）它解。它如前。レ問如辤（辭）。●鞫之：曁坐八劾：小犯令二，大誤一，坐官小誤五。已論一甲，餘未論，皆相逕。審。疑曁不當贏（累）論。它縣論。敢瀺之。吏議(4)：貲曁一甲，勿贏（累）。

〔註112〕睡虎地秦墓竹簡整理小組：《睡虎地秦墓竹簡》（北京：文物出版社，1990），頁69。

〔註113〕睡虎地秦墓竹簡整理小組：《睡虎地秦墓竹簡》（北京：文物出版社，1990），頁105。

〔註114〕黃傑：〈嶽麓書院藏秦簡叁釋文注釋商補〉，《簡帛（第十輯）》（上海：上海古籍出版社，2015年）。

（1）端

整理小組：端，特地，故意。《呂氏春秋・疑似》：「明日，端復飲於市，欲遇而刺殺之」，許維遹《集釋》：「端，專故。」《法律答問》簡 043：「甲告乙盜牛若賊傷人，今乙不盜牛，不傷人。問：甲可（何）論？端為，為誣人；不端，為告不審。」常與「失」相對使用，如《法律答問》簡 033-034。〔註115〕

張伯元：在秦簡《答問》中常見「端」字，表示故意的意思。秦律已經明確犯罪的主觀動機為量罪判刑的依據之一。〔註116〕

按：「端」可用作副詞。《韓非子・飾邪》：「豎穀陽之進酒也，非以端惡子反也。」王先慎集解：「端，故也。」「故」即「故意」。端字在《嶽麓書院藏秦簡（叄）》出現四次，除本案外，〈魏盜殺安、宜等案〉簡 166：「魏（魏）晉人材狨端買城旦赤衣以盜殺人」端亦當故意解。簡 169「心平端禮」，〈同顯盜殺人案〉簡 148「心平端禮」之端皆是當「端正」解。

（2）犯法令

整理小組：犯法令，又稱犯法，違犯法令。《韓非子・解老》：「民犯法令謂之民傷上，上刑戮民之謂上傷民。」《語書》簡 05：「聞吏民犯灋（法）為閒私者不止。」一說：灋讀為廢，句讀為「犯、廢令」，即犯令與廢令。《法律答問》簡 142：「可（何）如為『犯令』、『灋（廢）令』？律所謂者，令曰勿為，而為之，是謂『犯令』。令曰為之，弗為，是謂『灋（廢）令』殹（也）。廷行事皆以『犯令』論。」〔註117〕

（3）赴隧

整理小組：赴隧，不見文獻，詞義未詳。「赴」多指為某種事奔走，如「赴名」、「赴義」、「赴利」、「赴急」等；「隧」見《淮南子・兵略》云「立正法，塞邪隧」，「邪隧」與「正法」相對，疑「赴隧」表示前往邪道、從事非法活動之義。〔註118〕

（4）吏議

〔註115〕朱漢民、陳松長主編：《嶽麓書院藏秦簡（叄）》，頁 152。
〔註116〕張伯元：〈秦漢律刑述略〉，《法律文獻整理與研究》（北京：北京大學出版社，2005 年），頁 177。
〔註117〕朱漢民、陳松長主編：《嶽麓書院藏秦簡（叄）》，頁 152。
〔註118〕朱漢民、陳松長主編：《嶽麓書院藏秦簡（叄）》，頁 152。

　　整理小組：本簡天頭殘缺，很有可能天頭上原有圈點。〔註119〕

　　本段是偵查結果，詰問暨累論是有明文規定的，為何會說累計太重，怎麼解釋？暨回答說：因違章和疏忽引起失誤，又因未能察覺部門內部疏失導致連坐，都不是故意違犯法令，是太多事情堆在一起，才導致的，因此才說是累計太重，並無其他解釋。其他如前所述。查詢結果如同被告人供述。審理結果：暨要承擔八劾的刑事責任，小犯令二次，大誤一次，職務上連坐和小失誤五次。已經判處貲一甲，其他的還沒論處，都有相互連帶關係。以上確鑿無疑。疑暨不應累計論罪，其他相關者由縣負責論處。史議的判決結果是：將暨處貲一甲，其他不要再累論。

肆、相關問題研究

一、編聯問題

　　本案的首簡，在《嶽麓書院秦簡（叁）》出版內容中，是缺簡。後史達根據簡104（J16）背面圖版翻轉補製發現簡 J15 應即是此缺簡。〔註120〕而原整理者陶安也重新進行圖版比對，後認為不僅字迹相符，背面的劃線也大致與前後簡連續，因此認同史達的論點無誤，並將此簡編號為簡 094（2）。〔註121〕

　　但史達在其文中指出此案的編聯應有問題，其從簡文的內容來看，認為簡 J15 和簡 095 並無直接關係，應該把簡 095 置於簡 097 之後，像為暨「自言曰」的內容的結尾。在簡 096 的開頭，只含有對第三劾具體描述的最後一字，而在簡 J15 的下部含有對第二劾的具體描述的後半部分及對第三劾具體描述的前半部分。由上可知，案例六前半部分的簡序應是 J15-缺簡-096-097-095-098-099-100。

　　時軍軍對史達的編連採贊同的意見，他根據史達對獄字的疑議，比對了《嶽麓書院藏秦簡（叁）》中的幾個「獄」字，認為若不誤，在簡 098 應是如史達所言是「視獄」或「視其獄」之類的敘述開頭詞。史達和時軍軍重新編聯後簡文為：

　　　敢讞（讞）之：□暨自言曰：邦尉下（？）□更（？）戍令（？），

〔註119〕朱漢民、陳松長主編：《嶽麓書院藏秦簡（叁）》，頁152。

〔註120〕史達：〈嶽麓秦簡為獄等狀四種新見的一枚漏簡與案例六的編連〉（《湖南大學學報》第28卷第4期，2014年7月），頁7。

〔註121〕陶安：《嶽麓秦簡復原研究》（上海：上海古籍出版社，2016年1月），頁360。

□誤（？）弗傳邦侯。女子蓄馬一匹，買（賣）。卿（鄉）遣（094
（2））缺簡【視故獄；……；……；……；……】（缺09）權レ；
□絭卿（鄉）倉天窓（窗）容鳥レ；公士豕田橘將陽，未廄（斥）
自出，當復田橘，官令戍，揱（錄）弗得レ；走（096）偃未當傳，
官傳弗得レ；除銷史丹為江陵史，□未定一（？）；與從事廿一年庫
計，劾繆（謬）弩百。凡八劾。以嬴（累）論暨。此過誤失及坐官
毆（也）。相遝，嬴（累）論重。謁讞（讞）。（095）□□□，其（？）
六（？）月己未劾不傳（？）戍（？）令；其七月丁亥劾榦（幹─
笇）；其八月癸丑劾非毄；其辛未劾窓（窗）、（098）豕；其丁丑劾
偃；迺十月己酉暨坐丹論一甲；其乙亥劾弩。言夬（決）相遝，不
嬴（累）。它如暨（099）言レ。卻曰：不當相遝。（100）

　　陶安也對本案編聯提出其看法，認為簡文文書格式背面劃線反印文揭
取位置均不支持史文。從簡文提起，簡094與095連續的話，簡文銜接出
現「卿（鄉）遣以嬴（累）論暨」一句話。大致的意思是鄉嗇夫派遣暨（來
到縣廷），使縣廷以此事（即「誤弗傳」等事）累論暨。從里耶秦簡可知，
縣下屬機構的「鄉」和「（縣）官」，「有將」「有論者」「當坐者」等派遣到
縣廷，使縣廷論處的情況。因此簡文並不能否認簡094（2）和簡095銜接
的可能性。至於簡094（2）簡文包含第一和第二項劾的具體描述與否，也
不無疑問。簡文內容與後文「六（？）月己未劾不傳（？）戍（？）令」有
關，將其視為八劾中的第一項並無問題。但「女子蓄馬一，買（賣）」與第
二項劾之「七月丁亥劾榦（幹─笇）」之間恐怕不存在任何必然的對應關係。
又提出史文方案忽略了文書格式的客觀標誌。原編聯方案中，簡095下面
有一枚缺簡。

　　筆者據簡101暨言如前推測，缺簡開頭處應有視故獄等字樣。史文方
案中，簡095下接098，從這一點看史文似乎接受陶安將簡095簡文下一枚
簡開頭的推測。同時，史文含糊地將此處說成另一個人的供詞或者官方的
視獄。這已表明史文此處的文書格式無把握。奏讞書的格式是比較固定的。
案例六有很多格式與文書格式相關的表述。即敢讞之，暨自言曰，它如暨言
卻曰詰暨……等，這些表述在文書中出現對位置並不隨意，它有一定的規
律，因此任何編聯工作都不能忽略這些標誌。史文認為背面劃線支持其改
編方案，並不可信。此處有多枚殘簡和缺簡，給劃線的復原工作造成一定困

難。為闡明相關情，分別討論簡 095 和 094（2）與本案背面劃線的關係。第一，簡 095 缺下半部分，無劃線可談。史文將簡 095 插入簡 097 和 098 之間，此處原編聯方案有缺簡，095 的調動並不影響簡 097 和 098 的相對位置。調動簡 095 的影響反而表現在簡 094（2）和簡 096 的相對位置上。原編聯方案中，簡 094（2）和簡 096 之間有簡 095 和缺 09 兩枚簡，而史文方案調走簡 095，僅剩一枚缺簡。因此簡 094（2）和簡 096 的相對位置關係成為關係成為瞭解本案劃線的關鍵所在。

二、八劾內容探析

本案的暨被舉劾了八項錯誤，現就此八項逐一分析：

1. 劾不傳戍令

簡 094（2）載暨自言：「邦尉下□更戍令，□誤弗傳邦候。」意即邦尉下達了戍令，暨因疏忽沒能按時傳達給邦侯。邦尉即國尉，傳世文獻《史記·秦始皇本紀》：「秦王覺，固止，以為秦國尉」《正義》「若漢太尉、大將軍之比也。」〔註 122〕《史記·廉頗藺相如列傳》：「趙惠文王賜奢號為馬服君，以許歷為國尉」〔註 123〕和《里耶秦簡》J⑧649：「邦尉都官軍在縣界中者各☑」〔註 124〕若國尉即邦尉，那麼邦尉的工作應是隨軍，掌兵之職，是在秦統一前征伐六國時，戰後隨著地方安定，轉化和地方官配合的地方軍事長官。再者是暨的身份，若暨是前面案例三和案例四的丞暨，那麼他就能處理穀倉天窗破洞容鳥表明其官階在鄉級以上，又「邦尉下」表示其職位比邦尉低，如邦尉是郡邦尉，暨為縣級官吏，那麼和銷史丹除為江陵史的記載吻合，再看本案事例的時間，整理者以干支推斷在秦王政二十一與二十二年之間，案例三和案例四的發生時間也在二十一年和二十二年。如此相吻合，整理小組才會將他們疑為同一人。「不傳戍令」是指傳送文書未在規定時間內到達，投遞者要接受懲罰，地方行政長官令丞也要進行相對的懲罰。《二年律令》簡 269-270：「發致及有傳送，若諸有期會而失期，乏事，罰金二兩，非乏事

〔註 122〕 〔漢〕司馬遷撰；〔劉宋〕裴駰集解；〔唐〕司馬貞索隱；〔唐〕張守節正義：《史記》：頁 230。

〔註 123〕 〔漢〕司馬遷撰；〔劉宋〕裴駰集解；〔唐〕司馬貞索隱；〔唐〕張守節正義：《史記》，頁 2446。

〔註 124〕 陳偉：《里耶秦簡牘校釋（第一卷）》（武漢大學出版社，2012 年 1 月），頁 190。

也，及書已具，留弗行，行書而留過旬，皆盈一日罰金二兩。」〔註125〕。

2. 劾幹

整理者解為矢幹，但從補充的首簡觀之，史達提出兩種可能，一是幹為名，二是當翰，為白馬。但筆者認為亦可以解釋為跟建築有關之事，由於材料短缺，故無有定論。

3. 劾非繫

非繫即非法監禁，睡虎地秦簡《秦律十八種》簡 135-136：「所弗問而久毄（繫）之，大嗇夫、丞及官嗇夫有罪。」可見長時間拘禁不審問，所有的官吏都有罪。《嶽麓書院藏秦簡（肆）》簡 283：「□下縣道官而弗治，毄（繫）人而弗治，盈五日，貲一盾；過五日到十日，貲一甲；過十日到廿日，貲二甲，後有盈十日，輒駕（加）貲一甲。」〔註126〕可見秦對非法拘禁的判罰依據是被拘禁的時間。從案情最後暨被「貲一甲」觀之，有可能非法拘禁五到十日。

4. 劾窓

從簡 096「□谿卿（鄉）倉天窓（窗）容鳥」，糧倉有破洞，大到可以讓鳥飛進，這種錯誤會導致糧食上的損失。因此在法律上是要接受懲罰的。睡虎地秦簡《效律》簡 22-24：「倉扁（漏）歹（朽）禾粟，及積禾粟而敗之，其不可飲（食）者，不盈百石以下，誶官嗇夫；百石以到千石，貲官嗇夫一甲；過千石以上，貲官嗇夫二甲；令官嗇夫、冗吏共賞（償）敗禾粟。」〔註127〕，睡虎地秦簡《效律》簡 51-52：「官嗇夫貲二甲，令、丞貲一甲；官嗇夫貲一甲，令、丞貲一盾。其吏主者坐以貲、誶如官嗇夫。」〔註128〕可知因糧倉破漏導致糧食朽壞的官嗇夫不但要賠償，還要按照朽壞糧食的數量處以貲一甲或者貲二甲的刑罰。管理官嗇夫的縣令、縣丞也應當因官嗇夫的失職受到連坐。因此本案最後判決的「貲一甲」，是符合《效律》的懲處的。

〔註125〕張家山二四七號墓竹簡整理小組：《張家山漢墓竹簡二四七號墓》（北京：文物出版社，2006 年），頁 46。

〔註126〕陳松長：《嶽麓書院藏秦簡（肆）》（上海：上海辭書出版社，2015 年 12 月），頁 162。

〔註127〕睡虎地秦墓竹簡整理小組：《睡虎地秦墓竹簡》，頁 72。

〔註128〕睡虎地秦墓竹簡整理小組：《睡虎地秦墓竹簡》，頁 75。

5. 劾豕

簡096「公士豕田橘將陽，未庤（斥）自出，當復田橘，官令戍，捸（錄）弗得」，可知公士豕從橘官手下逃走，後回來自首，應該要繼續為橘官種地。結果被官吏判去戍守，暨因為沒有察覺此事，故也要接受懲罰。《二年律令》簡95-98「其非故也，而失不審也，以其贖論之。爵戍四歲及繫城旦舂六歲以上罪，罰金四兩。……戍不盈四歲……罰金二兩。」〔註129〕可知暨誤審，也要罰。

6. 劾偃

簡096-097「走偃未當傅，官傅弗得」即走偃還不應傅籍，官府把他傅籍了，《二年律令》簡328：「恒以八月令鄉部嗇夫、吏、令史相襍案戶籍，副藏其廷。」〔註130〕又簡331-332：「民宅園戶籍、年細籍、田比地籍、田命籍、田租籍，謹副上縣廷，皆以篋若匣匱盛，緘閉，以令若丞、官嗇夫印封，獨別為府，封府戶。」〔註131〕可知傅籍是鄉級官吏之事，暨為縣級長官未察覺失誤，犯的是二年律令戶律簡 329-330：「隱瞞不報，省察弗得」的記載，「數在所正，典弗告，與同罪。鄉部嗇夫、吏主及案戶者弗得，罰金各一兩。」〔註132〕可知暨犯的是沒有覺察的錯誤。

7. 坐丹

簡097「除銷史丹為江陵史，□未定一」，任命丹當江陵史，後面才是暨的犯錯，但因簡殘缺，故無法判定到底所犯何事。

8. 劾弩

簡097「與從事廿一年庫計，劾繆（謬）弩百」。（暨）因有一百張弩的誤差而被檢舉。睡虎地秦簡《秦律雜抄》簡15：「稟卒兵，不完善（繕），丞、庫嗇夫、吏貲二甲，法（廢）。」〔註133〕也就是說，吏員在給士兵發放武器的時候，如果武器出現問題，主管武庫的丞和庫嗇夫會被處以貲二甲並且革職的懲罰。本案中的暨，在對武庫進行核准時，出現了百弩的差池，因此，這也就成為暨被舉劾的原因之一。

〔註129〕張家山二四七號墓竹簡整理小組：《張家山漢墓竹簡二四七號墓》，頁22。
〔註130〕張家山二四七號墓竹簡整理小組：《張家山漢墓竹簡二四七號墓》，頁54。
〔註131〕張家山二四七號墓竹簡整理小組：《張家山漢墓竹簡二四七號墓》，頁54。
〔註132〕張家山二四七號墓竹簡整理小組：《張家山漢墓竹簡二四七號墓》，頁54。
〔註133〕睡虎地秦墓竹簡整理小組：《睡虎地秦墓竹簡》，頁82。

從這八項錯誤可以看出秦代對犯令及誤的分類十分嚴謹。關於暨所犯的錯誤皆是公務上的錯，從本案可以看出秦代對官吏在公務上的疏失，是不採數罪併罰，而是多罪從重論處。

第三節　識劫婉案

壹、前　言

〈識劫婉案〉從簡編108-136，共有二十九簡，這是一起隱匿申報財產，並遭恐嚇舉發的案件。內容是秦王政十八年，大女子婉隱匿申報財產，遭識恐嚇勒索，給予識所要求的之後再到官府自首。由於婉的身份有疑異，因此向上讞報請求判決。

圖版 14 〈識劫娓案〉

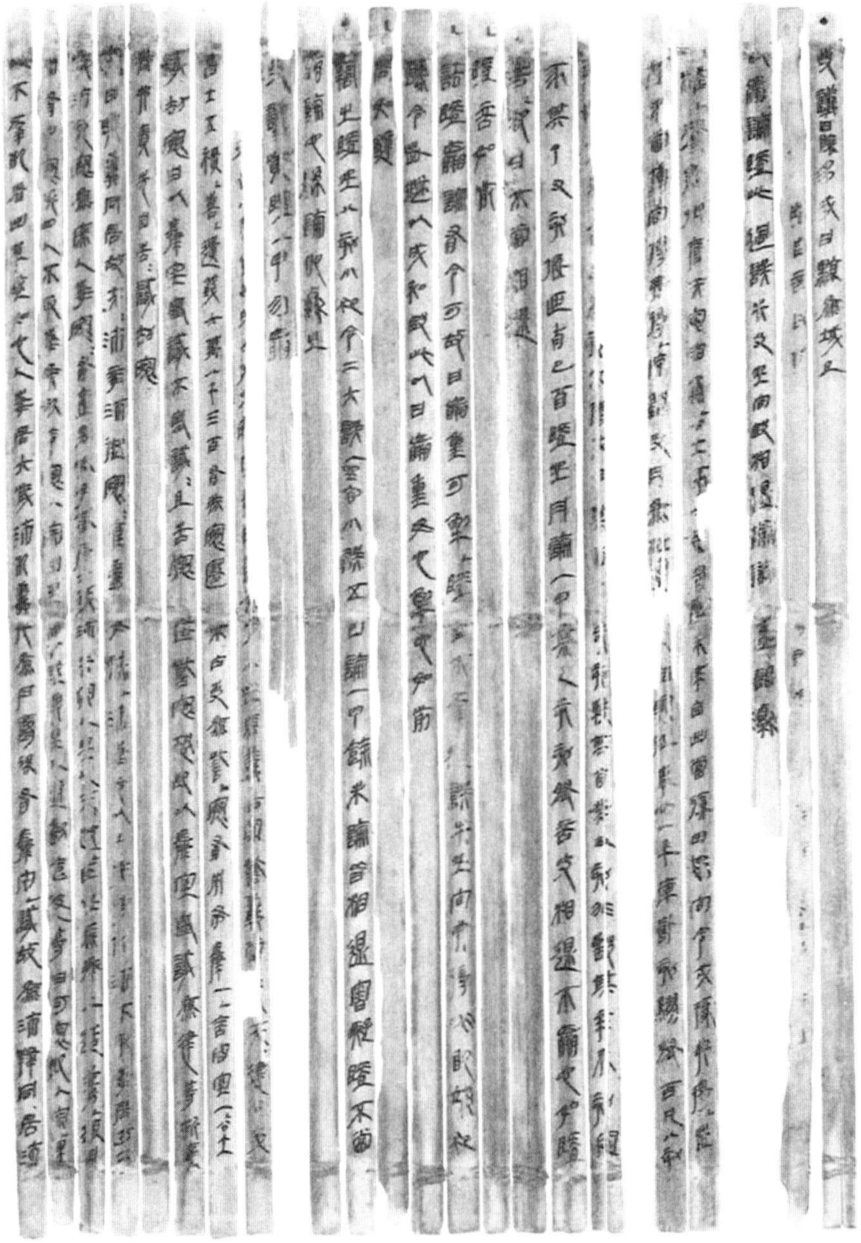
1330 缺簡 0696 缺簡 0087 0151/0140 缺簡 1207/1366 1206 1205 1319 1327 1328 J16 0039 0088 0003 0023/0035 1203 1204 1320 1326 1325 J17 0040
094 缺08 095 缺09 096 097 缺10 098 099 100 101 102 103 104 105 106 107 108 109 110 111 112 113 114 115

0089
0202
0201
1321(0322-2)/
殘636
1321-1/
殘288
1324
J55
0041
0090
0046
1200
1198
1323
J60
0042
0045
1199
1197
J56
0043
0044

116
117
118
119
120
121
122
123
124
125
126
127
128
129
130
131
132
133
134
135
136

貳、釋　文

敢讞之：十八年八月丙戌，大女子婉自告曰：七月為子小走馬羛占家訾（貲）。羛當□夫＝（大夫）建公卒（108）

昌、士五積レ喜レ遺錢六萬八千三百，有券，婉匿不占吏為訾レ。婉有市布肆一レ、舍客室一レ。公士（109）

識劫婉曰：以肆、室鼠（予）識，不鼠（予）識（識）且告婉匿訾。婉恐，即以肆、室鼠識；為建等折棄（110）

券，弗責。先自告＝，（告）識劫婉（111）

婉曰：與羛同居，故夫＝（大夫）沛妾。沛御婉＝（婉）產羛、女姝レ沛妻危以十歲時死，沛不取妻。居可二（112）

歲，沛免婉為庶人，妻婉＝。（婉）有（又）產男必、女若。居二歲，沛告宗人、里人夫＝（大夫）快レ、臣、走馬拳、上造嘉レ，頡曰：（113）

沛有子婉所四人，不取妻矣。欲令婉入宗，出里單賦，與里人通歡（飲）食。快等曰：可。婉即入宗レ，里（114）

人不幸死者出單賦，如它人妻。居六歲，沛死。羛代為戶、爵後，有肆、宅レ。識故為沛隸，同居。沛（115）

以三歲時為識取妻；居一歲為識買室，賈五千錢，分馬一匹、稻田廿畝，異識＝。（識）從軍，沛死。來歸，（116）

謂婉曰：沛未死時言以肆、舍客室鼠識＝，（識）欲得レ。婉謂：沛死時不令鼠識＝，（識）弗當得。識曰：婉（117）

匿訾，不鼠識＝，（識）且告婉＝，（婉）以匿訾故，即鼠肆、室。沛未死，弗欲以肆、舍客室鼠識。不告婉。不智戶（118）

籍不為妻、為免妾故。它如前。●識曰：自小為沛隸。沛令上造狗求上造羽子女黔為識妻。（119）

令狗告羽曰：且以布肆、舍客室鼠識レ羽乃許沛＝。（沛）巳為識取黔，即為識買室，分識馬、田（120）

異識‧而不以肆、舍客室鼠識＝（識）亦（？）弗（？）求（？）識巳（？）受它。軍歸，沛巳死。識以沛未死言謂（121）

婉＝（婉）不以肆、室鼠識＝（識）且告婉匿訾。婉乃鼠識＝，（識）即弗告。識以沛言求肆、室。非劫婉。不智（知）（122）

婉曰劫之故。它如婉。●建レ昌レ積レ喜レ遺曰：故為沛舍人。【沛】織

（貸）建等錢，以市販，共分贏。市（123）

折，建負七百ㄥ昌三萬三千ㄥ積六千六百ㄥ喜二萬二千ㄥ遺六[千]。券責建＝等＝，（建等）未賞（償），識欲告（124）

媿＝，（媿）即折券，不責建。它如媿。●姈、快、臣、拳、嘉、頡言如媿。●狗、羽、黔言如識。●羔ㄥ、若小不訊。必死。（125）

●卿（鄉）唐、佐更曰：沛免媿為庶人，即書戶籍曰：免妾。沛後妻媿，不告唐、更。今籍為免妾。不智（知）它。（126）

●詰識ㄥ：沛未死雖告狗、羽且以肆、舍客室鼠識，而後不鼠識＝，（識）弗求，已為識更買室，分識田、馬，（127）

異識ㄥ；沛死時有（又）不令ㄥ，羔巳代為戶後，有肆、宅，識弗當得。何故尚求肆、室曰：不鼠識＝，（識）且告媿（128）

匿訾？媿即以其故鼠識，是劫媿，而云非劫，何解ㄥ？識曰：□欲得肆、室，媿不鼠識＝。（識）誠恐謂且告媿＝，媿乃鼠（129）

識＝。（識）實弗當得。上以識為劫媿，皋識＝，（識）毋以避。毋它解。皋。它如前。●問：匿訾稅及室、肆臧直（130）

各過六百六十錢。它如辪●鞠之：媿為夫＝（大夫）沛妾。沛御媿＝，媿產羔ㄥ、姈。沛妻危死，沛免媿為庶人，以（131）

為妻，有（又）產必ㄥ、若。籍為免妾ㄥ。沛死，羔代為戶後，有肆、宅。媿匿訾，稅直過六百六十錢。先自告＝，（告）（132）

識劫ㄥ。識為沛隸，沛為取妻，欲以肆、舍客室鼠識。後弗鼠，為買室，分馬一匹，田廿畝，異識ㄥ。沛死，（133）

識後求肆、室。媿弗鼠，識恐謂媿：且告媿匿訾。媿以故鼠肆＝、室＝。（肆、室）直過六百六十錢。得。皆審。疑（134）

媿為夫＝（大夫）妻、為庶人及識皋轂。它縣論。敢瀗之。（135）

●吏議：媿為夫＝（大夫）□妻；訾識二甲。或曰：媿為庶人；完識為城旦，絫足輸蜀（136）

參、彙　釋

一、敢瀗之：十八年八月丙戌，大女子(1)媿自告(2)曰：七月為子小走馬羔占家訾（貲）(3)。羔當(4)□大夫建、公卒昌、士五積、喜、遺錢六萬八千三百，有券，媿匿不占吏為訾(5)。媿有市布肆一(6)、舍

客室一 (7)。公士識劫 (8) 婉曰：以肆、室鼠（予）識，不鼠（予）識（識）且告婉匿訾。婉恐，即以肆、室鼠識；為建等折棄券，弗責。先自告＝，（告）識劫婉。

（1）大女子

刑義田：「大女子」、「小女子」，其實應當讀作「大女」、「小女」，隨後的「子」字是名字的第一個字，應當接後續字連讀。〔註134〕

張榮強：以《里耶秦簡》記載和江陵松柏漢墓四十八號、五十三號木牘的內容來看，認為大小是以十四歲為基準，指成年與否。又提出《睡虎地秦簡・封地》篇：「子小男子某，高六尺五寸。」秦律規定「隸臣、城旦高不盈六尺五寸為小」，秦始皇十六年書年前，平民百姓的課役身份是由身高決定的，只有傅籍之後才能完成小大的轉換。〔註135〕

杜正勝：居延漢簡廩簿中有二十戶，作「大」者多是女子，從十五歲到六十七歲不等，男子其少，連同符傳只有四位。……十五歲以上為人妻的女子都稱作「大女」，……因此推測「大」是不服兵役只服徭役的身份。〔註136〕

按：傳世文獻並無「大女子」之記載，見於出土材料《睡虎地秦簡・封診式》中〈封守〉是一篇查封起訴者財產及没入其家屬為奴的公文書，其中有「子大女子某，未有夫。」〔註137〕，可見這位大女子某，並未出嫁，故「大女子」應非專指已出嫁之女子。《里耶秦簡（壹）》中大女子出現十四次〔註138〕，其中「大女子」後之字部分缺失，但從上下文意可以看到有「母大女子」、「隸大女子」、「丹子大女子」、「冗作大女子」、「南里戶人大女子」、「陽里大女子」、「江陵慎里大女子」等，可以看出「大女子」在《里耶秦簡》中可以是母、女、子……等的身份，以「成年女子」解釋應較為全面。而《嶽麓書院藏秦簡（叁）》中除本案外，〈同顯盜殺人案〉簡142亦有「大女子」

〔註134〕 轉引自王子今《秦漢稱胃研究》（北京：中國社會科學出版社，2014年），頁98。
〔註135〕 張榮強：〈讀嶽麓簡論秦漢戶籍制度〉，《晉陽學刊》，2013年第4期，頁52～58。
〔註136〕 杜正勝：《編戶齊民傳統政治社會結構之形成》，（台北：聯經出版事業有限公司，1990年3月），頁12。
〔註137〕 睡虎地秦墓竹簡整理小組：《睡虎地秦墓竹簡》（北京：文物出版社，1990），頁249。
〔註138〕 里耶秦簡壹，「大女子」皆在第八層，分別是簡0019、0237、0920、1070、1334、1444、1546、1554、1982、2098、2140、2150、2152、2215。

的記載：「大女子嬰等告曰棄婦毋憂縛死其田舍衣襦亡」〔註139〕，此「大女子嬰」只是命案發現者，並無對其身份有特殊描述。而本案中的大女子婗，從上下文觀之，本為女奴，因為主人生下子嗣，後為免妾。故而筆者認為「大女子」應是指成年女子。

（2）自告

整理小組：自首，自動投案，減罪一等。《二年律令》簡127：「告不審及有罪先自告，各減其罪一等。」〔註140〕

張韶光：自告有二解，一是籠統的自首；二是指犯罪行為被官府發現前的自首。認為本案屬第二解。〔註141〕

按：考之文獻，《史記·淮南衡山列傳》：「孝以為陳喜雅數與王計謀反，恐其發之，聞律先自告除其罪。」〔註142〕《漢書刑法志》：「當斬右止，及殺人先自告。」顏師古註曰：「殺人先自告，謂殺人而自首，得免罪者也。」〔註143〕「自告」當「自首」解當無異議。

（3）占家貲

整理小組：占：申報，如《編年記》簡023-2「自占年」，《二年律令》簡260「占租」，《奏讞書》簡010「占數」等。家貲的申報記錄，當作徵稅標準使用，實例見於

候長糜廣昌里公乘禮忠年卅　大婢一人二萬

小奴二人直三萬　小奴二人直三萬　用馬五匹直二萬宅一區萬

牛車二兩直四千　田五頃五萬

軺車二乘直萬　服牛二六千　●凡貲直十五萬〔註144〕

家貲：

整理小組：家中財產。《漢書·杜周傳》「始周廷史，有一馬，及欠任事，列三公，而兩子夾河為郡守，訾累巨萬矣」，顏師古註：「訾與貲同。」〔註145〕

〔註139〕朱漢民、陳松長主編：《嶽麓書院藏秦簡（叁）》，頁179。
〔註140〕朱漢民、陳松長主編：《嶽麓書院藏秦簡（叁）》，頁162。
〔註141〕朱漢民、陳松長主編：《嶽麓書院藏秦簡（叁）》，頁162。
〔註142〕〔漢〕司馬遷撰；〔劉宋〕裴駰集解；〔唐〕司馬貞索隱；〔唐〕張守節正義：《史記》，（臺北：鼎文書局，1981年），頁3097。
〔註143〕〔漢〕班固撰；〔唐〕顏師古注：《漢書》（臺北：鼎文書局，1986年），頁1099。
〔註144〕朱漢民、陳松長主編：《嶽麓書院藏秦簡（叁）》，頁162～163。
〔註145〕朱漢民、陳松長主編：《嶽麓書院藏秦簡（叁）》，頁164。

　　黃今言：漢人計訾的範圍，既包括貨幣財富，也包括著馬牛、驢車、糧食、布帛、六畜、奴婢以及房屋、珍寶等等實物財物。動產、不動產皆含其中。有時甚至衣履釜一類的生活資料，也列在計訾的範圍之內。〔註146〕

　　張岩岩：居延漢簡有漢代記訾的實際情況記載，勞榦先生認為，漢代算訾，不動產所有者為田及宅，而動產中所有者為奴隸、車（牛車及軺車）、牛、馬，其他用具衣物不在其內。……本案中義占家資還包括對建等的債權。〔註147〕

　　張韶光：「占家訾」正如整理小組所言，即登記財產。需要登記的內容也如黃今言等所言，……除了黃今言等列舉的物品外，債券也被包含在需要申報的財產之中。如實申報登記家庭財產，也為國家徵發徭役提供了依據。《嶽麓書院藏秦簡（肆）》簡244-246：「（徭）律曰：歲興（徭）徒，人為三尺券一，書其厚焉。節（即）發（徭），鄉嗇夫必身與典以券行之。田時先行富有賢人，以閒時行貧者，皆月券書其行月及所為日數，而署其都發及縣請（情）レ。其當行而病及不存，署于券，後有（徭）而聶（躡）行之。」也就是說，在徵發徭役時，先徵發家庭富裕者。正如朱紅林所認為的：「家庭財產的多少，成為徭役徵發的依據之一。財產多者先徵，財產少者後徵。」也就是說，「登記民戶人口財產的目的之一就是為了行徵令。」〔註148〕

　　按：考之文獻，《漢書・王貢兩龔鮑列傳》：「臣禹年老貧窮，家訾不滿萬錢，妻子糠豆不贍，裋褐不完。」〔註149〕，《後漢書・鍾離宋寒列傳》：「蜀地肥饒，人吏富實，掾史家訾多至千萬，皆鮮車怒馬，以財貨自達。」〔註150〕由上二例觀之，家訾即家產，無誤。只是家產的涵蓋範圍為何？史書並無言明，但從出土材料來看，可知包含動產與不動產。本案中的店鋪、旅舍、房屋、馬、田畝、金錢都屬家財的計算範圍。占，申報，見於《史記・平準書》：「商以取利者，雖無市籍，各以其物自占。……匿不自占，占不悉，戍邊一歲，沒入緡錢。」《索隱》：「郭璞云『占，自隱度也』。謂各自隱度

〔註146〕黃今言：〈漢代的訾算〉，《中國社會經濟史研究》，1984年第1期。

〔註147〕張岩岩：《《嶽麓書院藏秦簡》（三）第一類簡集釋》（武漢：武漢大學碩士論文，2014年），頁69。

〔註148〕張韶光：《嶽麓書院藏秦簡（叁）集釋》，頁163。

〔註149〕〔漢〕班固撰；〔唐〕顏師古注：《漢書》，（臺北：鼎文書局，1986年），頁3073。

〔註150〕〔劉宋〕范曄撰；〔唐〕李賢等注；〔晉〕司馬彪補志：《後漢書》，（臺北：鼎文書局，1981年），頁1398。

其財物多少，為文簿送之官也。若不盡，皆沒入於官。」占家貲，即是申報家中財產。

（4）羛當□

整理小組：「羛（義）當」下一字殘泐，從殘筆和文意來看，疑為「責」字。當責大夫建等錢六萬八千三百，表示羛對建等擁有債權，應算入「家貲」申報。後文「媱匿不占吏為訾指此。」〔註151〕

按：羛為義之異體字，但在此處「羛」字為人名，應直釋為「羛」，不應再以「義」借之。

（5）匿不占吏為貲

整理小組：匿，隱藏。《廣雅·釋詁》：「匿，藏也。」又「匿，隱也。」所有應「占」、「言」、「謁」、「告」等而不及時「占」、「言」、「謁」、「告」者均稱「匿」，如《法律答問》簡157：「匿田」，同上簡165「匿戶」，《秦律雜鈔》簡32：「匿敖童」《龍崗秦簡》142170①（141）「匿租」，《二年律令》簡167「匿罪人」等。匿貲，即隱藏家產不申報。後文簡130-131又稱「匿訾稅……贓直各過六百六十錢」，可以看出其量刑以所偷稅金額為標準。〔註152〕

高敏：課稅的範圍，不僅有商賈之儲錢，而且有商賈所稽諸物、手工業者所製作之器物及商賈車、船等等，質言之，即包括商賈的全部財產，顯然不僅限於儲藏的緡錢。……征收的辦法，是要求各色各類商人及手工業主，各以其全部家財向官府呈報，大約是把實物折成緡錢計算其價值，這叫做「占」，如果自報不實，則以罰戍邊一歲懲處之。〔註153〕

朱德貴、莊小霞：秦「訾算」並非「貲稅」，「訾算」只是「貲稅」征收的前提條件。研究表明，秦「貲稅」征收大略分為四個步驟：一是確定征收對象；二是規定征收範圍；三是以戶為單位，按貲產折價之多寡計征「貲稅」；四是設立專門機構，極力追繳拖欠官府的錢財。〔註154〕

按：《龍崗秦簡》簡147：「坐其所匿稅臧（贓），与灋（法）沒入其匿田

〔註151〕朱漢民、陳松長主編：《嶽麓書院藏秦簡（叁）》，頁163。
〔註152〕朱漢民、陳松長主編：《嶽麓書院藏秦簡（叁）》，頁163。
〔註153〕高敏：〈秦漢賦稅制度考釋〉，《秦漢史論集》（鄭州：中州書畫社，1982年），頁91。
〔註154〕朱德貴、莊小霞：〈嶽麓秦簡所見「貲稅」問題新證〉，《中國經濟史研究》，2016第4期，頁80。

之稼。」〔註155〕，《二年律令》：「市販匿不自占租，坐所匿租臧（贓）為盜，沒入其所販賣及賈錢縣官，奪之列。列長、伍人弗告，罰金各一斤。嗇夫、吏主者弗得，罰金各二兩」。由此二出土材料可知，在秦漢時期隱匿不申報，是違法的。

（6）市布肆

整理小組：肆，店鋪、商店。市，出售、賣。段玉裁《說文解字注·貝部》：「『市，買賣所之也。』因之，凡買、凡賣，皆曰市。」《秦律十八種》簡097「為作務及官府市受錢，必輒入其錢缿中。」市布肆，即賣布店。〔註156〕

勞武利：由於她為義經營著市布肆，因此她有義務每年向主管機關申報收入以便繳納稅款，即「市租」。與漢代一樣，隱藏應納稅款在秦代無疑也被列為與「盜」罪相當的財產犯罪。故違法者當依其違法財產（即「贓值」）接受處罰。不僅如此，有商肆的商賈如果逃稅，其商肆就要被沒收。〔註157〕

按：市布肆即布店。

（7）舍客室

整理小組：室：房屋。《廣韻·質韻》：「室，房也。」《法律問答》簡010：「甲盜不盈一錢，行乙室，乙弗覺。」舍，住宿或提供住宿。《二年律令》簡170：「諸舍亡人及罪人亡者，不智（知）其亡，盈五日以上，所舍罪當黥□，贖耐。」舍客室，與《魏盜殺安宜案》簡167「客舍」相比，疑為出租房。〔註158〕

王彥輝：整理者釋為「出租房」，可通，但不確，似應釋為「逆旅」。《說文解字》云：「舍，市居曰舍。」段玉裁注曰：「館，客舍也。客舍者何也，謂市居也。」……是客舍亦即客館，當時稱私人開設的賓館為「逆旅」。〔註159〕

按：「舍客室」整理小組釋為出租屋；王彥輝認為是私人開設的旅館。《嶽麓書院藏秦簡（肆）》簡60-61：「盜賊籧（遂）者及諸亡坐所去亡與盜

〔註155〕中國文物研究所、湖北省文物考古研究所編：《龍崗秦簡》（中華書局，2001年），頁121。

〔註156〕朱漢民、陳松長主編：《嶽麓書院藏秦簡（叁）》，頁163。

〔註157〕勞武利：〈秦代的司法判若干問題研究〉，《出土文與法律史研究（第三輯）》（上海：上海人民出版社，2014年），頁149。

〔註158〕朱漢民、陳松長主編：《嶽麓書院藏秦簡（叁）》，頁149。

〔註159〕王彥輝：〈秦簡《識劫𡟰案》發微〉，（古代文明，2015年1月第9卷第1期），頁74～83。

同瀖者當黥城旦舂以上及命者、亡城旦舂、鬼薪、白粲舍人室、人舍、官舍，主舍者不智（知）其亡，贖耐。」整理小組注：「人舍：私人開的旅社，與『官舍』相對應。」「官舍：官府辦的旅社。」〔註160〕可見當時的旅店有私人和官府開設的兩種。筆者認為本案中，娸所經營的舍客室，應是私人旅店。〔註161〕

（8）劫

整理小組：脅迫，《說文・力部》：「或曰：以力止去曰劫。」《史記・高祖本紀》「因勢眾，眾不敢不聽。」司馬貞《索隱》引《說文》：「以力脅之云勢也。」相關制定法失傳，構成要件未詳，但後文簡117，128，130稱「識弗當得」，查詢簡130-131與鞫文簡134又分別稱「匿訾稅及室、肆，贓值各過六百六十錢」，與「肆、室直過六百六十錢」，可知劫罪與現代所謂敲詐勒索罪相似，是指使用威脅索要財物的行為。〔註162〕

沈家本：猲，《集韻》許葛切，相恐怯也。或作「曷」。《公羊傳》僖公十四年：「是見恐曷而亡。」又作「喝」。《趙策》：「是故橫人日夜務以秦恐喝諸侯，以求割地。」《史記・蘇秦列傳》作「愒」。集解，愒音呼葛反。索引，許葛反。謂相恐脅也。喝本作「猲」。《唐律》作猲。《明律》作「嚇」，失古義矣。恐猲近於強，故魏入《劫略律》。然究與強者不同，人被脅而與之財，非入其室而強奪之也。故漢法自為一章。其罪名如承鄉、藉陽僅止免侯，平城以謾而為城旦，惟葛魁棄市。蓋受賕者必有枉法，非僅止取財者可比，其從重必有故也。〔註163〕

王彥輝：「劫」有「劫人」、「恐猲」二義。「劫人」即「以威勢得財」；「恐猲」，《唐律疏議》卷19《賊盜》有解釋，即「恐猲者，謂知人有犯，欲相告訴，恐喝以財物者」。唐律中的「恐喝」，漢律稱「恐猲」，「識劫娸案」顯係屬於「恐喝以取財物者」。〔註164〕

按：劫，指用威嚇的手段脅迫。《史記・荊軻列傳》：「誠得劫秦王，使悉反諸侯侵地。」宋・蘇洵〈六國論〉：「悲夫！有如此之勢，而為秦人積威之所

〔註160〕陳松長：《嶽麓書院藏秦簡（肆）》（上海：上海辭書出版社，2015年12月），頁78～79。

〔註161〕張韶光：《嶽麓書院藏秦簡叄集釋》，頁167。

〔註162〕朱漢民、陳松長主編：《嶽麓書院藏秦簡（叄）》，頁149。

〔註163〕沈家本：《歷代刑法考》（北京：商務印書館，2011年11月），頁1401～1402。

〔註164〕王彥輝：〈秦簡《識劫娸案》發微〉。

劫。」本案之劫，從上下文意觀之，應釋為恐嚇之意。

本段是案情說明，大意是秦王政十八年八月二十一日，成年女子嬽主動投案，說在七月時，嬽為兒子走馬羛申報家產，羛和大夫建、公卒昌、士五積、喜、遺有債權關係，共有錢六萬八千三百，有契據為證，但嬽隱匿沒有申報，又有一間布店和旅舍。公士識恐嚇我說要把店鋪和出租房給他，不然就要告發嬽隱匿不報，嬽害怕就把店鋪和房子分給了識，同時也毀棄了和大夫建、公卒昌、士五積、喜、遺等人的契據。在還沒有被舉發之前，先行自首，並告發被識恐嚇。

二、嬽曰：與羛同居(1)，故大夫沛妾(2)。沛御嬽(3)，嬽產羛、女姝，沛妻危以十歲時死，沛不取妻。居可二歲，沛免嬽為庶人(4)，妻嬽。嬽有產男必、女若。居二歲，沛告宗人、里人(5)大夫快、臣、走馬拳、上造嘉、頡曰：沛有子嬽所四人，不取妻矣。欲令嬽入宗，出里單賦(6)，與里人通歙（飲）食(7)。快等曰：可。嬽即入宗レ，里人不幸死者出單賦(8)，如它人妻。

（1）同居

整理小組：共同居住，在法律上以戶籍記載為標準，指同屬一戶。《法律答問》簡022：「可（何）謂同居？戶為同居。」簡112稱「嬽與羛同居」，後文簡115「識故為沛隸，同居」，可分別證明同居概念包含「父母妻子」以及「奴婢」等非親屬關係者。〔註165〕

彭年：父母妻子屬於「同居」，沒有分異的兄弟以及兄弟之子亦包括在「同居」之列。奴婢在戶主家中不算作「同居」而是一種與牛馬相類的「戶貲」。〔註166〕

張金光：由出土秦律知，「同居」的法定意義即「戶為同居」，又稱「獨戶母之謂也」。可見同戶主名義下列名國版者即為一戶，其人即為同居。〔註167〕

許倬雲：同居共籍的基本親屬圈子，恐怕仍是配偶與未成年子女，父母同產可以同居，也可以不同居，在兩可之間。〔註168〕

〔註165〕朱漢民、陳松長主編：《嶽麓書院藏秦簡（叁）》，頁163。
〔註166〕彭年：〈秦漢同居考辨〉，《社會科學研究》，1990年第6期。
〔註167〕張金光：《秦制研究》（上海：上海古籍出版社，2004年），頁459。
〔註168〕許倬雲：〈漢代家庭的大小〉，《求古編》（北京：新星出版社，2006年），頁389。

韓樹峰：同居可以包括父母、子女，但他們不是必然的同居者，與兄弟、兄弟之子等旁系親屬並無本質性區別。妻子、奴婢由於必須與丈夫、主人同籍，也就意味著必然與其同居，不存在異居的情況。同居、異居之分，對妻子、奴婢沒有任何意義，從這個角度考慮，他們是被排除在同居之外的。〔註169〕

王鳳：綜觀秦簡中的「同居」是指一戶之內的成員，即「獨戶母之謂也。」就是只包括夫妻及所出之子女。但也有這樣的特例：兄弟之子，未成年者可撫養同居。……漢代的「同居」一詞就是稱大家族中沒有分住的兄弟及兄弟之子。……「同居」便是指兄弟之間的同財、同業而居者，並非同居一室也。〔註170〕

王彥輝：「可（何）謂『同居』？戶為『同居』。」即同戶籍者即為同居。〔註171〕

伊強：其所包括的成員一般是配偶及未成年子女，在這個意義上，「同居」也含有同籍的意思。〔註172〕

張韶光：奴隸也屬於同居的範疇。本案中指出：「識故為沛隸，同居。」也就是說，雖然「識」當時的身份是沛的奴隸，但仍屬於同居的範疇。所以，同居的成員中包括奴隸。〔註173〕

按：考之文獻，《漢書・惠帝紀》：「今吏六百石以上父母妻子與同居」師古曰：「同居，謂父母妻子之外若兄弟及兄弟之子等見與同居業者，若今言同籍及同財也。」〔註174〕漢代之同居，在同一戶籍下有親屬關係之人，但從《睡虎地秦簡》、《里耶秦簡》和《嶽麓秦簡》的記載觀之，秦代的同居成員，不只是有血緣關係的親人，還包括了奴隸。

（2）妾

整理小組：女奴。《書・費誓》：「臣妾逋逃」，孔傳：「役人賤者，男曰

〔註169〕韓樹峰：《漢魏法律與社會——以簡牘文書為中心的考察》（北京：社會科學文獻出版社，2011年），頁186。

〔註170〕王鳳：《秦漢簡帛文獻文化詞語匯釋與研究》（長春：東北師範大學漢語言文字學博士論文，2014年），頁102。

〔註171〕王彥輝：〈秦簡《識劫𡞞案》發微〉。

〔註172〕伊強：〈秦漢法律術語同居與同居數考辨〉，《長江文明》，2015年。

〔註173〕張韶光：《嶽麓書院藏秦簡叄集釋》，頁170。

〔註174〕〔漢〕班固撰；〔唐〕顏師古注：《漢書》，頁86～87。

臣，女曰妾。」《睡虎地秦簡》多稱男為臣或奴，女為妾，漢代相關材料常稱奴與婢，雖然名稱前後有所不同，但也難以看出明確的實質差異，均指身份隸屬於人者。只有後文簡 115，119，133 所謂「隸」，男女通用，或與臣妾奴婢略有別。《里耶秦簡》J1⑧863＋⑧1504：「南里小女子苗　卅（三十）五年徙為陽里戶人大女嬰隸。」《奏讞書》簡 028-029：「大夫㫷詣女子符……為大夫明（明）隸。」〔註175〕

按：《說文・辛部》：「有辠女子，給事之得接於君者。从辛从女。」〔註176〕，妾的本義是有罪旳女子，在本案即是女奴之意，說明婗本是大夫沛的女奴。

（3）沛御婗

張小鋒：「御婢」是比普通奴婢身份略高、比妾身份略低的一種奴婢。這種人儘管名義上是奴婢，但卻具有特殊的社會身份。一方面，她經常侍御於主人周圍，是主人的心腹之一；另一方面，她與主人有「夫妻」之實，所以很容易左右主人的政治決策。一旦她與主人生有兒子，在主人死後，便可解除奴婢身份，成為自由人。〔註177〕

王彥輝：本案中大夫沛與妾_的關係不屬於奸罪範疇，而是「沛御婗」，依《二年律令・置后律》的規定：「婢御其主而有子，主死，免其婢為庶人。」即婢被其主所御，意味著兩者的關係得到了主人家庭的認可，婢的實際地位相當於偏妻，所產子的身份當為庶人，按家庭人口登記於戶籍，因此，婗所生子男義才能在沛死後代戶。〔註178〕

張韶光：「沛御」之後，婗的身份成為了御婢。張家山漢簡《二年律令》簡 195：「復兄弟、孝〈季〉父柏（伯）父之妻、御婢，皆黥為城旦舂。復男弟兄子、孝〈季〉父柏（伯）父之妻、御婢，皆完為城旦。」整理小組注：「御，《儀禮・大射儀》注：『猶侍也』。御婢，應指與男主人有性關係之婢。」〔註179〕

按：考之文獻，《史記・夏侯嬰列傳》：「元鼎二年，坐與父御婢姦罪，自

〔註175〕朱漢民、陳松長主編：《嶽麓書院藏秦簡（叄）》，頁 163。

〔註176〕〔漢〕許慎撰，〔清〕段玉裁注，《說文解字注》，（臺北：黎明文化事業股份有限公司，1972 年）：，頁 3。

〔註177〕張小鋒：〈釋張家山漢簡中御婢〉，《出土文獻研究第六輯》（上海：上海古籍出版社，2004 年），頁 128。

〔註178〕王彥輝：〈秦簡《識劫婗案》發微〉，頁 75。

〔註179〕張韶光：《嶽麓書院藏秦簡叄集釋》，頁 171

殺，國除。」〔註180〕《史記・淮南衡山列傳》：「孝先自告反，除其罪；坐與王御婢姦，弃市。」〔註181〕，傳世文獻的記載御婢脫不了性關係，再佐以本案及其他出土材料《張家山漢簡》的記載觀之，御婢應是指跟主人有性關係的女奴。

（4）**免娩**為庶人

整理小組：免為庶人，免除奴婢身份。〔註182〕

勞武利：庶人指的是脫離奴隸身份的人。男性（《二年律令》簡382；《漢書・文帝紀》）或女性奴隸（《二年律令》簡162、簡385）常常在以下情況下獲得這樣的地位：主人死亡、刑徒釋放（《漢書・刑法志》、龍崗木牘；《秦律十八種》簡151、簡156；《二年律令》簡205、簡436），亦即違法者在免除刑罰的時候也喪失了他們的爵位（《史記・高祖功臣諸侯年表》、《建元以來諸侯者年表》、《漢書・東方朔傳》、《魏相丙吉傳》、《薛宣朱博傳》），及蒙受大赦。〔註183〕

張韶光：奴婢被免為庶人，除了陶安所指出的情況外，還有可能就是奴婢得到了主人的青睞而被放免。張家山漢簡《二年律令》簡162：「奴婢為善而主欲免者，許之，奴命曰私屬，婢為庶人，皆復使及筭（算），事之如奴婢。」可見奴婢表現良好可以被放免，但與普通的庶人有身份上的差別。〔註184〕

按：庶人並非庶民，這在《嶽麓秦簡（叁）》多次出現，庶人是介在奴隸到庶民間一種過渡的身份。張韶光上文所指的陶安的內容其實是勞武利的文章，在其碩士論文中誤植了。

（5）**里人**

整理小組：里人，同里的人。《晏子春秋・問上九》：「人有酤酒者，為器甚潔清，置表甚長，而酒酸不售。問之里人其故。」《封診式》簡52：「爰書：某甲典甲詣里人士伍丙。」《二年律令》簡390：「嘗有罪耐以上，不得為人爵

〔註180〕　〔漢〕司馬遷撰；〔劉宋〕裴駰集解；〔唐〕司馬貞索隱；〔唐〕張守節正義：《史記》，頁2667。

〔註181〕　〔漢〕司馬遷撰；〔劉宋〕裴駰集解；〔唐〕司馬貞索隱；〔唐〕張守節正義：《史記》，頁3099。

〔註182〕　朱漢民、陳松長主編：《嶽麓書院藏秦簡（叁）》，頁163。

〔註183〕　勞武利：〈秦代司法裁判的若干問題研究〉，頁150。

〔註184〕　張韶光：《嶽麓書院藏秦簡叁集釋》，頁174。

後，諸掌拜爵後者，令典若正，伍里人毌下五人任占。」〔註185〕

　　按：《說文・里部》：「居也。从田从土。凡里之屬皆从里。」段玉裁注：「二十五家為里……五家為鄰。五鄰為里。穀梁傳曰。古者三百步為里。」〔註186〕里是聚落人羣，藉著里邑的建構以及成員的生產、賦役、社交、祭祀等活動，凝結而成的一個共同體。

　　（6）出里單賦

　　整理小組：單或作僤，鄉里的居民組織。單／僤多見秦漢璽印和碑刻資料，可參看俞偉超《中國古代公社組織的考察》（文物出版社，一九八八年。）後文簡114-115稱「里人不幸死，出單賦如它人妻」，可知單賦係里人死亡時按照「人妻」等身份所分派的醵資。按：賦訓「布」。《詩經・大雅・烝民》「明命使賦」。毛傳：「賦，布也。」段玉裁《說文解字註・貝部》：「斂之曰賦，班之亦曰賦。經傳中凡言以物班布與人曰賦。」里人出錢助葬，每人分派一定的款額，可以稱之為賦，與國家所「班布」的稅額等，其理無異。〔註187〕

　　張金光：此僤是一個以一定地緣為本的民間組織，其成員局限於侍廷里的範圍。又，其組建之目的，在於解決侍廷里父老一職的費用的補償問題。〔註188〕

　　勞武利：「單」在此處或以音通「殫」。「殫」，意為「耗盡、竭盡所能」，往往被用來表示「用盡、耗盡資財」的意思。在這裏，「殫」應指「用盡財貨的人」，也就是「赤貧者」〔註189〕

　　王彥輝：「識劫𡟥案」提到的「單」，明確稱為「里單」，𡟥「入宗」即要「出里單賦」，說明這個「里單」是以宗族關係為紐帶結合起來的。……𡟥入宗即入「單」，即出里單賦，即享有結單人的權利和義務：一是「與里人通歡（飲）食」；二是「里人不幸死者出單賦」。……這個「單」是以宗族血緣為基礎，以里為單位組織起來的一種民間組織，所以才稱為「里單」，而且里中舉行的宴飲活動是「與里人通歡（飲）食」，說明這個「單」不是少數人出於特殊的目的而結合起來的，應該是一種比較原生態的民間組織，或即寧可先生

〔註185〕朱漢民、陳松長主編：《嶽麓書院藏秦簡（叁）》，頁164。
〔註186〕說文，頁290。
〔註187〕朱漢民、陳松長主編：《嶽麓書院藏秦簡（叁）》，頁164。
〔註188〕張金光：《秦制研究》，頁420～421。
〔註189〕勞武利：〈秦代司法裁判的若干問題研究〉，頁150。

發微之里、社合一的組織，與以往所見之東漢時期形形色色的「單」在組織方式與結社目的上並不一致。〔註190〕

按：杜正勝《編戶齊民》〔註191〕中對里賦進行討論，里邑共同體的成員共耕均賦，古代聚落之得以均賦，因為賦役是以整個聚落作徵發單位的。《管子·乘馬》：「一乘者四馬也，一馬其甲七，蔽五。四馬其甲二十有八，其蔽二十，白徒三十人。」一乘之地，方六里五十四家共同負擔甲胄二十八件，車蔽二十件，兵士三十人。由此觀之，大夫沛讓婗跟里人一起負擔賦役之事，表示婗在沛還未過世前，就已經在幫忙處理家族事務，儼然是以女主人的身份。

（7）與里人飲食

整理小組：飲食，指祭祀等時聚會飲食。《封診式》簡 92-93：「訊丙，辤曰：外大母同里丁坐有寧毒言，以卅（三十）餘歲時覂（遷）。丙家節（即）有祠，召甲等，甲等不肯來，亦未嘗召丙飲。里節（即）有祠，丙與里人及甲等會飲食，皆莫肯與丙共桮（杯）器。」〔註192〕

王彥輝：「與里人通歓（飲）食」在其他簡牘資料中也稱「會飲食」。（省略）里中與祭祀有關的「會飲食」主要有兩種類型，一是家庭祭祀時要召里人「會飲食」。這種聚會可能規模較小，被邀請者應是主人的宗親鄰居等。二是里中有祭祀活動，里人要「會飲食」。（省略）在「識劫婗案」中，「與里人通歓（飲）食」亦當屬於社祭或包括社祭宴飲在內，既然參加祭祀的前提是「出里單賦」，則結單的目的之一是籌集社祭的經費。〔註193〕

按：《禮記·郊特牲》：「唯為社事，單出里；唯為社田，國人畢作；唯社丘，乘共粢盛。」〔註194〕，社祭之後，邑里居民羣飲。「與里人共食」即是祭祀後都會和里人一同食用祭祀後的食物。與里人同飲，表示認同婗的身份，雖然沒有娶為妻，但讓她參與了所有和里有關的活動，表示有公開其身份。

（8）里人不幸死單賦

整理小組：不幸死，秦漢法律習語，泛指死亡，與「疾死」、「非疾死」、

〔註190〕 王彥輝：〈秦簡《識劫婗案》發微〉，頁 82。
〔註191〕 杜正勝：《編戶齊民》（臺北：聯經事業股份有限公司，2008 年），頁 202。
〔註192〕 朱漢民、陳松長主編：《嶽麓書院藏秦簡（叁）》，頁 164。
〔註193〕 王彥輝：〈秦簡《識劫婗案》發微〉，頁 82。
〔註194〕 〔清〕阮元審定，盧宣旬校：《重刊宋本十三經注疏附校勘記》《禮記》，（台北市：藝文印書館，1965 年，清嘉慶二十年（1815）南昌府學刊本），頁 489-2。

「死事」等專指相對。《二年律令》簡 377：「父母及妻不幸死者已葬卅（三十）日，子、同產、大父母、父母之同產十五日之官。」《秦律十八種》簡016-017：「其小隸臣疾死者，告其□□之。其非疾死者，以其診書告官論之。」《二年律令》簡 369：「□□□□為縣官有為也，以其故死若傷二旬中死，□□□，皆為死事者，令子男襲其爵。」〔註195〕

王彥輝：結單的另一個目的是里中有喪事發生，要出錢助喪，所謂「里人不幸死者出單賦」。從這個意義上說，里人結單又具有互助的性質。〔註196〕

按：里人不幸死單賦，表示媛還代表出席喪事場合，古代是很重視喪禮的，能代表出席就是對媛身份的提升和重視。

本段是媛的供述，內容大意是媛和兒子小走馬羛同居，本來是大夫沛的女奴，和沛發生關係，生了羛和娙，沛的妻子十年前死了，沛沒有再娶妻，二年後，沛赦免媛為庶人，把媛立為妻子，媛又生了必和若。又過了兩年，沛告訴宗人和同里的大夫快、臣，走馬拳、上造嘉、頡說：我和媛有四個孩子，不再娶妻了，我想讓媛進入宗族，承擔里僤分派的賦役和里人一同祭祀後飲食。快等人說：可以。媛就這樣進入了宗族，有里人不幸過世時，媛承擔了里僤分派的工作，就像其他當妻子的人一樣。

三、居六歲，沛死。羛代為戶、爵後（1），有肆、宅。識故為沛隸，同居。沛以三歲時為識取妻；居一歲為識買室，賈五千錢，分馬一匹、稻田廿畝，異識（2）。識從軍，沛死。來歸，謂媛曰：沛未死時言以肆、舍客室鼠識，識欲得。媛謂：沛死時不令鼠識，識弗當得。識曰：媛匿訾，不鼠識，識且告媛，媛以匿訾故，即鼠肆、室。沛未死，弗欲以肆、舍客室鼠識。不告媛。不智戶籍不為妻、為免妾（3）故。它如前。

（1）戶、爵後

整理小組：戶、爵後，戶後與爵後。（代為）戶後指繼承家產。《二年律令》簡 379-380：「死毋（無）子男代戶，令父若母，毋（無）父母令寡，毋（無）寡令女，毋（無）女令孫，毋（無）孫令耳孫，毋（無）耳孫令大父母，毋（無）大父母令同產子代戶。」（置）爵後指繼承爵位身份。同上簡367：

〔註195〕朱漢民、陳松長主編：《嶽麓書院藏秦簡（叁）》，頁 164。
〔註196〕王彥輝：〈秦簡《識劫娙案》發微〉，頁 82。

「疾死置後者，徹侯後子為徹侯。」〔註197〕

　　按：沛只與婼有小孩，所以由婼的孩子繼承家產。大夫之子襲爵為小走馬。

　　（2）異

　　整理小組：異，《說文・異部》：訓「分」。從沛戶分出。《史記・商君列傳》：「民有二男以上不分異者，倍其賦。」

　　王彥輝：異即分異，與同居相對。〔註198〕

　　張韶光：整理小組、王彥輝等將「異」解釋為「分異」是合理的。秦代提倡男子成年後應從父母的戶籍中分離出來。《史記・商君列傳》：「民有二男以上不分異者，倍其賦。」「令民父子兄弟同室內息者為禁。」從中可見，秦代不提倡父子兄弟同居一戶，如果一家中有兩個沒有分異的成年男子會加重賦稅。……秦代成年男子分異立戶的時間最晚可以到結婚。〔註199〕

　　按：歷來皆有男子成年即獨立成戶的現象，主要是戶為稅收的來源，因此在需要大量兵丁和稅收的秦有此律，亦是合理的。

　　（3）免妾

　　王彥輝：從鄉唐、佐更的證詞中可知，沛免婼為庶人之事已經報官，故曰：「即書戶籍曰：『免妾』」，所謂「已官」是也。……婼的身份又從「免妾」轉變為沛的妻子。由於其婚姻關係履行的是傳統的儀式婚俗，獲得宗人同意得以入宗，獲得里人認可得以參加里人的宗教祭祀活動。但沛以婼為妻似乎並未報官，故鄉唐、佐更曰：「沛後妻婼，不告唐、更。今籍為免妾。」〔註200〕

　　朱紅林：婼雖然被免除了妾的身份，成為庶人，但在戶籍上登記為「免妾」，既是對她曾經身份的一種記錄，也表明她與普通的庶人還是有差別的。……《識劫婼案》中「婼」被其主人免為庶人後，其戶籍上還注明「免妾」，與男奴放免後稱為「私屬」有類似的意思。「私屬」就是男奴被放免之後戶籍上的標注。正因為奴婢被主人放免之後與原主人還存在某種程度上的依附關係，所以《二年律令》中說「所免不善，身免者得復入奴婢之。其亡，有

〔註197〕朱漢民、陳松長主編：《嶽麓書院藏秦簡（叁）》，頁164。

〔註198〕王彥輝：〈秦簡《識劫婼案》發微〉，頁78。

〔註199〕張韶光：《嶽麓書院藏秦簡叁集釋》，頁180。

〔註200〕王彥輝：〈秦簡《識劫婼案》發微〉，頁77。

它罪，以奴婢律論之」，就是說被主人放免的人如果「不善」，品德不端或有什麼惡行，主人還可以再次把他們收為奴婢，而且如果逃亡，還要按照奴婢逃亡的法律從重論處，說明他們與真正的編戶齊民還是有區別的。〔註201〕

張韶光：免妾是妾被放免後的身份。將奴隸放免為庶人，需要向官府申報，修改戶籍信息，使其身份得到法律認可。……「免妾」這一稱呼當與「私屬」性質頗為類似，是一種過渡性稱呼，強調奴隸因為贖免而獲得自由的身份，從這一稱謂上可以看出其原為奴隸身份的印記。〔註209〕

按：免妾為奴婢放免後，有向官府登記的身份，介於庶民和奴婢之間的過渡身份。再次說明古代秦國在編戶齊民上的嚴整。

本段承上段，仍是婡的供述，人容是：六年後，沛死。羛繼承家產爵位身份。擁有店鋪和旅舍。識以前是沛的奴隸，曾經共同居住。沛在三年前為識娶妻，二年前為識購入價值五千錢的房子，分馬一匹，稻田二十畝，讓識從沛的戶口中分出。後來識去從軍，沛死了之後，識告訴婡說；沛未死時說要把店鋪和客舍分給識，識要婡給他。婡說：沛死時沒有說要給識，所以識不應得。識說：婡隱匿申報財產，不給他，他就去舉發婡，婡因為真的隱匿申報，所以給識店鋪和房室，但沒有給他舍客室。沛還沒死時就沒有要把店鋪和舍客室給識。識不知道婡在戶籍上不是妻，只是免妾，其它如前所述。

四、●識曰：自小為沛隸。沛令上造狗求上造羽子女黔為識妻。令狗告羽曰：且以布肆（1）、舍客室鼠識羽乃許沛。沛已為識取黔，即為識買室，分識馬、田，異識・而不以肆、舍客室鼠識，識亦弗求，識已受它。軍歸，沛已死。識以沛未死言謂婡，婡不以肆、室鼠識，識，且告婡匿訾。婡乃鼠識，識即弗告。識以沛言求肆、室。非劫婡。不智婡曰劫之故。它如婡。●建、昌、積、喜、遺曰：故為沛舍人（2）。【沛】織（貸）（3）建等錢，以市販，共分贏。市折，建負七百，昌三萬三千，積六千六百，喜二萬二千，遺六千。券責（4）建等，建等未賞（償），識欲告婡，婡即折券，不責建。它如婡。

〔註201〕 朱紅林：〈讀《嶽麓書院藏秦簡（叁）》札記〉《出土文獻研究（第十四輯）》（上海：中西書局，2015年），頁44～45。

〔註209〕 張韶光：《嶽麓書院藏秦簡叁集釋》，頁181。

（1）布肆

整理小組：「布肆」前或脫「市」字。〔註203〕

（2）舍人

整理小組：舍人，私門吏員。《漢書‧高帝紀上》：「舍人，親近左右之通稱也，後遂以為私屬官號。」同書《王莽傳上》註：「舍人，私府吏員也。」〔註204〕

沈剛：舍人最早出現於戰國時期，起初具有家臣性質。秦和秦漢之際，舍人開始向國家的職官轉化，已有了職官的雛形。漢王朝建立之後，國家對舍人的管理走向規範化。一方面加強了對私門舍人的管理；另一方面，在國家職官體系中也開始有了「舍人」這一正式名稱，即太子舍人。……舍人與其主人之間具有法律上的連帶責任。〔註205〕

鄒水傑：客、舍人應該只是縣令長的私人智囊。根據雲夢秦簡的記錄，他們是縣長吏的「私吏」或「家吏」。《漢書‧高帝紀》顏師古注「舍人」為：「親近左右之通稱也，後遂以為私屬官號。」而《曹參傳》顏注則為：「舍人猶家人也，一說私屬官主家事者也。」注中明確地解釋了舍人為家人親近，而非官府屬吏。睡虎地秦簡《秦律十八種‧工律》載服徭役的人也有舍人，而且要為其主人負連帶責任。〔註206〕

王彥輝：「舍人」，裴駰《集解》注李斯為呂不韋舍人引文穎曰：「主廄內小吏官名。或曰侍從賓客謂之舍人也。」秦二世三年六月，劉邦引兵圍宛，南陽守欲自剄，其舍人陳恢諫止，與劉邦約降。師古注曰：「舍人，親近左右之通稱也，後遂以為私屬官號。」即是說，「舍人」可以是私屬官稱，也可以是侍從賓客。〔註207〕

張韶光：對「舍人」的研究主要有以下兩種：一、認為「舍人」是指私人所養賓客；二、認為秦漢之際的「舍人」可能是指私人吏員，有向國家職官轉變的趨勢。認同第二種觀點。是私人隨從。〔註208〕

〔註203〕朱漢民、陳松長主編：《嶽麓書院藏秦簡（參）》，頁164。

〔註204〕朱漢民、陳松長主編：《嶽麓書院藏秦簡（參）》，頁164。

〔註205〕沈剛：〈戰國秦漢時舍人試探〉，《南都學壇》，2004年9月第24卷第5期，頁5。

〔註206〕鄒水傑：〈簡牘所見秦漢縣屬吏設置及演變〉，《中國史研究》，2007年第3期，頁16～17。

〔註207〕王彥輝：〈秦簡《識劫**冤**案》發微〉，頁76。

〔註208〕張韶光：《嶽麓書院藏秦簡參集釋》，頁183。

按：舍人從在本案例中，應是私養的賓客，大夫沛家中有家臣，家臣和主人間有借貸關係，是可以被理解的。

（3）織（貸）

整理小組：上古音織字屬章母職部，貸字屬透母職部，韻部相同，聲母相近，音近似可通。〔註209〕

按：此二字的假借，不見於傳世文獻，也只出現在此處，從上下文觀之，「織建等錢」應是指借錢給建等人。此二字形體不相近，但韻部相同，故為聲音上的通假。

（4）券責

整理小組：券責，以契據討債，語法結構與《癸瑣相移謀購案》簡011，020券付相同。〔註210〕

朱紅林：《周禮·天官·小宰》：「聽稱責以傅別。」「稱責」就是舉債。……借債要使用契券，索債也要使用契券，故曰「聽稱責以傅別」。……「傅別」就是借貸雙方所立的契券。鄭司農說：「傅，傅著約束於文書。別，別為兩，兩家各得一也」。鄭玄說：「謂為大手書於一札，中字別之。」這就是說，「傅」指把借貸物資的名稱、數量、歸還日期、利息率、違犯規定者的處罰等等上書於券上。「別」就是把契券一分為二，借貸雙方各持一半。歸還時，雙方要把券合在一起，檢驗借貸規定是否得到完全遵守。「傅別」這種券書通行於官營借貸和私人借貸兩種情況。〔註211〕

張伯元：責（債）券。如居延漢簡：「七月十日，郭卒張中功貰買卓布章單衣一領，直三百五十。三堆史張君長所，錢約至十二月盡畢已，旁人臨桐史解子房知券□☑」（合校262·29）旁人，即為保證人，或稱任人。〔註212〕

按：《說文·貝部》：「責，求也。從貝束聲。側革切。」〔註213〕《說文·人部》：「債，債負也。從人責，責亦聲。側賣切。」〔註214〕。「債」的古文

〔註209〕 朱漢民、陳松長主編：《嶽麓書院藏秦簡（叁）》，頁164。

〔註210〕 朱漢民、陳松長主編：《嶽麓書院藏秦簡（叁）》，頁165。

〔註211〕 朱紅林：《周禮中商業管理制度研究》（長春：吉林文史出版社，2013年），頁193～194。

〔註212〕 張伯元：〈有關契券的幾個問題〉，《出土法律文獻研究》（北京：商務印書館，2005年），頁287。

〔註213〕 〔漢〕許慎撰，〔清〕段玉裁注，《說文解字注》，頁130。

〔註214〕 〔漢〕許慎撰，〔清〕段玉裁注，《說文解字注》，頁165。

通「責」字。《漢書‧食貨志上》：「於是有賣田宅、鬻子孫以償責者矣。」
〔註215〕

本段為識的供詞，內容為：識說：從小就是沛的奴隸，沛令上造狗要求上造羽的子女齡嫁給識，成為識的妻子。讓狗告訴羽說：會把布店，舍客室給予識。羽才答應沛。沛已經為識娶了妻子齡，也為識買了房子，分識馬，田，並把識的戶籍遷出，而沒有把店鋪和舍客室給予識。識也沒有別的要求，表示識已接受這個結果。從軍回來後，沛死了。識用沛活著的時候所說的話告訴媛；媛不把店鋪和旅舍給識，識就說要告發媛隱匿申報財產。媛害怕就把東西都給識。識認為他是用沛的話跟媛要求店鋪和旅舍，並不是恐嚇媛，所以他不知道媛所說的恐嚇是什麼意思，其他如媛所言。

五、●姟、快、臣、拳、嘉、頡言如媛。●狗、羽、齡言如識。●羕レ、若小不訊。必死。●卿（鄉）唐、佐更⑴曰：沛免媛為庶人，即書戶籍曰：免妾。沛後妻媛，不告唐、更。今籍為免妾。不智（知）它。●詰識：沛未死雖告狗、羽且以肆、舍客室鼠識，而後不鼠識，識弗求，已為識更買室，分識田、馬，異識；沛死時有（又）不令，羕巳代為戶後，有肆、宅，識弗當得。何故尚求肆、室曰：不鼠識，識且告媛匿訾？媛即以其故鼠識，是劫媛，而云非劫，何解？⑵識曰：□⑶欲得肆、室，媛不鼠識。識誠恐謂且告媛，媛乃鼠識。識實弗當得。上以識為劫媛，皋識，識毋以避。毋它解。皋。它如前。

（1）卿（鄉）唐、佐更

整理小組：卿，鄉嗇夫；佐，鄉佐。《里耶秦簡》J1⑧1576：「卅（三十）一年三月癸酉，貳春鄉守氏夫，佐壬出粟米八升，食春央芻等二☑」〔註216〕

沈剛：鄉級政權負責戶口的登記和初步分類。（省略）對戶籍發生變化要作出登記：

南里小女子苗，卅五年徙為陽里戶人大女嬰隸 8-863＋1504

南里小女子苗卅五年徙為陽里戶人大女子嬰隸 8-1546

〔註215〕〔漢〕班固撰；〔唐〕顏師古注：《漢書》，頁1132。
〔註216〕朱漢民、陳松長主編：《嶽麓書院藏秦簡（叁）》，頁165

……簡文是說南里的小女子苗將戶籍關係遷入陽里戶主為大女子嬰的名下，並且其身份轉化為「隸」。簡文沒有書寫鄉名，從文書行政嚴密性的角度考慮，可能是在同一鄉中進行，也就是說，戶籍的遷移，鄉級政權對於人戶管理具有法律效力。〔註217〕

張韶光：秦漢之際，鄉吏負責基層戶籍的登記與變更。如本案中指出的：「●卿（鄉）唐、佐更曰：沛免婕為庶人，即書戶籍曰：免妾。沛後妻婕，不告唐、更。今籍為免妾。」可見將戶籍中婕的身份變更為庶人，則需要向鄉級官府登記，後來婕成為沛的妻子，但是並未向鄉級官府申報，妻子的身份沒有在戶籍上得到確認，所以不被法律所認可。由此可見，鄉吏有進行戶籍登記與修改的職責。如若鄉吏不及時登記或者變更，需要承擔相應的法律責任。張家山漢簡《二年律令》簡322：「代戶、買賣田宅，鄉部、田嗇夫、吏留弗為定籍，盈一日，罰金各二兩。」也就是說，鄉吏延誤戶籍的登記或變更，將會根據延誤的時間受罰。〔註218〕

按：秦代對戶籍的重視，從本案可以窺知一二，無戶籍登記，即使已告知里人宗室，也無法可據。

（2）不鼠識，識且告婕匿赀？婕即以其故鼠識，是劫婕，而云非劫，何解？

整理小組：這兩句話精確地概括出劫罪成立的基本條件：一「何故尚求肆、室」，索要財物。二「曰『不予識，識且告婕匿赀』」，脅迫；三「婕即以其故予識」，因果關係。〔註219〕

張岩岩：從本案整體分析，識劫罪成立的條件有：沛告狗、羽，以肆、舍客室予識，而非告識；沛為識買室，分識田產、馬，異識；沛死時不令予識室、肆；沛死後，識求室、肆，義已代為戶後。〔註220〕

按：張家山漢簡《二年律令》簡69：「劫人、謀劫人求錢財，雖未得若未劫，皆磔之；罪其妻子，以為城旦舂。其妻子當坐者偏（偏）捕，若告吏，吏捕得之，皆除坐者罪。」可見，只要恐喝、脅迫行為發生，無論是否得逞，

〔註217〕沈剛：〈里耶秦簡所見民戶簿籍管理問題〉，《中國經濟史研究》，2015第4期。

〔註218〕張韶光：《嶽麓書院藏秦簡叄集釋》，頁187。

〔註219〕朱漢民、陳松長主編：《嶽麓書院藏秦簡（叄）》，頁165。

〔註220〕張岩岩：《《嶽麓書院藏秦簡》（三）第一類簡集釋》（武漢：武漢大學碩士論文，2014年），頁74。

均會以磔論處。〔註221〕，劫罪的判罰在漢代的磔刑，但在本案識只有被完城旦，應該跟識有公士的爵位，可以減刑有關係。

（3）□

整理小組：未釋字似左從禾，從文意謂應為私或利字，但右旁殘筆不合，未詳其為何字。〔註222〕

按：考之圖版，為　，實在無法得知為何字？

此段是建等人的供述，內容是建、昌、積、喜、遺等人說：沛借錢給建等人，讓他們在市場做生意，一起分享經商所得的利益。但經商虧損，建損失七百，昌三萬三千，積六千六百，喜二萬二千，遺六千。婥用契據向建等人討債。建等人沒有償還，識想要告婥，婥即把債券銷毀，放棄債務。其他如婥所說。

姣、快、臣、拳、嘉、頡的話如婥所言，狗、羽、齡的話跟識一樣。羹、若年紀太小，不審訊。必已經過世了。

鄉唐、佐更說：沛免婥為庶人，即書入戶籍曰：免妾。沛後妻婥，沒有跟唐和更說。現在戶籍上是免妾。不知道其他情況。

六、●問：匿訾稅及室、肆臧直各過六百六十錢。它如辟●鞫之：婥為大夫沛妾。沛御婥，婥產羹、姣。沛妻危死，沛免婥為庶人，以為妻，有產必、若。籍為免妾。沛死，羹代為戶後，有肆、宅。婥匿訾，稅直過六百六十錢(1)。先自告，告識劫。識為沛隸，沛為取妻，欲以肆、舍客室鼠識。後弗鼠，為買室，分馬一匹，田廿畝，異識。沛死，識後求肆、室。婥弗鼠，識恐謂婥：且告婥匿訾。婥以故鼠肆、室。肆、室直過六百六十錢。得。皆審。疑婥為大夫妻、為庶人(2)及識辠(3)。縠（繫）。它縣論。敢讞之。●吏議：婥為夫=（大夫）□妻(4)；貲識二甲(5)。或曰：婥為庶人；完識為城旦，纍(6)足輸蜀(7)

（1）婥匿訾，稅直過六百六十錢

黃傑：當斷讀為「婥匿貲稅，值過六百六十錢」。〔註223〕

〔註221〕張韶光：《嶽麓書院藏秦簡叁集釋》，頁188。

〔註222〕朱漢民、陳松長主編：《嶽麓書院藏秦簡（叁）》，頁165。

〔註223〕黃傑：〈《嶽麓書院藏秦簡（叁）》釋文注釋商補〉，（簡帛網 http://www.bsm.

按：認同黃傑之說，此處如此斷讀較合理。

（2）疑嬺為大夫妻、為庶人

整理小組：疑嬺為大夫沛妻、為庶人，不能確定嬺的身份為大夫之妻還是為庶人。按，嬺犯了匿貲罪，其贓款過六百六十錢，法定刑為黥為舂，因自首減罪一等為完為舂，上造以上妻又減輕為耐為白粲。因為戶籍登記與被告嬺和鄉嗇夫唐等的供述不一致，所以難以確定應判以完為舂還是耐為白粲。〔註224〕

（3）識辠

整理小組：識罪，也承動詞疑，疑識罪，對識罪行的定性表示疑問。本案反復強調「識弗當得（肆、室）」，可以看出主要的分歧在於肆和室的財產權的歸屬問題。如果二者的財產權歸識的話，識沒有索要他人財物，不能構成勒索罪；如果財產權歸義的話，勒索罪可以成立。理論上還有另一種分歧，即本身係合法行為之「告」能否被視為非法勒索行為的實行方式，但本案始終不提到此事。〔註225〕

（4）貲識二甲

整理小組：識知_匿貲而不告發，貲二甲應是針對這種不作為犯罪的量刑，但具體的量刑標準未詳。〔註226〕

勞武利：根據秦代和漢初的法律，這種處罰經常用來針對沒有履行監督職責的官吏，有時也會針對沒有報告鄰居（即「伍」）或家宅同住者（即「同居」）違法行為的人。識作為嬺的同居者，他本來有向官方報告嬺藏匿應稅財產的義務。〔註227〕

曹旅寧：嬺為大夫沛的御婢，後因產子被放免為庶人，但仍屬賤民，故大夫沛死後，爵位及家庭由沛與冤所生子義繼承，嬺對家產沒有所有權，識劫嬺自然在法律上不成立，識不承擔劫嬺的法律後果。……大夫沛履行了以嬺為妻的儀式，嬺為沛所生子義又繼承了大夫沛的爵位及家庭，但義幼小，故由嬺掌管處分家產。秦時家長奴隸制視奴隸為家庭成員，故大夫沛為

org.cn/，2013 年 9 月 13 日）。

〔註224〕朱漢民、陳松長主編：《嶽麓書院藏秦簡（叁）》，頁 165。
〔註225〕朱漢民、陳松長主編：《嶽麓書院藏秦簡（叁）》，頁 165。
〔註226〕朱漢民、陳松長主編：《嶽麓書院藏秦簡（叁）》，頁 165。
〔註227〕勞武利：〈秦代的司法裁判若干問題研究〉，頁 154。

識置家產、娶妻，並在戶籍上分別立戶。識要承擔劫娛的法律後果。……比較合理的一種推測，案例八的書手在抄寫過程中致誤。正確的文字可能如下：「娛為大夫沛妻，識為城旦，須足輸蜀；或曰：娛為庶人，識貲二甲。」〔註228〕

（5）完識為城旦

整理小組：完為城旦，秦及漢初律特有的復合刑之一。完，訓「全」，不施加黥等肉刑。這應該是針對劫罪的量刑。按，識勒索娛，贓額在六百六十錢以上，坐贓為盜，應處以黥為城旦；識擁有公士爵位，免除黥刑，僅判完為城旦。〔註229〕

按：完為城旦，尚可見於〈綰等畏耎還走案〉簡244「十二人完以為城旦鬼薪」。

（6）纍

整理小組：纍，戴上腳鐐。《說文・糸部》：「纍，絆前兩足也。」〔註230〕

（7）輸蜀

整理小組：輸，輸送，引申為押解或派遣罪犯。《說文・車部》：「輸，委輸也。」《左傳・僖公十三年》：「秦於是乎輸粟於晉。」《漢書・賈誼傳》：「輸之司寇，編之徒官。」輸蜀，押送到蜀郡，在鹽官等機構服勞役。《奏讞書》簡181：「傲悍，完為城旦舂，鐵纍其足，輸巴縣鹽。」〔註231〕

按：睡虎地秦簡《封診式》簡46-49：「罨（遷）子爰書：某里士五（伍）甲告曰：『謁鋈親子同里士五（伍）丙足，罨（遷）蜀邊縣，令終身毋得去罨（遷）所，敢告。』告法（廢）丘主：士五（伍）咸陽才（在）某里曰丙，坐父甲謁鋈其足，罨（遷）蜀邊縣，令終身毋得去罨（遷）所論之，罨（遷）丙如甲告，以律包。今鋈丙足，令吏徒將傳及恒書一封詣令史，可受代吏徒，以縣次傳詣成都，成都上恒書太守處，以律食。法（廢）丘已傳，為報，敢告主。」〔註232〕輸蜀時首先需要持有傳，並且所經之縣應更換押解的吏徒，并

〔註228〕曹旅寧：〈《嶽麓秦簡（三）》案例八識劫冤案中奏讞的法律適用問題〉，《簡帛網》，20131022 首發。

〔註229〕朱漢民、陳松長主編：《嶽麓書院藏秦簡（叄）》，頁 165。

〔註230〕朱漢民、陳松長主編：《嶽麓書院藏秦簡（叄）》，頁 165。

〔註231〕朱漢民、陳松長主編：《嶽麓書院藏秦簡（叄）》，頁 165。

〔註232〕睡虎地秦墓竹簡整理小組：《睡虎地秦墓竹簡》（北京：文物出版社，1990），頁 155。

發文書回復，直至到達成都。《嶽麓書院藏秦簡（肆）》簡 82：「耐辠以下辠（遷）之，其臣史殹（也），輸縣鹽，能捕若詗告犯令者，刑城旦辠以下到辠（遷）辠一人，購金二兩。」〔註233〕秦代被輸蜀之人可能會從事鹽業生產，因罪被輸往巴蜀之地的吏員，還可能充當監管鹽業生產的小吏。

本段是審理結果，內容是：詰問識：沛還沒有死時，雖然有告訴狗、羽，要給他店鋪和旅舍，後來沒有給予，識也沒有要求。而且沛已經為識買了別的房子，分給識田和馬，並把識的戶籍分出去；沛死時又有說不給他，羔已經繼承其爵位和家產，有店鋪和房子，識就不應當得到。為何還要求轉讓店鋪和房子；還說不給識，就要告婉隱匿申報財產？婉因為這個原因把店鋪和房子給識，這就是恐嚇，還說不是恐嚇，這要怎麼解釋？識說：想到得到店鋪和旅舍，但婉不給識，識實際上恐嚇並得到想要的東西，但識是不應得到的。所以上級認為識恐嚇婉，因此判定識有罪，識無法逃避，也無法否認，是有罪的。其他如前所述。

問：隱匿申報財產價值超過六百六十錢。其它如辭。

鞫之：不能確定識的罪名，以及婉為大夫沛妻，還是庶人。

其他相關問題由縣負責論處。

吏議：婉為大夫後妻，貲識二甲。或曰：婉為庶人，完識為城旦，要戴腳繚前往蜀地。

肆、相關問題研究

分析〈識劫婉案〉，從此案例中，可以看到秦代社會的一些景況。

一、秦代的貲產稅

有關秦代是否有貲產稅一說，歷來因文獻欠缺，出土秦簡中亦不見，因此有學者認為秦代沒有貲產稅，但〈識劫婉案〉的出現，使秦代的貲稅問題得到解決。貲產稅的徵收，從〈識劫婉案〉來看，報稅的必須是成年人，而且是要主動申報，而婉隱匿財產，沒有申報。《二年律令》：「市販匿不自占租，坐所匿租臧（贓）為盜，沒入其所販賣及賈錢縣官，奪之列。列長、伍人弗告，罰金各一斤。嗇夫、吏主者弗得，罰金各二兩」。可見匿不報稅，可以處跟盜賊一樣的刑罰。

〔註233〕陳松長：《嶽麓書院藏秦簡（肆）》（上海：上海辭書出版社，2015 年 12 月），頁 66。

在秦代需要申報的財產有什麼呢？從〈識劫𡟈案〉的內容來看，有田、宅、肆、舍客室、馬、債款等。包含了現今所謂之動產及不動產。從貲產稅的申報觀之，秦代對人民財產的監督十分嚴格，不然𡟈也不會在一被識恐嚇後，就立刻把和其他人的債券毀了，把店鋪和旅舍都給識。然後自首。

二、秦代的里邑制度

從〈識劫𡟈案〉簡 113-114「沛免𡟈為庶人，妻𡟈，𡟈又產男必、女若。居二歲，沛告宗人、里人大夫快、臣、走馬拳、上造嘉、頡曰：沛有子𡟈所四人，不取妻矣。欲令𡟈入宗，出里單賦，與里人通歡（飲）食。快等曰：可。𡟈即入宗，里人不幸死者出單賦，如它人妻。」中，我們看到秦代的里邑制度，跟百姓生活息息相關，同里之人要一起負擔稅賦，祭祀後的聚餐。甚至同里之中有人死亡，也要有所表示。原為奴隸的𡟈，因為和主人生了四個孩子，主人免除了他奴婢的身份改成了庶人。可見主人是有權力改變奴僕的身份的。沛又告訴同里之人，欲讓𡟈入宗，表示承認其為妻的身份。

三、秦代的家庭關係

秦代非常重視戶籍，同居關係即戶籍在同一戶中，〈識劫𡟈案〉中可以看到識本來是沛的隸，這裏的隸應不是隸臣，因為識具有公士的身份還有從軍，最有可能的附屬，亦即《後漢書・馮异傳》：「及破邯鄲，乃更部分諸將，各有配隸。」〔註 234〕，沛曾經答應要給識肆和舍客室。但後來沒有給，但已為識娶了妻子，買房子和馬，稻田，還給了五千錢。也把識的戶口分出去，識從軍回來後竟貪得無厭，想要更多才會恐嚇取財。從分戶口這件事來看，秦代同戶之人不一定要有血緣關係。因此在出土的秦漢簡中有些戶籍中甚至是有奴隸。

第四節　善等去作所案

壹、前　言

本案簡編為 208 和 209，共二簡，殘缺頗多，《嶽麓書院藏秦簡（叁）》中整理小組僅列出簡文，並未加以註釋，內容也只能大概猜測，實際為何？已不可知。

〔註234〕〔劉宋〕范曄撰；〔唐〕李賢等注；〔晉〕司馬彪補志：《後漢書》，頁 642。

圖版 15　〈善等去作所案〉

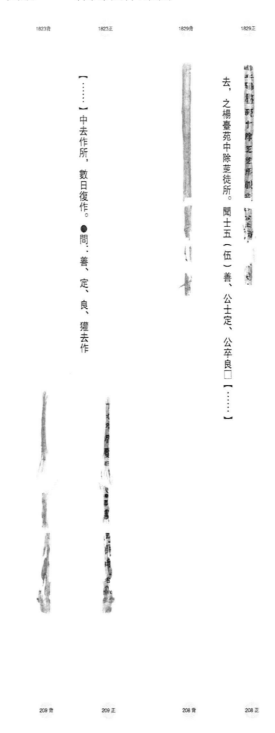

一三　善等去作所案

去，之楊臺苑中除荎徒所。闋士五（伍）善、公士定、公卒良□〔……〕

【……】中去作所，數日復作。●問：善、定、良、獲去作

1823背　　1823正　　1829背　　1829正

209背　　209正　　208背　　208正

貳、釋　文

去，之楊臺苑中除徒所。聞士五（伍）善、公士定、公卒良□【……】（208）

【……】中去作所，數日復作。●問：善、定、良、獲去作（209）

參、彙　釋

去，之楊臺苑【1】中除芝【2】徒所。聞士五（伍）善、公士定、公卒良□【……】【……】中去作所，數日復作。●問：善、定、良、獲去作

（1）楊臺苑

莊小霞：楊臺苑應當是秦苑囿之一，至於其具體所在，尚未能考。〔註235〕

王偉：傳世文獻和出土資料均表明秦時在各縣設有大量的禁苑園囿，并設有專職的「苑吏」，但禁苑園的日常修繕維護是所在縣來完成的。……楊臺苑，失載，或在南郡。〔註236〕

王偉、孫苗苗2015：今由嶽麓秦簡資料可知秦確有「楊臺苑」，秦封泥「楊臺□丞」應該就是「楊臺苑丞」；而新出秦封泥所見之「楊臺共」似乎就是楊臺苑內所設的共廚。〔註237〕

按：楊臺苑，不見於史傳料，出土材料中亦只見於《嶽麓書院藏秦簡〈叁〉》中及秦封泥中。莊小霞和王偉皆認為楊臺苑是秦的苑囿之一，筆者認為是可信的。所以善、定、良、獲都在楊臺苑作除芝的工作，苑囿中的水池應不是小水池而是大水池，故需要較多的人去除水草根據下一根簡，數日復作，因水草生長速度快，所以隔幾天就要去除水草。

（2）芝

按：芝，水草。《說文·艸部》：「芝，艸浮水中皃。從艸，乏聲。」南郡，

〔註235〕莊小霞：莊小霞：〈《嶽麓書院藏秦簡（三）》〈善等去作所案〉之「楊台苑」補說〉，簡帛網：http://www.bsm.org.cn/show_article.php?id=1926，2013 年 10 月 10 日首發。

〔註236〕王偉：《秦璽印封泥職官地理研究》（北京：《中國社會科學出版社》，2014 年），頁 285～328

〔註237〕王偉、孫苗苗：〈嶽麓秦簡研讀箚記七則〉（《出土文獻研究第》（十四輯），上海：中西書局），2015 年，頁 63。

地處南方，水網密佈，水草豐茂，士伍善、公士定等清除水草，維護修繕楊臺苑。

〈善等去作所案〉因只剩殘簡二，故無法探究其內容為何，只知案件中有士伍善、公士定、公卒良和不知何等身份的獲一起工作。但學界多在「楊臺苑」一詞中討論。「除芝」一詞，除見於本案外亦見於〈同、顯盜殺人案〉，即是除水草的工作。

第柒章　結　論

　　本論文以《嶽麓書院藏秦簡（叁）》為主要的研究基礎，對於簡文的彙釋和相關問題研究進行探討外，除了引用傳世文獻外，同時也用同時期出土的材料如《睡虎地秦簡》、《里耶秦簡》、《張家山漢簡》進行比較、互證研究。在分析完《嶽麓書院藏秦簡（叁）》十五個案例後，得到以下結論：

一、盜罪案件

　　本論文中有關盜罪的案例分別是〈癸、瑣相移謀購案〉、〈尸等捕盜疑購案〉、〈猩敵、知盜分贓案〉、〈芮盜賣公列地案〉。分析研究後發現這四則案例的共同點：

　　（一）所有的判處都是有法律適用的：〈癸、瑣相移謀購案〉：「盜未有取吏貲灋（法）戍律」、「坐臧為盜有律」、「受人貨材以枉律令」；〈尸等捕盜疑購案〉：「捕羣盜律」。此四案都有盜，故都有臧，秦代認為只要分贓就等同盜。〈猩、敵知盜分贓案〉即是最好的例證。

　　（二）判刑標準是以《二年律令・盜律》的規定：盜罪依贓值分五等，超過六百六十錢以上就要判最重的刑「黥城旦舂」。

　　（三）〈癸、瑣相移謀購案〉主要討論相移罪和邦亡問題；〈尸等捕盜疑購案〉討論購賞問題；〈猩敵、知盜分贓案〉主要討論赦免問題和同罪不同罰、〈芮盜賣公列地案〉主要探討秦代市場交易研究。

二、刑事案件

本論文中有關刑事案件的案例分別是〈譊、妘刑殺人案〉、〈同、顯盜殺人案〉〈讙盜殺安、宜等案〉。分析研究後發現這三則案例的共同點:

（一）都是凶狠的殺人罪,〈譊、妘刑殺人案〉雖然斷簡頗多,亦不難看出是用刀砍。三則皆屬殺人的刑事案件。

（二）微難獄:〈同、顯盜殺人案〉〈讙盜殺安、宜等案〉屬微難獄,都是難以破獲的刑事案件。

（三）官吏升官:〈同、顯盜殺人案〉〈讙盜殺安、宜等案〉中的獄史皆因破獲此案而升官。可以看出秦代的升遷制度非常完善。

（四）殺人者皆論磔。

三、乞鞫案件

本論文中有關乞鞫案件的案例分別是〈得之強與棄妻奸案〉、〈田與市和奸案〉。分析研究後發現這兩案例的共同點:

（一）此二案皆是奸罪,要求乞鞫重審。〈得之強與棄妻奸案〉是強奸未遂。〈田與市和奸案〉是和奸。

（二）兩個犯人的身份皆是隸臣,都是乞鞫不審。

（三）皆判繫城旦,但結局不同。得之繫城旦六歲,加上先前逃走的十二年,加起來要繫十八年。田被判繫城旦十二年,但很幸運地遇上己巳赦,只需做回隸臣即可。

四、為偽書和畏耎案

〈學為偽書案〉和〈綰等畏耎環走案〉兩案本就沒有共同點,整理小組將畏耎案單獨成類,只有一個案例,學為偽書案可以分析結果是:

（一）社會階級制度嚴明:《嶽麓書院藏秦簡（叁）》中出現的爵位最高的是卿,是〈學為偽書案〉中的馮毋擇,他的人名出現只是做為整個案件被偽造文書的主角,因為官員寫錯他的爵位名還被懲處,可見當時對階級制度的嚴格規定。

（二）相關問題針對學的論處和君子子的研究。

（三）綰等畏環走案此簡殘漏非常多,只能大概說明畏戰在秦代是明令當罰的,而綰等人是在和寇賊對戰,怯懦而退,而非是兩軍交戰,

所以只有丈量跑多遠之後被拘禁。

五、綜合案件

本論文中有關綜合案件的案例分別是〈多小未能與謀案〉、〈識劫婉案〉、〈暨過誤失坐官案〉、〈善等去作所案〉。這四個案例各有其特色，

（一）〈多小未能與謀案〉是整個《嶽麓書院藏秦簡（叁）》十五個案例中，唯一一位邦亡有成功的人。審案重點在亡時小，未能與謀，使多有機會「除」罪。因此在相關問題研究做了除罪的討論。

（二）〈識劫婉案〉案件內容牽涉較廣，有恐嚇罪，有申報不實，於是在最後對貲產稅、邑里制度和家庭關係等進行論述。

（三）〈暨過誤失坐官案〉是公務過失罪，根據其犯的八劾進行討論。

（四）〈善等去作所案〉沒有進行任何的相關問題研究，因為只剩二殘簡，對案情無任何助益。故沒有討論。

六、彙釋成果

在彙釋的過程中，本論文針對《嶽麓書院藏秦簡（叁）》中司法用語進行統計和整理，如「讞」在《嶽麓書院藏秦簡（叁）》單獨出現九次，當議罪。敢讞之出現十四次，用於文書的起訖或結尾。又如「詣」在《嶽麓書院藏秦簡（叁）》中出現二十四次，有三種解釋。為一字多義的現象。「他如某某」出現四十次，十五個案例每個幾乎都有出現，為當時的法律術語。還有一些可以直用本義之字，整理小組卻另釋他字，也於文中一一改正。例如當人名解時應直釋之，不應再另作他字，如「羛」，雖與義字為異體字，但當人名時，應用原字即可。

本論文對《嶽麓書院藏秦簡（叁）》中十五個案例進行彙釋和相關問題研究，除羅列各家說法亦提出己見。雖然研究者眾，但仍然有一些是無法得到解決的問題，例如有些文字，傳世文獻已不見，現今亦無人使用，如〈得之強與棄妻奸案〉中棄妻的名字夋。餟字亦不見於傳世文獻，到底是何義？還有一些職官名稱，如冗募到底是身份名還是官職名，是一個冗，一個募還是合稱？斷簡殘編都有待更多出土材料證明或給予答案。

引用文獻

一、專　書

（一）古籍（依朝代先後順序排列）

1. 〔漢〕司馬遷撰；〔劉宋〕裴駰集解；〔唐〕司馬貞索隱；〔唐〕張守節正義：《史記》，臺北：鼎文書局，1981 年。

2. 〔漢〕班固撰；〔唐〕顏師古注：《漢書》，臺北：鼎文書局，1986 年。

3. 〔漢〕許慎撰，〔清〕段玉裁注，《說文解字注》，臺北：黎明文化事業股份有限公司，1972 年。

4. 〔晉〕陳壽撰；〔南朝宋〕裴松之注：《三國志》，臺北市：鼎文書局，1980 年。

5. 〔劉宋〕范曄撰；〔唐〕李賢等注；〔晉〕司馬彪補志：《後漢書》，臺北：鼎文書局，1981 年。

6. 〔後晉〕劉昫撰：《舊唐書》，臺北市：鼎文書局，1981 年，清懼盈齋刻本。

7. 〔唐〕房玄齡撰：《晉書》，臺北市：鼎文書局，1980 年。

8. 〔宋〕丁度等編：《集韻》，上海：上海古籍出版社，1985 年。

9. 〔元〕脫脫等撰：《宋史》，臺北市：鼎文書局，1980 年。

10. 〔清〕阮元審定，盧宣旬校：《重刊宋本十三經注疏附校勘記》，臺北：藝文印書館，1965 年。

11. 〔清〕孫詒讓撰，《墨子閒詁》，台北：《華正書局》，1995 年。

（二）近人專著（依作者姓氏筆劃順序排列）

1. 籾山明：《中國古代訴訟制度研究》，上海：上海古籍出版社，2009 年。

2. 中國文物研究所、湖北省文物考古研究所編：《龍崗秦簡》，中華書局，2001 年。

3. 王子今：《秦漢稱謂研究》，北京：中國社會科學出版社，2014 年。

4. 王偉：《秦璽印封泥職官地理研究》，北京：中國社會科學出版社，2014 年。

5. 王國維：《古史新証-王國維最後的講義》北京：清華大學出版社，1994 年 12 月。

6. 王國維：〈最近二三十年中中國新發現之學問〉《王國維遺書》第五冊《靜庵文集續編》上海：上海古籍書店，1983 年。

7. 王煥林：《里耶秦簡校詁》，北京：中國文聯出版社，2007 年。

8. 王輝：《古文字通假字典》，北京：中華書局，2008 年 2 月。

9. 后曉榮：《秦代政區地理》，北京：社會科學文獻出版社，2009 年。

10. 朱紅林：《周禮中商業管理制度研究》，長春：吉林文史出版社，2013 年。

11. 朱紅林：《張家山漢簡《二年律令》集釋》，北京：社會科學文獻出版社，2005 年。

12. 朱漢民、陳松長主編：《嶽麓書院藏簡（叁)》，上海：上海辭書出版社，2013 年。

13. 朱漢民、陳松長主編：《嶽麓書院藏簡（壹)》，上海：上海辭書出版社，2010 年 12 月。

14. 朱瀟：《嶽麓書院藏秦簡《為獄等狀四種》與秦代法制研究》，北京：中國政法大學出版社，2016 年。

15. 李明曉、胡波、張國豔：《戰國秦漢簡牘虛詞研究》，成都：四川大學出版社，2011 年。

16. 李明曉、趙久湘：《散見戰國秦漢簡帛法律文獻整理與研究》，重慶：西南師範大學出版社，2011 年

17. 杜正勝:《編戶齊民》,臺北:聯經事業股份有限公司,2008 年。

18. 沈家本:《歷代刑法考》,北京:商務印書館,2011 年 11 月。

19. 汪中文:《西周冊命金文所見官制研究》,臺北:國立編譯館,1999 年 4 月初版。

20. 那思陸:《中國審判制度史》,(上海:三聯書店,2013 年。

21. 孫向陽:《中國古代盜罪研究》,北京:中國政法大學出版社,2013 年。

22. 栗勁:《秦律通論》,(濟南:山東人民出版社,1985 年)。

23. 高恆:《秦漢簡牘中法制文書輯考》,北京:社會科學文獻出版社,2008 年。

24. 張守中:《睡虎地秦簡文字編》,北京:文物出版社,1994 年。

25. 張伯元:《出土法律文獻叢考》,上海:上海人民出版社,2013 年。

26. 張忠煒:《秦漢律令法系研究初編》,社會科學文獻出版社,2012 年 5 月。

27. 張金光:《秦制研究》,上海:上海古籍出版社,2004 年。

28. 張建國:《帝制時代的中國法》,北京:法律出版社。1999 年。

29. 張家山二四七號墓竹簡整理小組:《張家山漢墓竹簡二四七號墓》,北京:文物出版社,2006 年。

30. 張琮軍:《秦漢刑事證據制度研究》,北京:中國政法大學出版社,2013 年。

31. 曹旅寧:《秦漢魏晉法制探微》,北京:人民出版社,2013 年。

32. 曹旅寧:《張家山漢律研究》,北京:中華書局,2005 年。

33. 陳松長主編:《嶽麓書院藏秦簡(伍)》,上海:上海辭書出版社,2017 年 12 月。

34. 陳松長主編:《嶽麓書院藏秦簡(肆)》,上海:上海辭書出版社,2015 年 12 月。

35. 陳松長:《嶽麓書院藏秦簡的整理與研究》,上海:中西書局,2014 年 11 月。

36. 陳偉:《里耶秦簡牘校釋(第一卷)》,武漢大學出版社,2012 年 1 月。

37. 陶安:《嶽麓秦簡復原研究》,上海:上海古籍出版社,2016 年。

38. 傅嘉儀：《新出土秦代封泥印集》，杭州：西泠印社，2002 年。

39. 傅築夫：《中國封建社會經濟史（第二卷）》，北京：人民出版社，1982 年。

40. 富谷至：《秦漢刑罰制度研究》，桂林：廣西師範大學出版社，2006 年。

41. 彭浩、陳偉、工藤元男：《二年律令與奏讞書》，上海：上海古籍出版社，2007 年。

42. 程政舉：《漢代訴訟制度研究》，北京：法律出版社，2010 年。

43. 黃今言：《秦漢賦役制度研究》，南昌：江西教育出版社，1988 年。

44. 熊鐵基：《秦漢軍事制度史》，南寧：廣西人民出版社，1990 年。

45. 睡虎地秦墓竹簡整理小組：《睡虎地秦墓竹簡》，北京：文物出版社，1990。

46. 趙岩：《簡帛文獻詞語歷時演變專題研究》，北京：中國社會科學出版社，2013 年。

47. 趙科學：《簡帛所見秦漢軍法研究》，合肥：安徽大學碩士論文，2008 年。

48. 劉海年：《戰國秦代法制管窺》，北京：法律出版社，2006 年 3 月。

49. 蔡萬進：《張家山漢簡奏讞書研究》，桂林：廣西師範大學出版社，2006 年。

50. 韓樹峰：《漢魏法律與社會—以簡牘文書為中心的考察》，北京：社會科學文獻出版社，2011 年。

51. 堀毅：《秦漢法制史論考》，北京：法律出版社，1988 年。

二、期刊論文

1. 勞武利著，李婧嶸譯：〈張家山漢簡《奏讞書》與獄嶽麓書院秦簡《為獄等狀四種》的初步比較〉，《湖南大學學報（社會科學版）》2014 年第 4 期。

2. 于洪濤：〈嶽麓秦簡《為獄等狀四種》所見逃亡犯罪研究〉，《出土文獻與法律史研究（第三輯）》，上海：上海人民出版社，2014 年。

3. 于豪亮：〈居延漢簡甲編補釋〉，《于豪亮學術文存》，北京：中華書局，1985 年。

4. 于豪亮：〈雲夢秦簡所見職官述略〉，《于豪亮學術文存》，北京：中華書局，1985 年。

5. 孔德超：〈嶽麓書院藏秦簡（三）對語文辭書修訂的價值〉,《河北北方學院學報（社會科學版）》,2015 年 10 月第 31 卷第 5 期。

6. 尹偉琴、戴世君：〈秦律三種辨正〉,《浙江社會科學》,2007 年第二期。

7. 支強：〈「盜未有取吏貲灋戍律令」問題再識〉,王沛主編,《出土文獻與法律史研究（第三輯）》,上海：上海人民出版社,2014 年。

8. 方勇、侯娜：〈讀秦漢簡札記四則〉,《古籍整理研究學刊》,2009 年第 4 期。

9. 水間大輔：〈嶽麓三所見的共犯處罰〉,《華東政法大學學報》,2014 年第 2 期。

10. 水間大輔：〈嶽麓書院藏秦簡《尸等捕盜疑購》案所見逮捕群盜的獎賞規定〉,《中國社會經濟史研究》,2014 年第 3 期。

11. 水間大輔：〈秦漢時期的亭吏及其與他官的關係〉,《法律史譯評》,北京：北京大學出版社,2013 年。

12. 水間大輔：〈秦漢時期縣獄史的職責〉,《出土文獻與法律史研究（第一輯）》,上海：上海人民出版社,2012 年。

13. 水間大輔：〈秦漢縣獄吏考〉,《漢代城市和聚落考古與漢文化》,北京：科學出版社,2012 年。

14. 王沛：〈金文法律術語類考〉,王沛主編,《出土文獻與法律史研究（第三輯）》,上海：上海人民出版社,2014 年。

15. 王明明：〈嶽麓書院藏秦簡的辭書學價值〉,《瓊州學院學報》,2014 年 8 月第 21 卷第 4 期。

16. 王勇、唐俐：〈走馬為秦爵小考〉,《湖南大學學報》,2010 年第 4 期。

17. 王彥輝：〈秦簡《識劫𡟄案》發微〉,《古代文明》,2015 年 1 月,第 1 期。

18. 王笑：〈秦漢簡牘中的「冗」和「冗募」〉,《出土文獻與法律史研究（第三輯）》,上海：上海人民出版社,2014 年。

19. 王偉：〈嶽麓書院藏秦簡所見秦郡名稱補正〉,《考古與文物》,2010 年第 5 期。

20. 史達：〈嶽麓秦簡《為獄等狀四種》新見的一枚漏簡與案例六的編連〉,《湖南大學學報》第 28 卷第 4 期,2014 年 7 月。

21. 伊強：〈秦漢法律術語同居與同居數考辨〉，《長江文明》，2015 年第 19 輯。

22. 刑義田：〈漢代書佐、文書用語「它如某某」及「建武三年十二月候粟君所責寇恩事」簡冊檔案的構成〉，《中央研究院歷史語言所集刊》，1993 年。

23. 朱紅林：〈史與秦漢之際之決獄制度〉，《法律史學會 2016 年會論文集》，2016 年。

24. 朱紅林：〈讀《嶽麓書院藏秦簡（叁）》札記〉，《出土文獻研究（第十四輯）》，上海：中西書局，2015 年。

25. 朱德貴、莊小霞：〈嶽麓秦簡所見「貲稅」問題新證〉，《中國經濟史研究》，2016 第 4 期。

26. 朱德貴：〈嶽麓秦簡所見「隸臣妾」問題新證〉，《社會科學》，2016 年第 1 期。

27. 朱德貴：〈嶽麓秦簡奏讞文書商業問題新證〉，《社會科學》，2014 年第 11 期。

28. 朱德貴：〈秦簡所見「更戍」和「屯戍」制度新解〉，《蘭州學刊》，2013 年 11 月。

29. 朱瀟：〈《為獄等狀四種》「綰等畏懦還走案與秦代軍事犯罪問題〉，《出土文獻與法律史研究（第三輯）》，上海：上海人民出版社，2014 年。

30. 江立新：〈先秦武庫試探〉，《江西師範大學學報》，1987 年第 1 期。

31. 呂伯濤、孟向榮：《中國古代的告狀與判案》，北京：商務印書館，2013 年。

32. 呂利：〈庶人考論〉，《社會科學家》，2010 年第 10 期。

33. 李均明：〈張家山漢簡所反映的包庇犯罪〉，《簡牘法制論稿》，廣西師範大學出版社，2011 年。

34. 李玥凝：〈秦簡「君子子」含義初探〉，《魯東大學學報（哲學社會科學版）》，2016 年 5 月第 33 卷第 3 期。

35. 李學勤：〈奏讞書解說下〉，《文物》，1995 年第 3 期。

36. 汪桂海：〈漢代的納貢制度〉，《簡牘與古代史》，北京：北京大學出版社，

2012 年。

37. 沈剛：〈秦簡中的「吏僕」與「吏養」〉，《人文雜誌》，2016 年第 1 期。

38. 沈剛：〈新出秦簡所見秦代市場與商人探討〉，《中國社會經濟史研究》，2016 年第 1 期。

39. 沈剛：〈里耶秦簡所見民戶簿籍管理問題〉，《中國經濟史研究》，2015 第 4 期。

40. 沈剛：〈里耶秦簡所見戍役種類辨析〉，《簡帛研究二〇一五（秋冬卷）》，桂林：廣西師範大學出版社，2015 年。

41. 沈剛：〈秦人與它邦人——新出秦簡所見秦代人口身份管理制度一個方面〉，《中國古代法律文獻研究（第九輯）》，北京：社會科學文獻出版社，2015 年。

42. 沈剛：〈戰國秦漢時舍人試探〉，《南都學壇》，2004 年 9 月第 24 卷第 5 期。

43. 肖洪泳：〈嶽麓秦簡所見秦刑事訴訟程序的歷史價值〉，《湖南大學學報（社會科學版）》，2013 年 5 月第 27 卷第 3 期。

44. 周波：〈說楚地出土文獻中的京州與京君〉，《出土文獻研究第十四輯》，上海：中西書局，2015 年。

45. 周海鋒：〈為獄等狀四種中的吏議與邦亡〉，《湖南大學學報社會科學版》，第 26 卷第 4 期，2014 年 7 月。

46. 胡平生：〈讀里耶秦簡札記〉，《簡牘研究（第四輯）》，蘭州：甘肅人民出版社，2004 年。

47. 孫聞博：〈里耶秦簡「守」、「守丞」新考—兼談秦漢的守官制度〉，卜憲群、楊振紅主編：《簡帛研究二〇一〇》，桂林：廣西師範大學出版社，2012 年。

48. 時軍軍：〈嶽麓秦簡尸等捕盜疑購案購賞辨析〉，《肇慶學院學報》，2015 年第 6 期。

49. 高敏：〈秦漢都亭考略〉，《學術研究》，1985 年第 5 期。

50. 高敏：〈秦漢賦稅制度考釋〉，《秦漢史論集》，鄭州：中州書畫社，1982 年。

51. 高敏：〈試論漢代的僱傭勞動者〉，《秦漢史論集》，鄭州：中州書畫社，

1982 年。

52. 高榮:〈張家山漢簡所見的亭及其吏員──秦漢亭制研究之三〉,《西北師大學報》,2008 年第 5 期。

53. 張小鋒:〈釋張家山漢簡中御婢〉,《出土文獻研究第六輯》,上海:上海古籍出版社,2004 年。

54. 張伯元:〈嶽麓秦簡(三)字詞考釋三則〉《中國文化遺產研究院編第十四輯》,上海;中西書局,2015 年。

55. 張伯元:〈《嶽麓簡》(三)的內容及法律史價值〉,《出土文獻與法律史研究(第三輯)》,上海:上海人民出版社,2014 年。

56. 張伯元:〈累論與數罪併罰〉,《中國古代法律文獻研究(第八輯)》,2014 年。

57. 張伯元:〈《盜蹠》篇與盜、賊律〉,(《出土法律文獻研究》,北京:商務印書館,2005 年。

58. 張伯元:〈「如律令」的再認識〉,《出土法律文獻研究》,北京:商務印書館,2005 年。

59. 張伯元:〈有關契券的幾個問題〉,《出土法律文獻研究》,北京:商務印書館,2005 年。

60. 張伯元:〈秦漢律刑述略〉,《法律文獻整理與研究》,北京:北京大學出版社,2005 年。

61. 張伯元:〈秦簡法律術語零拾四則〉,《出土法律文獻研究》,北京:商務印書館,2005 年。

62. 張金光:〈秦鄉官制度及鄉、亭、里關係〉,《歷史研究》,1997 年第 6 期。

63. 張建國:〈漢簡奏讞書和秦漢刑事訴訟程序初探〉,《中外法學》,1998 年第 1 期。

64. 張娜:〈秦漢劫人罪當議〉,《赤峰學院學報漢(文哲學社會科學版)》,2016 年 5 月第 37 卷第 5 期。

65. 張榮強:〈讀嶽麓簡論秦漢戶籍制度〉,《晉陽學刊》,2013 年第 4 期。

66. 張韶光:〈秦漢簡牘奏讞文書中的它縣論研究〉,《咸陽師範學院學報》,

2016 年 5 月第 31 卷第 3 期。

67. 張韶光：〈嶽麓秦簡（三）《暨過誤失坐官案》的法律適用問題〉，《黑龍江史志》2015 年第 5 期。

68. 曹旅寧：〈嶽麓書院新藏秦簡叢考〉，《華東政法大學學報》，2009 年第 6 期。

69. 曹旅寧：〈秦漢簡牘中的「庶人」身份及法律地位問題〉，《咸陽師範學院學報》，2007 年 6 月第 3 期。

70. 莊春波：〈秦漢武庫制度〉，《史學月刊》，1991 年第 6 期。

71. 許倬雲：〈漢代家庭的大小〉，《求古編》，北京：新星出版社，2006 年。

72. 許道勝：〈張家山漢簡《二年律令・賊律》補釋〉，《江漢考古》，2004 年第 4 期。

73. 閆曉君：〈張家山漢簡亡律考論〉，《法律科學》，2009 年第 1 期。

74. 閆曉君：〈秦漢盜罪及其立法沿革〉，《法學研究》，2004 年第 6 期。

75. 閆曉君：〈張家山漢簡奏讞書考釋（一）〉，張懋鎔、王震中、田旭東、宮長為編：《追尋中華古代文明的蹤跡——李學勤先生學術活動五十年紀念文集》，上海：復旦大學出版社，2002 年。

76. 陳松長、賀曉朦：〈秦漢簡牘所見走馬簪裊關係考論〉，《中國史研究》，2015 年第 4 期。

77. 陳松長、吳美嬌：〈嶽麓秦簡「芮盜賣公列地案」注釋獻疑〉，《簡帛研究二〇一四》，桂林：廣西師範大學出版社，2014 年 12 月。

78. 陳松長：〈《嶽麓簡（三）》「癸瑣相移謀購案」相關問題瑣議〉，《華東政法大學學報》，2014 年第 2 期。

79. 陳松長：〈嶽麓秦簡《為偽私書》案例及相關問題〉，《文物》，2013 年第 5 期。

80. 陳松長：〈睡虎地秦簡中的將陽小考〉，《湖南大學學報社會科學版》，第 26 卷第 5 期，2012 年 9 月。

81. 陳松長：〈嶽麓書院藏秦簡中的郡名考略〉，《湖南大學學報（社會科學版）》，2009 年第 2 期。

82. 陳松長：〈湘西里耶秦代簡牘選釋八則〉，《簡牘學研究第四輯》，蘭州：甘肅人民出版社，2004 年。

83. 陳治國：〈里耶秦簡「守」和「守丞」釋義及其他〉，《中國歷史文物》，2006 年第 3 期。

84. 陳偉：〈嶽麓秦簡《奏讞書》校讀〉（李宗焜主編，《古文字與古代史（第四輯）》，台北：中央研究院歷史語言研究所，2015 年。

85. 陳偉：〈「江胡」與「州陵」——嶽麓書院藏秦簡中的兩個地名初考〉，《中國歷史地理論叢》，2010 年第 1 輯。

86. 陳偉：《嶽麓書院秦簡考校》，《文物》，2009 年第 10 期。

87. 陶安：〈《嶽麓書院藏秦簡（三）》校勘記〉，《出土文獻與古文字研究（第六輯）》，上海：上海古籍出版社，2015 年。

88. 陶安：〈《為獄等狀四種》標題簡「奏」字字解訂正——兼論張家山漢簡《奏讞書》題名問題〉，《中國古代法律文獻研究（第八輯）》，社會科學文獻出版社，2014 年。

89. 陶安：〈張家山漢簡《奏讞書》吏議札記〉，《出土文獻與法律史研究（第二輯）》，上海：上海人民出版社，2013 年。

90. 陶安：〈嶽麓書院藏秦簡《為獄等狀四種》概述〉，《文物》，2013 年第 5 期。

91. 曹旅寧：《嶽麓書院新藏秦簡叢考》，《華東政法大學學報》，2009 年第 6 期。

92. 勞武利：〈秦代的司法裁判若干問題研究〉，《出土文獻與法律史研究（第三輯）》，上海：上海人民出版社，2014 年。

93. 勞武利：〈張家山漢簡《奏讞書》與嶽麓書院秦簡《為獄等狀四種》的初步比較〉（湖南大學學報，2013 年第 3 期）。

94. 富谷至：〈文書行政的漢帝國〉，南京：江蘇人民出版社，2013 年。

95. 富谷至：〈笞刑的變遷〉，《法律史譯評》，北京：北京大學出版社，2013 年。

96. 彭年：〈秦漢同居考辨〉，《社會科學研究》，1990 年第 6 期。

97. 黃今言：〈秦漢時期的武器生產及其管理制度〉，《江西師範大學學報》，

1993 年第 8 期。

98. 黃今言:〈漢代的訾算〉,《中國社會經濟史研究》,1984 年第 1 期。

99. 黃傑:〈嶽麓書院藏秦簡(叁)釋文注釋商補〉,《簡帛(第十輯)》,上海:上海古籍出版社,2015 年。

100. 楊宗兵:〈里耶秦簡縣「守」、「丞」、「守丞」同義說〉,《北方論叢》,2004 年第 6 期。

101. 楊劍虹:〈漢簡《奏讞書》所反映的三個問題〉,《江漢考古》,1994 第 4 期。

102. 萬榮:〈秦與漢初刑事訴訟程序中的判決「論」、「當」、「報」〉,《簡帛(第十一輯)》,上海:上海古籍出版社,2015 年。

103. 萬曉緒:〈漢初衛尉署官考〉,《簡帛研究二〇一五(春夏卷)》,桂林:廣西師範大學出版社,2015 年。

104. 賈麗英:《秦簡〈識劫𡢍案〉反映的秦代貲產稅》,《光明日報》,2014 年 9 月 3 日,第 14 版。

105. 鄒水傑:〈秦代縣行政主官稱謂考〉,《湖南師範大學(社會科學學報)》,2006 年第 2 期。

106. 鄒水傑:〈簡牘所見秦漢縣屬吏設置及演變〉,《中國史研究》,2007 年第 3 期。

107. 鄔勖:〈秦漢商業用地制度初探—以出土文獻為中心〉,《江西社會科學》,2015 年第 7 期。

108. 鄔勖:〈《嶽麓簡(三)》「癸、瑣相移謀購案」中的法律適用〉,《華東政法大學學報》,2014 年第 2 期。

109. 廖伯源:〈漢初縣吏之秩階及其任命—張家山漢簡研究之一〉,《秦漢史論叢第九輯》,西安:三秦出版社,2004 年。

110. 劉信芳:〈嶽麓書院藏簡《奏讞書》釋讀的幾個問題〉,《考古與文物》,2016 年第 3 期。

111. 劉國勝:〈秦簡札記三題〉,《簡帛(第十輯)》,上海:上海古籍出版社,2015 年。

112. 劉敏:〈張家山漢簡小爵臆釋〉,《中國史研究》,2004 年第 3 期。

113. 劉慶：〈也論秦漢司法中的「狀」文書〉，《國學學刊》，2015 年第 4 期。

114. 歐揚：〈秦到漢初定罪程序稱謂的演變—取當為視角比較嶽麓書院藏秦簡叁與奏讞書〉，《出土文獻與法律史研究（第三輯）》，上海：上海人民出版社，2014 年。

115. 閻曉軍：〈秦漢時期的訴訟審判制度〉，《秦文化論叢（第十輯）》，西安：三秦出版社，2003 年。

116. 嶽麓書院藏秦簡整理小組：〈嶽麓書院藏秦簡《為獄等狀四種》概述〉，《文物》，2013 年第 5 期。

117. 蘇俊林：〈秦漢時期的「狀」類司法文書〉，《簡帛（第九輯）》，上海：上海古籍出版社，2014 年。

118. 蘇俊林：《嶽麓秦簡〈為獄等狀四種〉命名問題探討〉，《簡牘學研究（第五輯）》，甘蕭：甘肅人民出版社，2014 年。

三、學位論文

1. 王鳳：《秦漢簡帛文獻文化詞語匯釋與研究》，長春：東北師範大學漢語言文字學博士論文，2014 年。

2. 朱曼宁：《嶽麓書院藏秦簡（叁）》文字編》，彰化：彰化師範大學國文系碩士論文，2014 年 12 月。

3. 江昊：《《嶽麓書院藏秦簡（三）》文字與詞彙研究》，上海：華東師範大學碩士論文，2015 年。

4. 吳星星：《嶽麓書院藏秦簡（三）文字編》，安徽：安徽大學碩士論文，2015 年。

5. 孫言誠：《簡牘中所見秦之邊防》，中國社會科學院研究生院研究生畢業論文，1981 年。

6. 時軍軍：《嶽麓書院藏秦簡（三）相關問題研究》，河南：鄭州大學歷史學碩士論文，2016 年 5 月。

7. 張岩岩：《《嶽麓書院藏秦簡》（三）第一類簡集釋》，湖北：武漢大學碩士論文，2014 年。

8. 張韶光：《《嶽麓書院藏秦簡（叁）》集釋》，吉林大學古籍研究所碩士論

文，2017 年 4 月。

9. 趙久湘：《秦漢簡牘法律用語研究》，重慶：西南大學漢語言文字學博士論文，2011 年。

10. 劉雨林：《嶽麓書院秦簡（壹）—（叁）通假字研究》，湖南：湖南大學語言學及運用語言學碩士論文，2016 年 4 月。

11. 歐揚：《嶽麓秦簡和張家山漢簡的奏讞文書比較研究》，湖南：湖南大學博士後出站報告，2016 年 6 月。

12. 韓文丹：《嶽麓書院秦簡（叁）文字初探與文字編》，湖南：湖南大學語言學及運用語言學碩士論文，2014 年 4 月。

13. 鐘意：《嶽麓書院藏秦簡（三）第二類至第五類簡集釋》，湖北：武漢大學歷史研究所論文，2014 年。

14. 鄔勖：《秦地方司法諸問題研究》，上海：華東政法大學法律史博士論文，2014 年 5 月。

四、網路資源

1. 于洪濤：〈再論嶽麓簡《尸等捕盜》購金數額〉，《簡帛網》：
   http://www.bsm.org.cn/show_article.php?id=1903，2013 年 9 月 16 日。

2. 于洪濤：〈試論嶽麓秦簡中「江胡郡」即「淮陽郡」〉，《簡帛網》：
   http://www.bsm.org.cn/show_article.php?id=1090，2009 年 6 月 18 日。

3. 于薇：〈《嶽麓秦簡 0480 號簡中的「陰密」》〉，《簡帛網》：
   http://www.bsm.org.cn/show_article.php?id=1089，2009 年 6 月 17 日。

4. 方勇：〈《讀嶽麓秦簡（三）》箚記一則〉，《簡帛網》：
   http://www.bsm.org.cn/show_article.php?id=1992，2014 年 2 月 21 日。

5. 方勇：〈讀《嶽麓書院藏秦簡（三）》小箚一則〉，《簡帛網》：
   http://www.bsm.org.cn/show_article.php?id=1967，2013 年 12 月 22 日。

6. 王偉：〈《讀嶽麓書院藏秦簡（三）》箚記一則〉，《簡帛網》：
   http://www.bsm.org.cn/show_article.php?id=1996，2014 年 3 月 12 日。

7. 王偉：〈岳麓書院藏秦簡所見秦郡名稱補正〉，《簡帛網》：
   http://www.bsm.org.cn/show_article.php?id=1108，2009 年 7 月 3 日。

8. 何有祖：《嶽麓書院藏秦簡〈奏讞書〉1650 號簡略考》，《簡帛網》：http://www.bsm.org.cn/show_article.php?id=1310，2010 年 9 月 27 日。

9. 張岩岩、鐘意：〈試釋《嶽麓書院藏秦簡（三）》簡 136「後妻」、簡 158「大官」〉，《簡帛網》：http://www.bsm.org.cn/show_article.php?id=2039，2014 年 6 月 26 日。

10. 曹方向：〈嶽麓秦簡「癸、瑣相移謀購案」補釋一則〉，《簡帛網》：http://www.bsm.org.cn/show_article.php?id=1907，2013 年 09 月 18 日。

11. 曹旅寧：〈《嶽麓秦簡（三）》案例八識劫冤案中奏讞的法律適用問題〉，《簡帛網》：http://www.bsm.org.cn/show_article.php?id=1941，2013 年 10 月 22 日。

12. 曹旅寧：〈何四維《秦律遺文》與〈嶽麓秦簡《三》〉，《簡帛網》：http://www.bsm.org.cn/show_article.php?id=1935。2013 年 10 月 15 日。

13. 曹旅寧：〈孟子梁惠王「五十步笑百步」與嶽麓秦簡（三）〉，《簡帛網》：http://www.bsm.org.cn/show_article.php?id=1931，2013 年 10 月 14 日。

14. 莊小霞：〈《嶽麓書院藏秦簡（三）》註釋商榷一則〉，《簡帛網》：http://www.bsm.org.cn/show_article.php?id=1932，2013 年 10 月 14 日。

15. 莊小霞：〈《嶽麓書院藏秦簡（三）》〈善等去作所案〉之「楊台苑」補說〉，《簡帛網》：http://www.bsm.org.cn/show_article.php?id=1926，2013 年 10 月 10 日。

16. 陳偉：〈𡷍盜殺安、宜等案「焦城」試說〉，《簡帛網》：http://www.bsm.org.cn/show_article.php?id=1915，2013 年 9 月 24 日。

17. 陳偉：〈尸等捕盜購金試說〉，簡帛網：http://www.bsm.org.cn/show_article.php?id=1894，2013 年 9 月 11 日。

18. 陳偉：〈《嶽麓書院藏秦簡（三）》識小〉，《簡帛網》：http://www.bsm.org.cn/show_article.php?id=1893，2013 年 9 月 10 日。

19. 陳偉：〈也說《癸、瑣等相移謀購案》中的「辟」〉，《簡帛網》：http://www.bsm.org.cn/show_article.php?id=1890，2013 年 9 月 9 日。

20. 陳偉：〈盜未有取吏貲灋戍律令試解〉，《簡帛網》：http://www.bsm.org.cn/show_article.php?id=1892，2013 年 9 月 9 日。

21. 陳偉:《〈嶽麓秦簡三‧𤵸盜殺安宜等案〉編連獻疑》,《簡帛網》: http://www.bsm.org.cn/show_article.php?id=1887,2013 年 9 月 5 日。

22. 陳劍:〈關於《嶽麓簡(三)》的「燕城」〉,《復旦大學出土文獻與古文字研究中心》:http://www.gwz.fudan.edu.cn/SrcShow.asp?Src_ID=2122,2013 年 9 月 25 日。

23. 琴載元:〈秦統治時期楚地的形勢與南郡的區域文化個性〉,《簡帛網》: http://www.bsm.org.cn/show_article.php?id=2151,2015 年 1 月 31 日。

24. 黃傑:〈嶽麓秦簡《學為偽書案》釋文注釋補正(三)〉,《簡帛網》: http://www.bsm.org.cn/show_article.php?id=1921,2013 年 10 月 4 日。

25. 黃傑,〈《嶽麓書院藏秦簡(叁)》釋文注釋商補〉,《簡帛網》: http://www.bsm.org.cn/,2013 年 9 月 13 日。

26. 黃傑:〈嶽麓秦簡《學為偽書案》再補〉〉,《簡帛網》: http://www.bsm.org.cn/show_article.php?id=1898,2013 年 9 月 12 日。

27. 黃傑:〈嶽麓秦簡《為偽私書》簡文補釋〉,《簡帛網》: http://www.bsm.org.cn/show_article.php?id=1858,2013 年 6 月 10 日。

28. 鄔勖:〈《奏讞書》篇題再議——以文書類型和案件性質的考察為視角〉, 《簡帛網》: http://www.bsm.org.cn/show_article.php?id=1962,2013 年 12 月 10 日。